Zelf klussen:
ruimte winnen in huis

*Consumenten***bond**

Kosmos - Z&K Uitgevers, Utrecht/Antwerpen

Samengesteld door de Consumentenbond onder eindredactie van Alfred M. Jacobsen

Eerste druk, november 1997

Copyright 1997 © Consumentenbond, Den Haag
Auteursrechten op tekst, tabellen en illustraties voorbehouden
Inlichtingen Consumentenbond

Redactionele begeleiding: Proteus Haarlem
Omslagontwerp: Teo van Gerwen Design
Tekeningen: Henk ten Have

ISBN 90 215 3231 X
D/1997/0108/286
NUGI 601

Inhoud

Inleiding

Bijna iedereen komt thuis ruimte te kort. Met enig heen en weer schuiven kan voor de meeste spullen meestal nog wel een plekje worden gevonden, maar fraaier en praktischer wordt het op die manier zelden. Wellicht is het tijd uw tekort aan bergruimte eens systematisch en grondig aan te pakken, om voor langere tijd orde op zaken te stellen.

In dit boek vindt u een groot aantal ideeën en tips voor een beter en efficiënter gebruik van de ruimte in uw huis. Omdat geen twee woningen gelijk zijn, en ieders wensen verschillen, is het boek zó opgezet dat u een en ander makkelijk aan uw eigen situatie kunt aanpassen. U kunt allerlei oplossingen combineren. Daarbij mag het huis natuurlijk geen pakhuis worden. Daarom gaat dit boek vooral in op 'ruimtewinners' die de architectuur en vormgeving van het huis zo min mogelijk geweld aandoen.

Het is misschien verstandig om voordat u zelf aan het klussen slaat het ruime aanbod aan bergmeubelen en opbergsystemen in de winkels in ogenschouw te nemen. Houd er echter rekening mee dat het aanbod voortdurend wisselt en dat lang niet alle hulpmiddelen overal makkelijk verkrijgbaar zijn. In dat geval kunt u zo nodig met behulp van dit boek toch zelf oplossingen op maat (laten) maken.

In de hoofdstukken 1 en 2 wordt onder meer ingegaan op het ontwerpen van bergruimte, vormgeving, het afstoten van spullen en het uitbreiden van de bergruimte in en om het huis. Hoofdstuk 3 gaat in op de diverse bergmeubelen en opbergsystemen, met voorbeelden van hoe u ze zelf kunt maken; in hoofdstuk 4 vindt u de interessantste 'ruimtewinners' voor de diverse ruimten van het huis, van de huiskamer tot de zolder. In de hoofdstukken 5 tot en met 10 vindt u een beschrijving van de materialen, gereedschappen, technieken en basisconstructies die u bij het zelf klussen nodig heeft.

1 Ontwerpen

Als u nieuwe bergruimte wilt gaan aanschaffen, (laten) maken of voor bergruimte zelfs wilt gaan verbouwen, bestaat de eerste stap uit het opmeten van de spullen die u moet gaan opbergen. Noteer de maten overzichtelijk op papier en tel waar nodig de maten van de artikelen bij elkaar op. Dat kan een goed inzicht geven in de benodigde omvang van de bergruimte. Houd zo mogelijk ook rekening met toekomstige aankopen.

De tweede stap is dat u die gegevens projecteert op de plaats waar u de bergruimte had gedacht. Daarbij houdt u rekening met het volume van de nieuwe berging, met de vormgeving ervan, en hoe de afmetingen zich verhouden tot de rest van de ruimte. Hoe het er in het geheel uit komt te zien, dus.

Daarvoor is een plattegrond onontbeerlijk. Om die te kunnen maken, neemt u nauwkeurig de maten op van de ruimte (kamer, gang) waarin u de spullen wilt bergen. Niet alleen de breedte, lengte en hoogte, maar ook alle inspringingen (versmallingen) en uitbouwen (verbredingen). Verder kan het nodig zijn ook aantekening te maken van de plaatsen waar leidingen lopen en uitmonden: gas- en waterleidingen, afvoerkanalen, elektrische leidingen, verwarmingsbuizen (en de radiatoren zelf) en luchtkanalen. Bij een schuin verlopende ruimte (zowel vloer als plafond) probeert u zo goed mogelijk de hoek aan te geven. Die kunt u precies meten door deze op te nemen met een zweihoek (zie par. 6.9) en deze op een gradenboog te leggen, waarop u die hoek vervolgens kunt aflezen. Als u erover denkt om (delen van) ruimten samen te voegen (zoals een stuk van een gang bij een kamer trekken), dan neemt u die maten mee in uw tekening. Verwerk in de tekening ook de dikte van muren en de plaats(en) waar deuren zijn of komen. Maar ook als u (nog) geen plannen heeft aangrenzende ruimten erbij te trekken, kan het nuttig zijn – bijvoorbeeld met stippellijnen in de basistekening – die optie te onderzoeken.

Als het niet lukt om bergruimte te creëren op de plek die u in gedachten had, kunt u de op te bergen dingen wellicht verdelen over twee of zelfs meer bergplaatsen. Als u in de comfortabele omstandigheid verkeert dat u een kamer(tje) over heeft, kunt u misschien andere ruimten in huis ontdoen van minder fraaie bergruimte. U kunt dan zo'n kamer(tje) inrichten tot 'magazijn', en zo vol zetten als nodig is, zonder veel rekening te hoeven houden met de vraag of het wel mooi staat.

Geef op de plattegrond de afmetingen van ramen en deuren en hun draairichting weer, en de hoogte van bijvoorbeeld een vensterbank ten opzichte van de vloer.

1.1 Ontwerpmethoden

Een schaaltekening maken.   Bij de eenvoudigste ontwerpmethode zet u de horizontale maten uit op een zo groot mogelijk vel millimeterpapier. Het is het

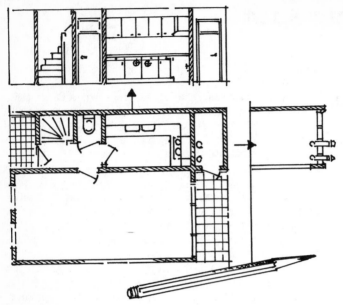

Het project op papier voorbereiden

makkelijkst dit te doen op een schaal die eenvoudig te delen is, bijvoorbeeld 1 op 20. Elke centimeter op het papier is dan in werkelijkheid 20 cm; deze schaal is gebruikelijk in de bouwwereld, evenals 1 op 50. Als u moeite heeft met het toepassen van schalen, dan kunt u een zogeheten schaalliniaal kopen, bijvoorbeeld bij een kantoorboekwinkel.

Dan maakt u van de aanwezige en gewenste meubelen in de kamer op stevig papier of dun karton een tekening op dezelfde schaal en knipt die langs de randen uit en voorziet het model desgewenst van een kleurtje. Met die modellen kunt u over het millimeterpapier schuiven. Zie voor de gebruiks- en/of circulatieruimte die benodigd is rond sommige meubelen paragraaf 1.2. In plaats van de kartonnen modellen langs de rand af te knippen, kunt u er waar nodig de benodigde gebruiks- en/of circulatieruimte aan laten zitten; voorzie die extra ruimte van een lichte tint. Het is nuttig te weten dat activiteits- en gebruiksruimten elkaar kunnen overlappen. Activiteitsruimte is de ruimte die nodig is om iets te doen; gebruiksruimte is de ruimte die nodig is om een bepaald ding – bijvoorbeeld een meubelstuk – te kunnen gebruiken; circulatieruimte is de ruimte die nodig is om – ongehinderd – te komen waar u wilt; plaatsingsruimte is de ruimte die door een voorwerp wordt ingenomen.

Waar verschillende onderdelen boven elkaar komen, zoals een kastje boven een zitmeubel, legt u de schaalmodellen op elkaar. In deze fase kunt u ook denken aan de verlichting, waarvoor u mogelijk extra aansluitpunten moet maken.

Wie van knutselen houdt, kan nog een stap verder gaan en een maquette bouwen, van karton en piepschuim (polystyreenschuim). Uiteraard doet u dit precies op schaal, om geen vertekend beeld te krijgen. Piepschuim is met een dun, vlijmscherp (gekarteld) mes prima te snijden. Stukjes piepschuim kunt u aan

Vooraanzicht van de balkonkast op de plattegrond links

elkaar plakken met contactlijm of thinner (gebruik thinner zuinig, want anders komen er gaten in het piepschuim, en lucht goed). Met contactlijm kunt u kartonnen onderdelen aan elkaar en aan het piepschuim plakken. U kunt het karton en piepschuim schilderen; op piepschuim hecht verf op waterbasis echter vaak niet goed, al kan het voor een maquette wel voldoende zijn.

Het is natuurlijk het mooist als de bergruimte harmonieert met de bestaande ruimte en de voorwerpen die zich daarin bevinden. Er is een aantal vormgevingstrucs dat daar aan bijdraagt:

- De hoogtelijnen laten overeenkomen met bijvoorbeeld andere meubelen of de kozijnen, dan wel een kamerhoge oplossing kiezen.
- Letten op kleurverwantschap bij de wanden en andere grote vlakken en voorwerpen in de betrokken ruimte.
- De vormgeving aanpassen aan andere belangrijke onderdelen van de betrokken ruimte, zoals bij de vlakverdeling en detaillering (denk aan hang- en sluitwerk). Dat zorgt voor meer eenheid in de betrokken kamer.

Het kan handig zijn van de basistekening een aantal fotokopieën te maken (of te werken met transparant papier). Als u een goede indeling gevonden denkt te hebben, trekt u de contouren van uw kartonnen modellen over op de fotokopie. Op die manier kunt u een aantal ontwerpen naast elkaar leggen.

In principe kunnen alle leidingen en buizen worden verplaatst. Het zal echter niet altijd zonder hak- en breekwerk kunnen. Denk in dit stadium ook al aan de te kiezen draairichting van (kast)deuren; vaak is die aan te passen. In plaats van scharnierende deuren kunt u bijvoorbeeld ook schuif- en harmonicadeuren in overweging nemen.

Als u wat verder bent met het basisontwerp, kunt u van elke muur tekeningen van het vooraanzicht maken.

Als u er bij het ontwerpen van de bergruimte niet alleen uitkomt, kunt u daarvoor wellicht een vriend of vriendin inschakelen die een goed ruimtelijk inzicht heeft. Komt u er dan nog niet uit, dan kunt u zo nodig de hulp inroepen van een interieurarchitect, die opgeleid is om oplossingen voor dit soort problemen te bedenken (zie verderop).

Een driedimensionale tekening maken. Een hele verbetering geeft het ontwerpen met een computerprogramma in 3D (driedimensionaal). Er zijn relatief goedkope programma's voor doe-het-zelvers. U kunt ermee tekenen en de getekende voorwerpen in de ruimte (ver)plaatsen. Voorwaarde is natuurlijk wel dat u een beetje kunt tekenen. Via de printer kunt u het ontwerp op papier krijgen. Het kan echter een hele toer zijn aan zo'n programma te komen.

Ontwerp door een vakman. U kunt een ontwerp laten maken door een vakman. Ook daarvoor moet u zoveel mogelijk voorwerk verrichten: zet uw huidige problemen, eisen en wensen op een rij. Neem zoveel mogelijk maten op en maak alvast min of meer gedetailleerde schetsen met maataanduidingen van de bestaande én van de gewenste situatie, zoals bij punt 1. Oriënteer u vooraf zo breed mogelijk in winkels waar de mogelijk door u gewenste producten te zien zijn. En in boeken en tijdschriften waarin ze kunnen zijn afgebeeld. Maak fotokopieën van wat u verstuurt of afgeeft.

Kies zo mogelijk voor een ontwerper die niet is verbonden met een leverancier, maar die de markt wél goed kent.

Sommige ontwerpers maken ontwerpschetsen met potlood en papier, maar steeds meer ontwerpers werken ook met professionele ontwerpprogramma's op de computer. Hoe goed een tekening ook is, het vergt het nodige voorstellingsvermogen om hem naar de realiteit te vertalen. Probeer voorbeelden te krijgen van tekeningen en de latere uitvoering ervan, zodat u ze met elkaar kunt vergelijken, om wat ervaring op te doen in het lezen van tekeningen.

Voor wat grotere en ingewikkelder projecten is het nuttig en soms ook nodig een interieurarchitect in te schakelen, die uw eisen en wensen kan vertalen in een ontwerp, en voor u kan uitwerken hoe een en ander kan worden uitgevoerd. Ook kan hij zo nodig sterkteberekeningen voor u (laten) maken, zoals: kan de houten vloer op die plek de zware boekenkast dragen en zo nee, welke versterking is nodig? Als de gemeente uw nieuwe project moet goedkeuren, bijvoorbeeld als u een grote dakkapel wilt plaatsen, zijn bouwkundige tekeningen nodig. Houd echter de kosten van zo'n professioneel advies in de hand. Informeer eerst bij de betrokken gemeentelijke instantie of toestemming nodig is. Zo ja, dan kan dit meer werk voor de interieurarchitect inhouden (zie ook par. 2.5).

Een vakman aan het werk zetten kost altijd geld, ook als u verder met zijn ideeën en ontwerpen niets doet. Volgens de 'Standaardvoorwaarden rechtsverhouding opdrachtgever-interieurarchitect SR BNI 1995', die worden gehanteerd door leden van de Beroepsvereniging van Nederlandse Interieurarchitecten (BNI), kan de interieurarchitect zijn honorarium op drie manieren berekenen: als percentage van de bouwkosten, op grond van de bestede tijd, of een vast afgesproken bedrag. De uurtarieven inclusief BTW liggen tussen circa *f*150 en *f*250. Voor projecten met een bouwsom onder een ton wordt meestal op uurbasis gewerkt. Voor deelopdrachten rekenen architecten soms een percentage van de prijs die een volledige opdracht zou omvatten. In de SR BNI 1995 staat onder andere een standaardomschrijving van de te verrichten werkzaamheden en dan geldt voor een voorlopig ontwerp 10%, voor een definitief ontwerp 20%, voor de bouwvoorbereiding (bestek, bouwvoorbereidingstekeningen en begroting) 40%.

In het geval dat u zelf gaat verbouwen, lijkt het verstandig eerst te bespreken wat u verwacht. De interieurarchitect kan de plattegronden en dergelijke tekenen. In een bestektekening met bestek staat hoe en met welke materialen het werk dient te worden uitgevoerd; dit is de fase van de bouwvoorbereiding, die 40% (zie hiervoor) kost. Leg dan op papier vast welke werkzaamheden worden verricht en tegen welke kosten (een vast totaalbedrag).

De interieurarchitecten vindt u in de Gouden Gids onder 'Architecten en architectenburo's' en ook wel onder 'Binnenhuisarchitectuur', al zitten er bij die laatste categorie vooral winkels. Voor de keuze van een interieurarchitect en verdere informatie kunt u ook terecht bij de Beroepsvereniging van Nederlandse Interieurarchitecten (BNI), Falckstraat 53, 1017 VV Amsterdam, telefoon (020) 423 32 33.

In de Gouden Gids vindt u onder 'Aannemers', maar vooral onder 'Interieurbouw' bedrijven die zijn gespecialiseerd in interieurrenovatie. Vele daarvan werken vooral voor bedrijven, maar andere werken ook voor particuliere klanten. Sommige ontwerpen ook zelf. Onder 'Timmerwerken' staan weer andere bedrijven die zich met dit soort klussen bezighouden.

Als u met verschillende deskundigen tegelijk in zee gaat, is het even uitkijken geblazen. Het hele werk laten ontwerpen, plannen en uitvoeren door één deskundige vergemakkelijkt de communicatie en het overzicht. Zorg in elk geval dat de verantwoordelijkheid voor de uitvoering in één hand blijft, zodat u niet tussen twee ruziënde partijen in komt te zitten.

Er zijn enkele punten waar u op kunt letten bij het uitkiezen van een bedrijf, aannemer of (interieur)architect. Hoe is uw indruk van de werkruimte of showroom? Is de vakman bereid naar u te luisteren en denkt hij mee bij het vertalen van uw wellicht vage wensen naar een praktische oplossing binnen het door u gestelde budget? Of probeert hij u zijn ideeën op te dringen?

Win referenties in: probeer contact te leggen met anderen die van zijn diensten gebruik hebben gemaakt en vraag hoe een en ander is verlopen. Als dat niet lukt, kunt u de architect of aannemer vragen u adressen te geven van mensen voor wie hij heeft gewerkt. Daar kunt u dan vragen naar zijn betrouwbaarheid: is hij zijn toezeggingen nagekomen, is alles naar wens verlopen, waren de vaklui netjes en vriendelijk, verliep de communicatie zonder haperen? Erg belangrijk is ook dat het tussen u en de betrokkenen klikt.

1.2   Maten in de leefruimte

Voor het oplossen van een gebrek aan bergruimte moet u driedimensionaal denken. U moet rekening houden met de hoogte, breedte en diepte van bergmeubelen, van planken en van de ruimte waarin u ze wilt aanbrengen. U moet rekening houden met hoe makkelijk u overal bij kunt komen, dus met de berghoogte ten opzichte van uw eigen lengte en die van uw gezinsleden. U kunt overwegen geregeld gebruik te gaan maken van een opstapje of trap. Dit hoofdstuk behandelt een aantal vuistregels voor leefruimten en berging.

Arbeidskundigen laten bij voorkeur dingen opbergen op kijk- en grijphoogte; voor frequent gebruikte voorwerpen is dat zeker aan te raden. Berg zware voorwerpen niet boven schouderhoogte op. Het tillen boven die hoogte kost relatief veel meer kracht. Wees verder voorzichtig als u met zware dingen een trap of opstapje op en af gaat.

Stel de maten vast van de bergruimte die u nodig heeft. Als u kasten gaat kopen, neem dan uw aantekeningen – of een kopie daarvan, in verband met zoekraken – mee. Vergeet ook niet een rolbandmaat mee naar de winkel te nemen om de maten van de kast op te nemen. Zelfs als die maten in een folder staan, kan het nuttig zijn een en ander zelf te controleren.

Er bestaan voor de ruimten in de woning vuistregels en normen voor de minimaal benodigde maten, zodat u zich zonder te veel belemmeringen kunt bewegen. Die minimummaten geven houvast als u aan de gang gaat om de ruimte in huis zo optimaal mogelijk aan te passen. Let wel: dit zijn over het algemeen minimummaten die (interieur)architecten en andere ontwerpers hanteren. Het staat u natuurlijk vrij hiervan af te wijken. Bovendien zijn het vaak gemiddelden, gebaseerd op bijvoorbeeld de gemiddelde lengte van de Nederlander, die langzaam toeneemt.

Voor een ingrijpende verandering van de woonruimte is het aan te raden de gewenste situatie in een ontwerptekening vast te leggen. In dit kader zijn ook de loop- en bewegingspatronen van belang. Als u zich van de ene naar de andere plek begeeft, moet u zo weinig mogelijk belemmeringen ondervinden. Door de indeling van de ruimte aan te passen, kunt u proberen zowel de plaatsingsruimte als de gebruiks- en circulatieruimte te optimaliseren. Houd bijvoorbeeld bij een eettafel rekening met de ruimte die nodig is om de stoelen achteruit te schuiven. Denk bij kamer- en kastdeuren aan de ruimte die nodig is om ze open te laten zwaaien, en bij laden om ze open te trekken. Geef deze 'bewegingsruimte' met een stippellijn aan op de plattegrond (zie par. 1.1).

Hierna vindt u een aantal vuistregels (vaak zijn het minima) voor de benodigde gebruiks- en bewegingsruimte. Bedenk daarbij dat bij twee onderdelen die naast elkaar zijn gesitueerd, de benodigde gebruiks- en circulatieruimte elkaar (deels) kunnen overlappen. Bijvoorbeeld een eettafel met stoelen die voor een boekenkast staat: de benodigde gebruiksruimte achter een stoel kan de gebruiksruimte voor de kast overlappen; u hoeft ze in dit geval niet bij elkaar op te tellen.

U kunt als uitgangspunt hanteren dat voor vrije loopruimte in het algemeen circa 80 cm nodig is, voor staruimte (bijvoorbeeld voor een aanrecht) circa 40 cm; voor bukruimte (bijvoorbeeld bij een oven van een fornuis) circa 90 cm en voor knielruimte (bijvoorbeeld om iets uit een lage kast te halen) circa 120 cm. Maar onder bepaalde omstandigheden kan hiervan worden afgeweken. Bij een ladenkast waarbij u moet knielen om iets uit een lage lade te kunnen halen, heeft u bijvoorbeeld circa 90 cm ruimte voor de kast nodig; als u terzijde van de lade kunt staan, kunt u eventueel met minder ruimte toe.

- Vrije doorloophoogte bij deuren e.d. 200 cm.
- Vrije deurbreedte 80 cm.
- Vrije hoogte bij trapgaten, bordessen e.d. 220 cm.
- Vrije hoogte in hoofdwoonruimte 250 cm.
- Breedte gang in woning 110 cm.
- Vrije breedte (tussen leuningen) op rechte steektrap in woning 70 cm.
- Vrije breedte (tussen leuningen) op zolder- en keldertrap 55 cm.

- Beenruimte bij laag zitmeubel (dus vóór de voorzijde van het zitmeubel) 30 à 40 cm.
- Eettafel standaardhoogte 72 à 75 cm.
- Aan weerszijden van een eettafelstoel 10 cm ruimte.
- Per persoon is aan een eettafel een ruimte nodig van 70 cm breed en 40 cm diep.
- Werktafel voor beeldschermwerk 80 cm diep en 120 cm breed (in hoogte verstelbaar tussen 62 en 82 cm).
- Bij een eenpersoonsbed aan minstens één zijkant 40 cm vrije ruimte voor het opmaken.
- Breng een lade nooit op of boven ooghoogte aan.
- Hoeveel ruimte rond een lade nodig is, hangt van de diepte van de lade af en van de ruimte naast de ladenkast; vóór een lade is de vuistregel 100 cm.

- Lengte van aanrecht (incl. gootsteen) 180 cm.
- Hoogte van werkblad (aanrecht) 85 à 95 cm, afhankelijk van de frequentste gebruiker. [1]
- Vrije ruimte voor aanrecht, werkvlak, komfoor, hooggeplaatste oven en koelkast 90 cm.
- Vrije ruimte voor laaggeplaatste oven (gebukte werkhouding) 115 cm.
- Snijplank/vlak in de keuken iets hoger dan het werkblad (aanrecht). [2]
- Bovenkant komfoor 10 à 15 cm lager dan werkblad (aanrecht).
- Afstand tussen onder- en bovenkast (boven aanrecht) 35 à 45 cm.

- Minimum badkamerbreedte 80 cm.
- Ruimte naast wastafel 15 cm.
- Ruimte voor wastafel 60 cm.
- Afdroogruimte naast/voor douche 70 cm.
- Ruimte naast of voor bad 70 cm.
- Ruimte voor wasmachine 60 × 90 cm.

- Minimumbreedte toiletruimte 80 cm.
- Minimumhoogte toiletruimte 210 cm.
- Ruimte naast closetpot of bidet 20 cm.
- Ruimte voor closetpot of bidet 60 cm.
- Ruimte voor fonteintje in toilet 40 cm.
- Ruimte naast fonteintje 10 cm.

[1] Sta rechtop en houd de armen langs uw lijf, maar buig ze vanaf de ellebogen horizontaal boven het werkblad; de afstand tussen onderarm en werkblad moet dan 10 à 15 cm bedragen.
[2] Een dikke snijplank kan hier uitkomst bieden.

1.3 Binnenhuisarchitectuur

Er worden tegenwoordig nogal wat eisen gesteld aan de woning: hij moet liefst van alle moderne gemakken zijn voorzien, gezellig en mooi zijn en nog makkelijk te onderhouden ook. Bovendien mag liefst niet zichtbaar zijn dat er met ruimte wordt gewoekerd of dat er feitelijk een tekort aan bergruimte is. Dat zal niet altijd meevallen. Hoe een ruimte wordt beleefd, hangt niet alleen af van de werkelijk beschikbare ruimte, maar ook van de vormen, lijnen en kleuren. In de volgende paragrafen gaan we daarop in.

1.3.1 De beleving van ruimte en vorm

Onze beleving van een ruimte wordt in sterke mate beïnvloed door de hoeklijnen van die ruimte. Met 'hoeklijnen' worden de lijnen bedoeld die de hoeken van de ruimte verbinden, zoals van plafond tot vloer en van kamerhoek tot kamerhoek. Die lijnen bepalen de grootte van de ruimte. Door zo'n hoek geheel af te dekken met een gesloten bergmeubel wordt de ruimte optisch kleiner dan wanneer u hetzelfde meubel een stukje uit de hoek neerzet. Of wanneer er boven of onder het bergmeubel nog een stuk van die ruimtehoek zichtbaar is. In het algemeen geldt dus dat wanneer u de hoeklijnen kunt zien of de illusie wordt gewekt dat ze zichtbaar zijn, u de bestaande ruimte optimaal kunt blijven beleven. Wanneer de hoeklijnen worden afgedekt, kan de ruimte optisch kleiner lijken, en de ruimtekarakteristieken kunnen veranderen.

- Horizontale lijnen kunnen de ruimte groter doen lijken, verticale maken hem optisch kleiner, maar hoger. Bij verticale lijnen kunt u denken aan behang met een verticaal dessin en gordijnen (uiteraard met verticale patronen) die tot de vloer doorlopen. Een ruimte lijkt ook hoger als het plafond voorzien is van spiegelfolie, maar daar moet je van houden. Probeer horizontale lijnen te laten doorlopen, voor een 'rustig effect'. Zorg er bijvoorbeeld voor dat de bovenkant van een kast op gelijke hoogte zit met de bovenkant van het raamkozijn. U kunt zelfs schilderijen en dergelijke daarmee laten lijnen.
- Een smalle, lange ruimte korter laten lijken kan bijvoorbeeld door het patroon van gestreepte vloerbedekking dwars op de lengteas van de ruimte te zetten, zodat de lijnen visueel in de breedte lopen.
- Een smalle, hoge gang of overloop kunt u minder hoog en smal laten lijken door een stuk van de bovenkant van de wanden mee te schilderen in de kleur en structuur van het plafond.
- Een deel van de ruimte hoger maken (bijvoorbeeld door bij een huiskamer onder een schuin dak een stuk van de zolder of vliering open te breken) maakt niet alleen dat de ruimte effectief hoger wordt, maar vergroot ook het gevoel van ruimtelijkheid. Bij een kamer onder het dak is het wellicht mogelijk ook licht van boven te laten komen via dakramen. Ook dat vergroot het gevoel van ruimtelijkheid.
- Een deels verlaagd plafond kan meer intimiteit geven. Een zwevend plafond kan voor bijzondere effecten zorgen.

Vormen. Ook wat betreft (de vorm van) de voorwerpen die in de ruimte staan zijn er vuistregels die u als uitgangspunt kunt nemen bij het ontwerp.
- Grote vormen lijken op ons toe te komen. Daardoor lijkt bijvoorbeeld een kleine ruimte kleiner als er grote voorwerpen in worden geplaatst. Logisch, zult u denken, omdat ze écht zoveel meer ruimte innemen, maar dat is het niet alleen: want bij een even groot fysiek ruimtebeslag lijkt een groter aantal kleine voorwerpen minder plaats in te nemen dan een kleiner aantal grote. Daardoor hebben kleine voorwerpen een ruimtevergrotend effect. Hetzelfde

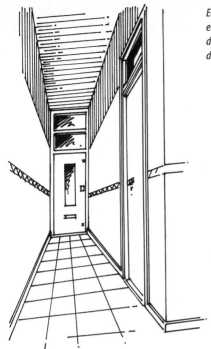

Een van de vele mogelijke optische trucjes van interieurarchitecten: door de plafondstructuur over een deel van de wanden te laten doorlopen, lijkt het alsof de ruimte lager wordt

geldt voor patronen op de betrokken voorwerpen en op vlakken in de ruimte.
• Hoe meer volume voorwerpen hebben, des te meer ze een ruimte feitelijk, en ook visueel verkleinen. Bijvoorbeeld: een zitbank waarvan de bekleding met een voile tot de vloer hangt, ziet er massiever uit dan een zitbank waar u onderdoor kunt kijken. Echter ook door de vormgeving, kleur en het materiaal kunnen twee voorwerpen die evenveel volume innemen de ruimte verschillend 'belasten'.
• Meubelen waar u deels doorheen of onderdoor (staand op pootjes) kunt kijken, belemmeren de doorkijk minder, waardoor de ruimte visueel het minst wordt verkleind. Hoe meer kasten met open planken of doorzichtige deuren, hoe meer losse versieringen en leuke 'dingetjes', des te drukker en rommeliger de ruimte wordt en des te kleiner hij oogt. Door voorwerpen te ordenen, grotere verbanden erin aan te brengen, kan dit effect worden verminderd. Bergruimte met glas in de deurtjes 'opent' de ruimte in visuele zin, maar door de rommelige indruk die dit geeft (de inhoud van de kastjes is zichtbaar) kan dit effect teniet worden gedaan. Grotere vlakken en een opgeruimd geheel maken een rustiger en ruimtelijker indruk.
• Door bijvoorbeeld bij een kleine, rechthoekige huiskamer een zitbank tegen een smalle wand te plaatsen, lijkt hij groter dan wanneer hij tegen een lange wordt geplaatst. Een grote ruimte optisch kleiner maken kan door bijvoorbeeld de zithoek niet tegen een muur, maar meer in het centrum van de ruimte te zetten. Hoe hoger de rugleuning, des te meer de ruimte optisch ge-

scheiden wordt. Let er bij het kopen van een zitbank voor dit doel op dat de achterkant van het meubel ook fraai is afgewerkt. Bij een niet zo mooi afgewerkte achterkant van het zitmeubel kunt u er bijvoorbeeld een kastje tegenaan zetten dat net zo hoog en breed is als de bank.

- Het in de ruimte zetten van voorwerpen met een identieke vormgeving (bijvoorbeeld lampen of stoelen) zorgt voor meer eenheid en vermindert de indruk van rommeligheid.
- Vormen met gebogen lijnen vragen meer aandacht dan vormen met rechte lijnen.
- Schuine plaatsing kan een ruimte groter doen lijken. Dat geldt bijvoorbeeld voor schuin ten opzichte van de wanden verlopende patronen van de vloerbedekking. Diagonale lijnen kunnen een gevoel van beweging en actie geven. Gebogen lijnen 'verzachten' een ruimte.
- Spiegels, vooral spiegels die een heel vlak beslaan, vergroten de indruk van ruimte. Als de randen van de spiegels niet zichtbaar zijn, wordt het effect versterkt. Neem voor dit doel dan ook geen spiegel met lijst, maar bijvoorbeeld spiegelglas van wand tot wand. Hetzelfde kunt u bereiken met spiegelglas waarvan het oppervlak gelijk valt met de rand van bijvoorbeeld de lambrizering, of spiegelglas dat een hele deur of kastenwand bekleedt. Spiegels weerkaatsen ook licht en maken daardoor de ruimte lichter.
- Grote spiegels op één of beide lange wanden geven ook een visueel verbredend effect. Denk bij het kopen van grote spiegels aan de maximale maten die u de betrokken ruimte binnen kunt manoeuvreren. Er bestaat ook spiegelfolie, maar er is een kans dat dit vertekent. Grote spiegels moeten vanwege hun gewicht op hun onderrand steunen en dienen verder ook stevig te worden vastgezet.
- Het geeft zelfs een ruimtevergrotend effect als u bij een open kast de achterwand voorziet van spiegelglas. Dat gaat echter vooral op bij kasten die worden gebruikt voor het tonen van mooie voorwerpen die wat ruimte om zich heen hebben. Bij een boekenkast bijvoorbeeld werkt het niet.
- Een kamer moet niet te veel 'aandachttrekkers' hebben. Maar wat de aandacht trekt, hangt ook af van het punt van waaruit u het bekijkt. Als u de kamer binnenkomt, mogen er niet veel voorwerpen 'strijden' om de aandacht.

Materialen. Ook de gebruikte materialen beïnvloeden de ruimtebeleving. Ruw hout geeft een heel ander effect dan gepolijst staal, terwijl matte natuursteen een andere indruk kan geven dan kunststof. Zo geven kurk, grof geweven stoffen en hout een 'warme' indruk, terwijl glad gepolijste metalen, gepolijste natuursteen en glas een 'koude' indruk geven.
Verder kunnen twee verschillende materialen wel dezelfde kleur hebben, maar door de eigenschappen van het materiaal toch een andere indruk geven. Deze kan zelfs variëren met de kleur van het licht dat erop schijnt.
Door het gebruik van verschillende materialen kunt u dus bepaalde effecten bereiken. Het hoeft niet allemaal even glad of even ruw, want een combinatie van die twee maakt het spannender. Een oppervlak van geschuurd stukadoorswerk kan bijvoorbeeld contrasteren met een gladde parketvloer.

De maten van bergmeubelen zouden aangepast moeten zijn aan de maten van de ruimte waarin ze komen. Dat is helaas niet altijd mogelijk, omdat er weleens een grotere kast in een kleine kamer moet worden aangebracht. U kunt dan de illusie van meer ruimte creëren door de voorkant van de kast – bijna – geheel uit te voeren als spiegel. Er zijn kasten te koop met deuren waarop al een spiegel zit. Anders kunt u zelf een spiegel aanbrengen. Bedenk wel dat spiegelglas vrij zwaar is en dat de kastdeurscharnieren het gewicht moeten kunnen dragen. Voordeel van zo'n spiegeldeur is dat u geen aparte wandruimte kwijt bent voor een spiegel.

1.3.2 De beleving van kleur

Kleur speelt een belangrijke rol in ons leven. Er is veel onderzoek gedaan naar de voorkeuren voor kleuren van mensen en naar de invloeden van kleuren op mensen. De resultaten zijn echter niet eenduidig. De smaak van mensen wisselt met de jaren, beïnvloed door onder meer opvoeding, ervaringen, associaties, de mode en niet te vergeten stemmingen en emoties. Toch kan er wel iets algemeens over kleuren worden gezegd.

Ten eerste verandert onze indruk van een kleur door de invloed van andere kleuren in de omgeving ervan. Bijvoorbeeld: een groene kast komt tegen een witte achtergrond geheel anders over dan tegen een gelige of rozige achtergrond. Probeer dus alle voorwerpen die u denkt te kunnen gebruiken ook te bekijken in combinatie met de achter- en ondergrond en met de andere voorwerpen die in de buurt ervan zullen komen. Belangrijk zijn ook de verhoudingen tussen de afmetingen van de verschillend gekleurde oppervlakken.

Kleuren veranderen sterk van karakter door het soort licht dat erop schijnt. Bij ochtendlicht, avondlicht, zonlicht, licht bij bewolkte hemel, gloeilamplicht, tl-licht en halogeenlicht kan een zelfde kleur er heel anders uitzien. U kunt daarom in de winkel nauwelijks bepalen hoe het er bij u thuis uit gaat zien als daar totaal andere lichtomstandigheden zijn. De meeste ruimten worden zowel bij dag- als met kunstlicht gebruikt. Verder kan de kleur van binnenvallend licht worden beïnvloed door onder meer vitrage, een zonnescherm en getint glas.

Ook de hoeveelheid licht, fel of gedimd, maakt veel uit. Een kleur die er bij een stevige verlichting bijvoorbeeld chic uitziet, kan bij minder licht saai worden. Gekleurde voorwerpen weerkaatsen licht, dat daardoor andere kleuren beïnvloedt. Bij sterke kleuren valt dat het meest op, maar het geldt ook voor lichtere tinten. Bij grote vlakken van stevige kleuren is het zeker nodig dit effect in het ontwerp mee te nemen. Het is nauwelijks mogelijk dit effect te bepalen aan de hand van een klein staaltje. Bij goede kleurwaaiers wordt overigens de reflectie opgegeven, in procenten.

Ook de materiaalsoort, oppervlaktestructuur en het formaat van de vlakken hebben invloed op de kleurbeleving. Veel materialen verloochenen hun afkomst niet, ook niet onder een laag verf. Dezelfde verfkleur kan op een stenen ondergrond heel anders overkomen dan op een houten ondergrond. Zo maakt het ook uit of het om een glad dan wel ruwer of gestructureerd oppervlak gaat, onder meer vanwege de manier waarop het licht erdoor wordt verstrooid. En nog wat: een bepaalde kleur kan heel mooi zijn voor een wat kleiner oppervlak – in combinatie met andere kleuren voor bijvoorbeeld een accent – maar daarentegen erg dominant of saai overkomen op een groot vlak.

De symbolische waarde van kleuren is nauwelijks universeel te noemen. We

nemen rood als voorbeeld: rood is het symbool van bloed, dat zowel voor ver-
nietiging van leven (bloeddorstig) als voor levenskracht (bloed is levengevend)
kan staan. Rood is dynamisch (de rode lap voor de stier), maar ook het teken
voor gevaar (stoplicht), dus remmend. Ook veel andere kleuren hebben een dergelijke brede symbolische waarde.

Lichte kleuren – en koele kleuren ook enigszins – werken ruimtevergrotend.
Dit effect wordt versterkt door hetzelfde type kleur voor de wanden en vloer
te gebruiken. Bij lichte kleuren blijven de hoeklijnen – en dus de oorspronkelijke afmetingen van de ruimte – beter zichtbaar dan bij donkere kleuren. Lichte kleuren reflecteren ook meer licht, zodat de ruimte lichter wordt. Donkere
en felle kleuren werken ruimteverkleinend; warme kleuren ook enigszins. Bijvoorbeeld: een donker plafond lijkt lager. Als u een ruimte met lichte wanden
een donker plafond geeft, lijkt de ruimte dus lager. Als u dan ook de vloer donker maakt, lijkt de ruimte te worden samengedrukt tussen die twee vlakken.

Ook de glans van een kleur heeft invloed: een hoogglanzend oppervlak 'lost
op' in de ruimte – een extreem voorbeeld hiervan is een grote spiegel – terwijl
een matte kleur 'dekt'. Doordat glanzende kleuren meer wegvallen, zijn felle-
re kleuren nodig om een zelfde effect te bereiken als met dekkende kleuren.

Koel overkomende kleuren zijn over het algemeen: blauw, groen, paars, grijs
en wit. Het hangt echter ook van de tint af, want er zijn ook warme groenen
en blauwen. Warm overkomende kleuren zijn: rood, oranje en aardkleuren (o.a.
bruinen, okers, ombers) – en uiteraard mengsels van deze kleuren.

De effecten van koele en warme kleuren zijn slim te combineren. Bijvoorbeeld:
lichte, koele basiskleuren, met warmere kleuren van bijvoorbeeld meubelen,
gordijnen en verlichtingsarmaturen. Overcompensatie kan echter een rommelig effect geven.

Diverse kleuren uit dezelfde kleurgroep kunnen mooi harmoniëren. Maar pas
op, want het kan ook een saai geheel opleveren. Harmonieuze kleurschema's komen vaak prettig over en zorgen doorgaans voor een ontspannen atmosfeer. Ze
vormen vaak een goede achtergrond voor contrasterend gekleurde elementen.

U kunt twee ruimten optisch meer bij elkaar trekken door dezelfde kleurschema's te gebruiken. Anderzijds kunt u een ruimte optisch in tweeën verdelen door op een logische manier twee kleurschema's en/of verschillende materialen toe te passen. Bij verschillende materialen kunt u ook denken aan twee
soorten vloerbedekking.

Als u deuren schildert in de kleur van de muur waarin ze zitten, vallen ze minder op en lijken ze dus weg te vallen. Zo kunt u ook een kast in de kleur van
de achterwand schilderen, waardoor hij kleiner lijkt. Het moet dan wel een
lichte kleur zijn. Door slim gebruik te maken van verwante dan wel contras-
terende kleuren, kunnen dus allerlei effecten worden bereikt.

Een goede manier om van tevoren missers op het gebied van de kleurkeuze zoveel mogelijk uit te sluiten is de volgende. Neem van alle kleuren die u denkt
te gaan gebruiken monsters mee naar huis. Veel fabrikanten maken monster-
collecties voor dit doel. Hoe groter de stukjes zijn, des te beter uw indruk kan
worden. Leg die monsters naast en op elkaar (liefst al een beetje in de verhouding van de oppervlakken die u ermee wilt gaan bedekken) en bekijk ze onder
verschillende lichtomstandigheden. Laat ook eens andere mensen naar uw
kleurschema kijken en discussieer erover.

Tot slot dienen we te vermelden dat het goed omgaan met kleuren een kwestie is van kennis van de kleurenleer, veel bewust kijken en ervaring, en ook van gevoel voor kleuren en het combineren ervan. Het is beslist nuttig de tijd te nemen om boeken op het gebied van kleurenleer en boeken en tijdschriften over interieurontwerp te bestuderen. Al was het maar om u bewust te worden van uw voor- en afkeuren. En dan moet u nog een compromis sluiten met de overige huisgenoten. Want smaken verschillen.

1.3.3   Akoestiek
Door royaal gebruik van materialen met harde, gladde en gesloten oppervlakken kan een ruimte hol gaan klinken. Dat komt doordat dit soort oppervlakken geluid makkelijk weerkaatsen. Dat is onprettig, zeker bij het luisteren naar muziek, tv kijken en bij gesprekken. Maar ook worden bijvoorbeeld geluiden van buiten eerder weerkaatst. U kunt een dergelijke akoestiek verbeteren door meer geluidabsorberende materialen toe te passen, zoals stoffen (vloerbedekking, zitmeubelen, overgordijnen), kurk, akoestische plafond- en muurplaten en bekleding met houten delen.

1.3.4   Verlichting
Overal moet de nodige aandacht worden besteed aan de verlichting. Elke ruimte en elke activiteit kan zijn eigen eisen aan de verlichting stellen. Zie voor de ruimtelijke werking van kleuren paragraaf 1.3.2.

Daglicht.   Ten eerste heeft u te maken met de natuurlijke lichtinval. Een ruimte met een raam op het noorden ontvangt nooit zon, terwijl het licht vrij koel overkomt. Zo'n ruimte kan baat hebben bij wat warmere kleuren muurbekleding en stoffering. Een ruimte met natuurlijke lichtinval uit één van de andere windrichtingen krijgt van buiten al meer warme kleuring. Koele kleuren in die ruimte kunnen er wat door worden opgewarmd.
Hoe het daglicht de ruimte binnenkomt, hangt ook van de omgeving af. Staat er bijvoorbeeld een boom voor het raam of zijn er grote reflecterende vlakken? Deze geven aan het invallende licht eigen tinten mee.
Voorkom dat binnenvallend licht te fel in een ruimte wordt weerkaatst, waardoor u er last van zou kunnen hebben, bijvoorbeeld als de zon recht op een spiegelend vlak valt.
U kunt het licht dat de ruimte binnenkomt filteren door vitrage en lamellen. Met gekleurde lamellen kunt u de kleur van het invallende licht beïnvloeden. Een alternatief is het vervangen van een deel van een buitenmuur door glazen bouwstenen (toestemming van de gemeente vereist). Deze bouwelementen van glas laten licht door, maar er zijn veel typen die zo ondoorzichtig zijn dat de privacy is gewaarborgd. Er zijn verschillende soorten, maten en patronen verkrijgbaar. Glazen bouwelementen zijn deels vacuüm getrokken; de isolatiewaarde van een daaruit opgetrokken muur is ongeveer gelijk aan die van dubbelglas.
Om de privacy te beschermen kunt u ook denken aan gematteerd of gefigureerd glas. Dat laat iets minder licht door dan normaal vensterglas, maar doorgaans meer dan wanneer er bijvoorbeeld vitrage is. Deze glassoorten kunnen ook worden toegepast bij dubbelglas.

Als de ruimte toevallig op de zolderverdieping is, en er is alleen nog verlichting door een raam in de gevel, kunt u overwegen een dakraam te maken. Licht van boven kan voor speciale effecten zorgen.

Kunstlicht. Ten tweede is er kunstmatige verlichting: lamplicht. Daarbij kunnen we een onderscheid maken tussen algemene, plaatselijke verlichting en accentverlichting. Algemene verlichting is voor de hele ruimte. Plaatselijke verlichting is er om op een bepaalde plek beter licht te hebben, bijvoorbeeld bij uw cd-kast, op een werkvlak in de keuken en in uw 'leeshoek'. Dan is er nog accent- oftewel spotverlichting, zoals om een schilderij, plant of ander voorwerp uit te lichten, waardoor het mooier uitkomt. Maak dat u de verschillende soorten verlichting en/of lichtpunten onafhankelijk van elkaar kunt schakelen.

Licht mag nooit hinderlijk zijn. Ook als we slechts vanuit onze ooghoeken een sterk lichtpunt zien, zullen de oogpupillen zich verkleinen, waardoor we op plaatsen met minder sterke verlichting niet zo goed meer kunnen onderscheiden. In de praktijk komt dit probleem vaak voor doordat armaturen verkeerd zijn geplaatst, of door een verkeerde keus van de armaturen of de lampen daarin.

Gebruik bij algemene verlichting daarom liever niet één lichtpunt met een grote lichtafgifte, maar méér lichtpunten met een lagere lichtafgifte, al is dit vanuit het oogpunt van energiebesparing ongunstig. Bij spotverlichting moet u zien te voorkomen dat het lichtpunt (hinderlijk) zichtbaar is.

Algemene verlichting kan indirect zijn, bijvoorbeeld uit een koof aan de rand van het plafond, waar het licht vanuit de lamp eerst tegen de wand weerkaatst voordat het de ruimte verlicht; óf het kan uit in het zicht geplaatste armaturen komen. Veel mensen houden van een wat gelig gekleurde algemene verlichting, zoals van gloeilamplicht. Er zijn echter ook tl-buizen en spaarlampen – vooral de elektronisch geregelde – die de kleur van gloeilamplicht benaderen. De lichtkleur kan worden beïnvloed door de kleur van het kunststof of glas van het armatuur waardoorheen het licht schijnt.

De lange, dunne tl-buizen kunnen zich prima lenen voor algemene verlichting. Bijvoorbeeld ingebouwd in wand of plafond, waarbij het licht door bijvoorbeeld matglas of kunststof schijnt. Dat laatste verzacht de verlichting en vermindert de weerkaatsing op glanzende oppervlakken.

Met een zwevend plafond kunt u zowel plaatselijk een verlaagd plafond maken als indirecte verlichting wegwerken, die het licht tegen het hogere plafond weerkaatst. Indirecte verlichting is ook mogelijk door de lampen in te bouwen in een koof of bijvoorbeeld achter een spiegel. De lampen moeten echter wel goed bereikbaar blijven om te worden vervangen. Indirecte verlichting is heel zacht voor de ogen. Voorkom dat indirecte verlichting via een spiegelend vlak alsnog hinderlijk in de ogen schijnt.

Voor accentverlichting worden bijna altijd (inbouw)spots gebruikt. Voor het uitlichten van een object kan een koelere lichtkleur prima zijn. Bij strijklicht, dat langs een oppervlak strijkt, komen contouren en vormen beter uit. De totale hoeveelheid verlichting is uiteraard afhankelijk van de afmetingen en de indeling van de ruimte. In een kleine ruimte kan een goede plaatselijke verlichting wellicht al dienen als algemene verlichting.

Verlichten met spaarlampen en tl-buizen in plaats van met gewone gloeilampen spaart het milieu. Een tl-buis produceert bij hetzelfde wattage wel zeven tot acht keer zoveel licht als een gloeilamp. Een spaarlamp ongeveer vijf tot ruim zes keer zoveel als een gloeilamp, en een halogeenlamp slechts anderhalf keer zoveel. Als we de levensduur, aanschafprijs en het verbruik van de diverse lamptypen in aanmerking nemen, kunnen we de volgende opstelling voor verlichting maken, van voordelig naar minder voordelig: tl-buis, elektronische spaarlamp, conventionele spaarlamp, halogeenlamp en gloeilamp.

Verlichting in kasten. Als u spullen compacter en efficiënter opbergt, is goede verlichting een nog grotere noodzaak dan normaal al het geval is. Met goede verlichting kunt u een berging ook efficiënter gebruiken. Bij het terugzoeken van spullen is dat nóg belangrijker dan bij het opbergen.

In diepere kasten kunt u verlichting inbouwen. U kunt zelfs automatische verlichting maken, zodat die aangaat wanneer u de kastdeur opent. Deze werkt met een zelfde type schakelaar als de deur van de koelkast. U moet er dan wel aan denken steeds de deur te sluiten, zodat de verlichting niet onnodig blijft branden. Gewone gloeilampen van 40 watt en meer kunnen erg heet worden; zorg ervoor dat ze niet in aanraking kunnen komen met brandbare spullen in de kast; gebruik daarom een lamp met transparante kap (van kunststof of glas). Of gebruik een lamp met een laag wattage; een gloeilamp van 25 watt wordt niet zo heet. Dat geldt ook voor spaarlampen en tl-verlichting.

Bij een wat diepere kast heeft u onvoldoende aan bijvoorbeeld spotjes die vlak voor de kast naar beneden schijnen. U heeft dan verlichting nodig die tot achterin de kast schijnt. Maar die mag u niet hinderen bij het gebruik van de rest van de ruimte. U kunt dan bijvoorbeeld kiezen voor indirecte verlichting; of u neemt in plaats van een klein aantal sterke lichtpunten een groter aantal minder sterke lichtpunten.

2 Ruimte creëren

Wat mensen in de verschillende ruimten van hun huis opbergen, verschilt naar gelang de gezinssamenstelling, leeftijd, interesse, hobby, historisch gegroeide gewoonten, het type huis en huishouden, de overige ruimten van het huis, het formaat van de ruimten, de hoeveelheid spullen, enzovoort.

We leven in een erg rijke maatschappij, waarin onze aardse bezittingen zich opstapelen. Het is daarom geen wonder dat we in ruimtenood (dreigen te) raken. Maar extra bergruimte biedt lang niet altijd definitief soelaas, omdat we daardoor soms de neiging hebben nóg meer te bewaren, waardoor we wel aan de gang kunnen blijven.

Ruimtetekort hoeft dus niet alleen te liggen aan een werkelijk tekort aan bergruimte, maar bijvoorbeeld ook aan onze neiging om weinig weg te gooien en maar te blijven kopen. Toch kan een tekort aan bergruimte natuurlijk worden veroorzaakt door een werkelijk verkeerde afstemming van onze behoefte aan spullen en de daarvoor gehuurde of gekochte woonruimte. Maar ook slaagt niet iedereen erin om orde op zaken te stellen: sommige mensen zijn nu eenmaal niet erg praktisch ingesteld. Sommige ruimteproblemen kunnen daarom alleen worden opgelost door de attitude te veranderen.

Bergruimte is onder te verdelen in open, halfopen en gesloten ruimte. Bij open ruimten zijn de opgeslagen spullen blootgesteld aan stof, dat overal in de lucht zweeft. In sommige ruimten is het echter stoffiger dan in andere: in een slaapkamer is het stoffiger dan in een studeerkamer. In de keuken komt er bovendien vetdamp in de lucht, ook bij gebruik van een afzuigkap, al voert die natuurlijk een flink deel ervan af. Open bergruimte is ontegenzeglijk goedkoper dan gesloten bergruimte en veel spullen worden in open bergruimten bewaard omdat men het zo gewend is of mooi vindt: bijvoorbeeld boeken, geluidsdragers als cd's en veel antieke voorwerpen. Terwijl die beter in een gesloten bergruimte bewaard zouden kunnen worden, omdat het schoonmaken bespaart en de spullen ontziet.

Hoe meer spullen open en bloot in de leefruimte staan of liggen, des te meer werk het schoonmaken elke keer is. Voor sommige spullen is het helemaal onhandig als ze stof vangen: denk aan een collectie poppen met kleding, of kwetsbare antieke voorwerpen. Die kunt u dan beter achter glas tonen. Verder kunnen voorwerpen in open bergruimten blootgesteld zijn aan ultraviolette straling, van de zon en halogeenlampen. UV-straling kan sommige stoffen afbreken of doen verkleuren, zoals weefsels, papier en kleurstoffen/pigmenten.

Een voordeel van open bergruimte is dat de spullen voor het grijpen liggen (al kan dat ook weer een nadeel zijn, bijvoorbeeld bij aanwezigheid van kinderen) en dat het vaak als gezellig wordt ervaren.

Bij halfopen bergruimten kunnen we denken aan opbergsystemen die niet helemaal worden afgesloten, zoals met een (rol)gordijn of met louvredeurtjes. Die kunnen nog flink wat stof doorlaten. Anderzijds is de ventilatie in de betrokken ruimte daardoor veel beter. De overige bergruimten, zoals (lade)kasten (bijvoorbeeld de linnenkast, de servieskast en een hangkast voor kleding) zijn als dicht te beschouwen.

U kunt voor uw situatie een opbergsysteem op maat maken. Dat kan heel functioneel en mooi zijn, maar ook tijdrovend. U kunt ook een kant-en-klaarsysteem aanschaffen van een van de vele leveranciers op dit gebied. Veel moderne opbergsystemen kunnen vergaand aan uw persoonlijke wensen worden aangepast. Of u combineert doe-het-zelfwerk met kant-en-klare onderdelen, zoals een zelf gemaakt kastje waarin u bakken met kunststof laatjes aanbrengt. Bergruimte creëren kan een dure grap zijn. Soms moet u een tijdelijke oplossing bedenken tot u voldoende middelen heeft om een definitieve oplossing te bekostigen. In de tussentijd heeft u meer gelegenheid de precieze wensen te bepalen en rond te kijken naar de beste oplossing. Bedenk daarbij dat zelf doen niet per se goedkoper is, gezien het feit dat allerlei opbergsystemen in grote series worden gemaakt en bijvoorbeeld plaatmateriaal voor doe-het-zelfwerk niet goedkoop is. Het kan de moeite waard zijn precies uit te rekenen waar u op uit komt als u zelf iets maakt of als u een kant-en-klaarsysteem koopt (zie ook par. 3.1).

Slim opbergen. Het is nauwelijks mogelijk één manier aan te wijzen om alles op de beste manier op te slaan. Er zijn veel goede methoden, met elk hun voor- en nadelen. Waaraan u de voorkeur geeft, hangt af van uw persoonlijke omstandigheden, zoals de grootte van uw huis, de hoeveelheid spullen en hoeveel u bereid bent voor een goed opbergsysteem uit te geven. In algemene zin is echter wel een aantal vuistregels te geven.

Een van de principes van goed opbergen is dat de spullen waar mogelijk worden gerangschikt naar de frequentie van het gebruik. Dingen die u het vaakst nodig heeft, kunt u het beste binnen handbereik opbergen in de directe omgeving van de plek waar u ze zult gaan gebruiken. Dit geldt bijvoorbeeld voor dingen die u dagelijks gebruikt, zoals beddengoed, kleding, servies en tuingereedschap. Dingen die u minder vaak nodig heeft, kunt u ook wat minder makkelijk bereikbaar opbergen: u moet dan bijvoorbeeld bukken of iets hoger grijpen. Voorbeelden daarvan zijn feestkleding en -schoenen, het fonduestel dat u maar eens in de paar maanden gebruikt en de verjaardagsslingers. Spullen die u maar heel af en toe gebruikt kunt u zelfs nog verder weg bergen, waardoor u bijvoorbeeld moet traplopen of buitenom naar de garage of schuur moet gaan. Een voor de hand liggend voorbeeld is wel kerstversiering, maar u kunt ook denken aan kampeerspullen, skibenodigdheden en andere dingen die u meestal maar eens per jaar gebruikt.

Slim opbergen betekent ook uw spullen zodanig bewaren dat u er niet lang naar hoeft te zoeken. Een van de manieren daarvoor is gelijksoortige spullen bij elkaar bewaren. Dus bijvoorbeeld uw gereedschap op één plek, de schroeven bij elkaar – liefst gesorteerd naar type – de gebruiksaanwijzingen van alle apparaten en andere dingen in één doos of map (met de bijbehorende aankoopbon als dat voor de garantie nodig is). Zorg ervoor dat het een overzichtelijk en net geheel blijft, zodat het niet snel een rommeltje wordt als u iets weghaalt. Stapels mogen bijvoorbeeld niet zo hoog worden dat u moet 'graven' om iets te pakken.

Verder dient u rekening te houden met ruimte voor de aanwas van nieuwe spullen. Het is namelijk bij veel dingen logisch te veronderstellen dat er meer bijkomt: of het nu gaat om cd's, boeken, naaispullen of een verzameling op welk gebied ook. Het komt niet snel voor dat er te veel bergruimte is. In de praktijk blijkt bijna elke ruimte vol te groeien.

2.1 Een selectie maken

Raak niet in paniek als u zich er bewust van wordt dat de hoeveelheid spullen u boven het hoofd dreigt te groeien. Denk niet gelijk aan verhuizen en ren ook niet meteen naar de winkel om meer kasten te kopen. Probeer met een frisse blik de omvang van het probleem te bekijken.

Veel dingen worden bewaard met de gedachte 'je weet maar nooit' en 'kan altijd van pas komen', maar hoelang heeft u die dingen al zonder ze te gebruiken? Het is natuurlijk nooit uit te sluiten dat u ze echt eens nodig zult hebben. Maar hoe erg is het dan als u ze opnieuw (nieuw of tweedehands) moet kopen? U kunt natuurlijk wel uw huis laten volgroeien, maar een beetje 'lege' ruimte is ook wat waard.

Misschien zijn er wel meer dingen bij die u kunt wegdoen. Dat hoeft niet te betekenen dat u ze moet weggooien: soms kunt u een ander blij maken, andere keren kunt u wat op een veiling verkopen of op de vrijmarkt van koninginnedag, of u geeft het aan een kind om op die dag te verkopen. Er zijn steeds meer winkels die handelen in tweedehands spullen.

Wellicht kunt u door eens erg kritisch door uw spullen te gaan, uw ruimtetekort tot beter hanteerbare proporties terugbrengen. Sommige spullen neemt u weliswaar af en toe ter hand, maar dan om ze van de ene bergplaats naar de andere te verhuizen. Is het dan echt nodig om ze te bewaren?

Een andere reden om dingen te blijven bewaren is dat u ze al zo lang bewaart: dat is een prachtig voorbeeld van een vicieuze cirkel, waardoor de spullen altijd bewaard blijven. Andere mensen schrijven hun ruimtegebrek toe aan een gebrek aan tijd om nu eens goed te gaan opruimen. Maar vaak steekt daarachter de onbewuste angst te moeten beslissen of ze dingen zullen bewaren of afdanken. Wellicht komen er daarbij ook allerlei onprettige herinneringen boven. Daarom schuiven ze het opruimen steeds voor zich uit. Kapotte dingen worden soms bewaard omdat men ze eens een keer wil (laten) repareren, maar daar nog steeds niet toe gekomen is. Dat kan zijn omdat men het voorwerp toch niet nodig heeft, dan wel omdat reparatie toch te moeilijk of te duur is. Afdanken is dan de beste oplossing.

De bezem erdoor.   Het kan dus best moeilijk zijn orde op zaken te stellen en uw spullen eens kritisch door te lopen om te bekijken of u nu wel alles zult bewaren.

De volgende werkwijze kan u helpen er eens aan te beginnen. Om te beginnen hoeft u het niet allemaal in één klap te doen. Neem er rustig de tijd voor: langzaamaan komt u er ook. Een Chinees spreekwoord zegt het ongeveer zó: ook de langste reis begint met een eerste stap. Plan het eens in uw agenda in, als een afspraak: in feite is het een afspraak met uzelf. Doe het stukje bij beetje, bijvoorbeeld een kast per keer en plan er een realistische tijd voor, waarbij u niet te moe of verveeld kunt worden; bijvoorbeeld een avond per week. Zorg dat u flinke dozen (bijvoorbeeld uit de supermarkt) en plastic (vuilnis)zakken bij de hand heeft om de spullen zo nodig te sorteren.

Pak dan voorwerp voor voorwerp op. Bij wat u nog geregeld gebruikt is het natuurlijk logisch dat u het bewaart. Maar vraag u bij iets dat u al heel lang niet meer heeft aangeraakt af of, en zo ja wanneer, u het nodig zult hebben. Probeer daar realistisch in te zijn. Het is mogelijk dat er dierbare herinneringen aan verbonden zijn, wat een goede reden kan zijn om een voorwerp te bewaren. Anderzijds: u heeft een ruimteprobleem dat u wilt oplossen.

Verdeel de spullen die u aanpakt daarom in een aantal categorieën. De spullen die u zeker nog nodig zult hebben laat u gewoon staan. De dingen zonder praktisch nut in de afzienbare toekomst kunt u samen opbergen in bijvoorbeeld een plastic zak of kartonnen doos. Als u elders in huis geen plaats heeft voor die spullen, kunt u ze wellicht alleen inpakken in pakpapier, zodat u ze niet meer kunt zien, en ze in dezelfde kast terugzetten waaruit ze kwamen. Stel uzelf dan een termijn waarna u moet besluiten of u er afstand van zult doen. Voorzie elk ingepakt voorwerp van een etiketje met korte omschrijving van de inhoud, zo nodig met de geschatte verkoopwaarde en de datum. En zet in uw agenda voor volgend jaar dat u besluit wat u ermee zult gaan doen.

Als u na bijvoorbeeld een jaar of zelfs twee jaar niet meer getaald heeft naar de betrokken voorwerpen, en u bent ze langzaam vergeten omdat ze uit het zicht zijn verdwenen, kunt u er waarschijnlijk wel afstand van doen. Het is het verstandigst de ingepakte voorwerpen dan niet meer te bekijken (opdat u niet van gedachten verandert), en de niet-verkoopbare voorwerpen ongezien weg te geven of weg te gooien. Het afstand doen van spullen kost op die manier weliswaar flink wat tijd, maar er gebeurt tenminste wat.

Overtollige spullen kunt u ook aan heel wat anderen kwijt. Sommige dingen kunt u – zoals eerder aangegeven – mogelijk verkopen in het tweedehandscircuit, bijvoorbeeld kleding, meubelen en sommige apparaten. U kunt ze bij gespecialiseerde winkels aanbieden, een advertentie ophangen in bijvoorbeeld de supermarkt, of een advertentie plaatsen in een advertentieblad als ViaVia. U kunt ook spullen weggeven voor een goed doel: er zijn allerlei instellingen die ze zelfs bij u thuis komen ophalen: vluchtelingenorganisaties, kerkelijke organisaties, het Leger des Heils en andere.

Dat neemt niet weg dat het toch wel even een pijnlijk gevoel kan geven als u spullen wegdoet, maar evenzogoed een grote opluchting erna dat u er eindelijk in geslaagd bent meer orde op zaken te stellen.

2.2 De markt op

Op elk terrein en dus ook voor bergruimten geldt dat bijna alles mogelijk is. Aan veel mogelijkheden hangt echter een fors prijskaartje. In paragraaf 5.5 vindt u prijsindicaties van een groot aantal materialen die u nodig heeft om zelf bergruimte te maken. Als u alles zelf ontwerpt, maakt en afwerkt, heeft u nagenoeg alleen met materiaalprijzen te maken. Als u een deel van het werk wilt laten doen, moet u offertes aanvragen, waarbij u precies dient aan te geven wat u van de vakmensen verwacht.

Bepaal uw budget en probeer aan de hand van het overzicht in paragraaf 5.5 een verdeling te maken tussen de verschillende onderdelen. Er zitten aan deze oefening op basis van ons overzicht echter enkele haken en ogen. Bij menige klus komt namelijk meer kijken dan alleen het vervangen van grote onderdelen. Heeft u bijvoorbeeld al het benodigde gereedschap al? En denk bij houtconstructies ook aan lijm en spijkers, hang- en sluitwerk en verf of lak voor de afwerking. Lang niet alle mogelijke 'kleinere' onderdelen zijn in de prijslijst opgenomen. Denk bij de aankoop van bijvoorbeeld hout ook aan zaagverlies en stukken die u overhoudt. Zet per aan te pakken project op een rij welke materialen en gereedschappen u nodig denkt te hebben. En controleer de volledigheid van de lijst bij uw winkelbezoek.

De enige manier om te weten te komen wat er allemaal te koop is, is gaan kijken in bouwmarkten, gespecialiseerde winkels (ook voor tegels en verlichting) en toonzalen van importeurs. Ook folders van fabrikanten vormen een informatiebron. Neem van de onderdelen die voor u in aanmerking komen niet alleen de prijs, maar ook de maten op, als die niet al in een folder zijn vermeld. Bij niet-symmetrische voorwerpen kunt u wellicht de maten op een foto in een folder noteren.

2.3 Zelf doen of laten doen?

Zelf doen is in een groot aantal gevallen het goedkoopst; tenminste als u het goed doet en geen fouten maakt die kostbare gevolgen hebben. Bovendien kan zelf doen grote voldoening geven.

Zelf doen kan echter ook nadelen hebben. Als het om een complete verbouwing gaat, vergt deze een heleboel werk en een bijzonder goede planning. Bent u bereid er zoveel energie en tijd in te steken? Als u het werk alleen in de weekeinden en 's avonds kunt doen, duurt het allemaal nog veel langer. En als u constructieve werkzaamheden wilt uitvoeren, zoals het doorbreken van muren of vloeren, moet u zich door een bouwkundige laten adviseren en heeft u toestemming van de gemeente nodig. Hoe staan de overige huisgenoten tegenover zo'n langdurige klus?

Wanneer het gaat om een complexe of grote verbouwing is het aan te raden het project van tevoren helemaal op papier uit te werken. Behalve aan goede werktekeningen van de oude en nieuwe situatie kunt u daarbij denken aan een materialenlijst, een begroting, een tijdsplanning, een lijst van de medewerkers en de plaats waar u de spullen tijdens de verbouwing laat.

Laten doen gaat beslist sneller. Vakmensen kunnen door hun routine sneller werken dan een doe-het-zelver. Als de ruimte en de klus het toelaten, kunnen ze soms met meer mensen tegelijk werken. Maar alle geld dat u aan arbeidsloon besteedt, kunt u niet uitgeven aan mooiere of betere spullen. Er zijn hier de nodige dilemma's op te lossen.

Waar kunt u terecht voor het laten doen? U kunt een aannemer in de arm nemen. Deze heeft contacten met alle vakmensen voor het uitvoerende werk. Maar lang niet alle aannemers hebben een goed overzicht over bijvoorbeeld verkrijgbare bergsystemen; daarvoor zult u dan toch zelf op pad moeten. Laat wel de aannemer de onderdelen zelf bestellen, zodat u er niet de oorzaak van bent dat het werk stagneert doordat onderdelen niet op tijd arriveren. Er zijn in opbergsystemen gespecialiseerde bedrijven die ook een hele verbouwing op zich kunnen nemen. Ten slotte is het mogelijk de hele verbouwing te laten lopen via een (interieur)architect (zie par. 1.1).

En dan is er ook nog de mogelijkheid dat u een deel laat doen en voor een ander deel zelf de handen uit de mouwen steekt. Het is hierbij het verstandigst uw eigen werkzaamheden te laten beginnen als de gehuurde werklieden klaar zijn. Zo is er geen kans dat u hun planning dwarsboomt, waardoor u bijvoorbeeld een boete zou moeten betalen.

2.4   Werkvolgorde

Nadat het ontwerp is afgerond en u de nodige bestellingen heeft geplaatst of inkopen heeft gedaan, kunnen achtereenvolgens de volgende werkzaamheden aan de beurt komen. Sommige klussen vinden verdeeld over verschillende stadia plaats.

1. Slopen.   Als u het sloopafval niet met de geregelde vuilophaal kunt meegeven, moet u een container huren. U betaalt mede per tijdseenheid, dus kan het handig zijn de container pas te laten komen als u al een stukje op weg bent. Voor een kleinere hoeveelheid bouwafval kunt u ook denken aan één of meer grote kunststof zakken. De prijs van de zakken is inclusief het afvoeren en storten van het afval; handig is dat u ze net zo lang kunt houden als u wilt. Probeer te voorkomen dat 'de hele buurt' zijn afval in uw container gooit door de container op uw eigen grond te laten zetten of door hem maar kort te laten staan. Sloop met beleid; beschadig niet meer dan nodig.

Sommige dingen hoeft u niet weg te gooien maar kunt u verkopen, zoals oude metalen (lood, koper, messing). U hoeft ook niet alles kort en klein te slaan. Sommige dingen – bijvoorbeeld gave planken – kunt u ook langs de stoeprand leggen. Dan worden ze wellicht door een nieuwe gebruiker meegenomen.

Slopen – en ook veel andere werkzaamheden – gaat gepaard met nogal wat stof. Bescherm de overige vertrekken door de deuren goed gesloten te houden. Eventueel kunt u tussen deur en kozijn rondom stroken gevouwen papier aanbrengen om stof te weren. Bescherm gang- en overloopvloeren met stevig plasticfolie. Trapbekleding beschermen is slecht mogelijk, want u mag het traplopen niet gevaarlijk maken. Het afval hoeft niet altijd door het huis te worden afgevoerd; misschien kunt u het via het raam afvoeren.

2. Ruwbouw.   In de ruwbouwfase maakt u onder meer de leidingsleuven (met een frees, haakse slijper of met een moker en koubeitel), construeert u een vloer, neemt u het metselwerk onder handen en maakt u ongelijkmatige oppervlakken vlak voor verdere afwerking. U vervangt bijvoorbeeld ook rot hout en lost problemen als gevolg van vocht op, zoals doorslaand en optrekkend vocht. Verwijder indien nodig oude verflagen. De volgorde van de werkzaamheden hangt van de specifieke situatie af. Informatie over dit soort werkzaamheden vindt u in andere boeken in de serie 'Zelf klussen' van de Consumentenbond.

3. Basisinstallatiewerk. Na de ruwbouw wordt het installatiewerk voor de elektriciteit, de verwarming, de waterleiding en de riolering gedaan. In dit stadium kunt u houtwerk in de grondverf zetten, schuren, eventueel plamuren en weer schuren en nogmaals gronden.

4. Grote oppervlakken aanpakken. Dan wordt het stukadoorswerk ter hand genomen: eerst het plafond, dan de muren. Vervolgens wordt tegelwerk zover mogelijk gedaan: eerst de wanden en dan de vloer.

5. Vaste kasten bouwen. Dit kan het stadium zijn waarin de vaste kasten en inbouwkasten worden aangebracht, maar ook wordt dit wel gedaan na de oppervlakte-afwerking (zie hieronder).

6. Installatiewerk afmaken. Nu kunt u het sanitair installeren. In sommige gevallen is sanitair al in een voorgaand stadium gezet, vóór het tegelen, zoals bij het bad. Ook armaturen (kranen en lampen) en bijvoorbeeld lichtschakelaars kunnen worden aangebracht.
Bescherm sanitair, armaturen en dergelijke totdat alle werkzaamheden die ze kunnen beschadigen, zijn beëindigd.

7. Oppervlakte-afwerking. Dan wordt het schilderwerk afgemaakt; maak eerst de voorbereide oppervlakken weer zorgvuldig schoon. En tot slot wordt de vloerbedekking aangebracht, tenzij het om tegels gaat, want die worden al in een voorgaand stadium gezet. In dit stadium kan het tegelwerk wel worden afgerond.

2.5 Bouwvergunning

Op basis van de Woningwet kunnen drie soorten bouwwerkzaamheden worden onderscheiden:
– Werken waarvoor geen bouwvergunning is vereist.
– Werken die voor het verkrijgen van toestemming bij de gemeente moeten worden gemeld ('meldingsplichtige bouwwerken').
– Werken waarvoor een bouwvergunning vereist is.

2.5.1 Wijzigingen binnenshuis

Bij niet-ingrijpende bouwwerkzaamheden binnenshuis is geen vergunning vereist. U kunt hierbij denken aan plaatsing of verwijdering van een niet-dragende binnenwand en vervanging van deurkozijnen.
Voor andere bouwwerkzaamheden kan een bouwvergunning vereist zijn. Hiervoor kunt u de volgende vuistregels hanteren: als u de oppervlaktematen wijzigt, het materiaal wijzigt of de vorm wijzigt, is doorgaans een bouwvergunning nodig. Tot deze categorie behoren onder meer het aanpassen van een dragende muur en het doorvoeren van een andere wijziging die van invloed is op de draagconstructie van het bouwwerk, zoals een betonnen dekvloer aanbrengen op een houten vloer.
Ook als u een bestaande ruimte kleiner maakt, kan een vergunning nodig zijn.

Het resultaat van een verbouwing mag doorgaans niet leiden tot een lager voor-zieningenniveau (bijvoorbeeld een toilet in huis minder) dan er bestond. Als bouwkundige ingrepen leiden tot verandering van het bestaande gebruik – zo-als een garage ombouwen tot woonruimte – is ook een vergunning vereist. Dat neemt natuurlijk niet weg dat ook als er geen vergunning nodig is, er moet worden voldaan aan de bepalingen van het Bouwbesluit en de Bouwverorde-ning. Dat betekent onder meer dat alle installaties die u aanbrengt moeten vol-doen aan de daarop van toepassing zijnde eisen: u hoeft daarvoor vóór de ver-bouwing geen vergunning aan te vragen, maar de betrokken instanties zijn wel gerechtigd achteraf te controleren of aan de vereisten is voldaan.

2.5.2   Wijzigingen buitenshuis

Geen bouwvergunning is nodig voor bepaalde eenvoudige bouwwerken. Voor-beelden hiervan zijn dierenverblijven, groentekasjes en dergelijke op het zij- of achtererf van de woning, mits ze niet hoger zijn dan 1 m en een bruto-op-pervlak van maximaal 2 m^2 hebben, op voorwaarde dat niet meer dan de helft van het erf wordt bebouwd. Verder zijn onder meer vrijgesteld overkappingen op voor-, zij- en achtererf met een open constructie (zoals pergola's en carports), mits ze niet hoger zijn dan 2,7 m en met een bruto-oppervlak van maximaal 20 m^2; verder mag zo'n overkapping hoogstens de helft van het erf beslaan. Meldingsplichtig zijn vrijstaande bouwwerken (die nergens aan vastzitten en minimaal op 3 m vanaf de voorgevelrooilijn staan), zoals een garage of schuur en aan- of uitbouwen op het zij- en achtererf van de woning, met een maxi-male inhoud van 50 m^3, een breedte van maximaal 3 m en een hoogte van maximaal 2,7 m. Ook gelden nog eisen ten aanzien van het percentage van de grond dat mag worden bebouwd. Verder moet het aanbrengen van een dak-kapel, zonwering en rolluik worden gemeld. Voor een dakkapel gelden speci-fieke voorwaarden voor de afmetingen, met betrekking tot de verhouding met het dak. In de meeste gemeenten moeten meldingsplichtige bouwwerken ook voldoen aan redelijke 'eisen van welstand'.

Voor alle overige verbouwingen heeft u een bouwvergunning nodig voordat u met de werkzaamheden mag beginnen.

2.5.3   Procedure

Bij onzekerheid over het al dan niet nodig zijn van een vergunning of melding kunt u informatie inwinnen bij de betrokken instantie in uw gemeente (door-gaans Bouw- en Woningtoezicht). In de gemeentelijke bouwverordening is aan-gegeven welke documenten, tekeningen en dergelijke nodig zijn. Bouwkundi-ge tekeningen kunnen worden gemaakt door een bouwkundige.

Wat de meldingsplicht betreft nog het volgende: als de gemeente van mening is dat uw project niet in strijd is met het bestemmingsplan en als zij de 'wel-stand' in orde bevindt, ontvangt u de mededeling dat u verder mag bouwen. De gemeente moet wel binnen vijf weken na ontvangst van uw melding een oordeel geven. Reageert de gemeente niet op tijd, dan mag u bouwen (u heeft dan 'fictieve toestemming').

Als het bouwplan niet past in het geldende bestemmingsplan, dan moeten B&W u binnen vijf weken meedelen dat u niet mag bouwen zolang u geen vrijstel-ling van het bestemmingsplan is verleend. De melding van het bouwwerk houdt dan tevens het verzoek om die vrijstelling in. In dat geval moeten B&W binnen acht weken na ontvangst van uw melding besluiten of de procedure voor vrijstelling wordt gestart. Hoort u binnen die termijn niets, dan is er 'fictieve vrijstelling' verleend en mag u het bouwplan gaan uitvoeren. Meldt de gemeente zich wel op tijd bij u, dan moet u nog afwachten hoe het afloopt. Voordat B&W vrijstelling mogen verlenen, moeten zij namelijk het bouwplan openbaar maken via bijvoorbeeld een advertentie, opdat andere belanghebbenden eventueel bezwaar kunnen maken. Deze procedure is niet aan een termijn gebonden. U moet binnen dertien weken na verkregen toestemming met bouwen beginnen.

Als het bouwplan niet tot de meldingsplichtige bouwwerken behoort, niet in het bestemmingsplan past en u geen vrijstelling krijgt, of als het in strijd is met welstandseisen, kunnen B&W u niets anders meedelen dan dat uw bouwplan niet uitgevoerd mag worden. Van dit besluit moet u schriftelijk op de hoogte worden gebracht. Overigens kunnen buren en andere belanghebbenden *binnen zes weken na de instemming* door de gemeente met de melding alsnog bezwaar aantekenen.

Het is aan te raden om contact op te nemen met de afdeling Bouw- en Woningtoezicht van uw gemeente voordat u de bouwvergunning aanvraagt en om te vragen welke papieren u met de aanvraag moet opsturen. Uw aanvraag moet in verband met de behandeltijd tijdig worden ingediend. Meestal beslissen B&W binnen dertien weken over het verlenen van een vergunning; deze termijn kan éénmaal met dertien weken worden verlengd. Net als bij meldingsplichtige bouwwerken kan het zijn dat vrijstellingsprocedures moeten worden gevolgd, in welk geval deze termijnen niet gelden. U krijgt hiervan van de gemeente bericht.

Bent u het er niet mee eens dat u geen bouwvergunning krijgt, dan moet u eerst – binnen zes weken – een bezwaarschrift indienen bij B&W. Vervolgens kunt u tegen de beslissing op uw bezwaarschrift in beroep gaan bij de rechtbank, sector bestuursrecht. Ook hiervoor geldt een termijn van zes weken. Tegen de beslissing op uw beroep is hoger beroep mogelijk bij de Afdeling bestuursrechtspraak van de Raad van State.

2.6 Huurwoning

In een eigen huis bent u in grote trekken vrij bij het aanbrengen van veranderingen. Bij verkoop leveren ze wellicht zelfs een hogere prijs voor uw huis op. Als u een woning huurt, ligt de situatie echter anders.

Aan het einde van de huurovereenkomst moet u de woning opleveren in goede dan wel oorspronkelijke staat. Dit dient u goed te bedenken voordat u veranderingen aan uw huurwoning gaat aanbrengen. Het is verstandig en meestal ook contractueel vereist de verhuurder voor verbouwingen en andere ingrijpende veranderingen vooraf schriftelijk om toestemming te vragen. Gaat uw verhuurder akkoord, leg dan samen schriftelijk vast – en bewaar dit stuk goed – om welke veranderingen het gaat en wat er met de door uzelf aangebrachte en betaalde veranderingen moet gebeuren als u gaat verhuizen. Als de verhuurder de afgesproken veranderingen niet samen met u op schrift wil zetten, doe dat dan zelf en stuur de verhuurder de brief toe met ontvangstbevestiging; bewaar een kopie en het verzendbewijs van PTT Post.

U hoeft overigens niet bang te zijn dat vanwege de door u aangebrachte en betaalde verbeteringen de huur extra wordt verhoogd; dat mag namelijk niet.

Het is uiteraard prettig als u met uw verhuurder kunt afspreken dat u de desbetreffende voorzieningen mag laten zitten als u vertrekt of – nog mooier – dat de verhuurder u hiervoor een vergoeding geeft. Als uw verhuurder de aangebrachte wijzigingen niet wil handhaven – u kunt hem hier in principe niet toe verplichten – kunt u misschien de na u komende huurder bereid vinden de veranderingen te accepteren. Als dat niet het geval is (u kunt de nieuwe huurder niet verplichten ook maar iets van u over te nemen), zult u de veranderingen alsnog ongedaan moeten maken. U dient echter wel een redelijke gelegenheid te krijgen om met de nieuwe huurder te overleggen.

De Consumentenbond is overigens van mening dat ongedaan maken van veranderingen alleen van u kan worden geëist indien deze ondeugdelijk of niet gangbaar zijn en de verhuur en/of de verkoopbaarheid van de woning schaden. De rechtspraak op dit punt is echter niet eenduidig, zodat niet zonder meer te zeggen valt of u verplicht kunt worden tegen uw wil veranderingen ongedaan te maken. Dit wordt soms pas duidelijk als de verhuurder probeert de kosten van het terugdraaien via de rechter op u te verhalen. In dergelijke procedures gaat het nogal eens om fikse bedragen. Win daarom juridisch advies in zodra de verhuurder dreigt de woning op uw kosten in de oude staat te herstellen.

Ten slotte heeft u als huurder het recht bij het einde van de huurovereenkomst de door u aangebrachte voorzieningen weg te (laten) breken. U moet dat uiteraard wel doen zonder schade aan te richten, en op eigen kosten.

Het is vaste rechtspraak dat een verhuurder een deugdelijke opleveringsprocedure in acht moet nemen. Ruim voor het einde van de huurperiode moet hij de woning met u inspecteren en vastleggen welke gebreken dan wel onderhoudstekortkomingen u ongedaan moet maken. U moet hiervoor voldoende gelegenheid krijgen. Dit geldt ook voor het ongedaan maken van veranderingen/verbeteringen die de verhuurbaarheid schaden en die een volgende huurder niet wil overnemen. Aan het einde van de huurovereenkomst moet ten slotte een tweede, gezamenlijke inspectie plaatsvinden. Dit om na te gaan of de eerder geconstateerde gebreken voldoende zijn verholpen en om afspraken te maken over nieuwe gebreken (die niet eerder hadden kunnen worden geconstateerd).

2.7 Bergruimte creëren: binnenshuis

Als u eenmaal vastomlijnde ideeën heeft over de extra bergruimte die u binnenshuis nodig heeft, kunt u gaan bekijken waar u die het beste kunt creëren. Er zijn allerlei manieren om de bergruimte in uw huis te vergroten, van het verlagen van een plafond en het verhogen van de vloer tot een beter gebruik van de dode ruimte die elk huis nu eenmaal heeft. In deze paragraaf vindt u een aantal mogelijkheden puntsgewijs beschreven.

2.7.1 Verlaagd plafond

Met een verlaagd plafond wordt een holle ruimte gecreëerd, die een potentiële bergruimte vormt. De 'vloer' van die ruimte en de bevestigingsconstructie daarvan moeten dan wel voldoende draagkracht hebben. Hoe zwaar u hem uitvoert, hangt af van wat u er wilt opbergen. Als u er ook op wilt kunnen kruipen, moet hij bijna zo sterk zijn als een verdiepingsvloer of tussenvloer (zie par. 2.7.3).

Het makkelijkst is de holle ruimte bereikbaar wanneer niet het hele plafond is verlaagd, maar slechts een deel. Dan is de zijkant van het verlaagde plafond zichtbaar. Is het gehele plafond verlaagd, dan is het lastig om in de betrokken ruimte te komen. En ook lastiger om erin te kijken. En het ziet er al gauw minder mooi uit.

De zijkant van het plafond kan worden voorzien van bijvoorbeeld scharnierende deurtjes, schuifdeuren of een naar boven klappende deur. Een naar boven scharnierend deurtje slaat al gauw tegen het bovenliggende plafond; een naar beneden scharnierend deurtje moet u goed kunnen vastzetten, om te voorkomen dat het een keer vanzelf naar beneden kan klappen. Gebruik dus geen magneetsnapper, maar bijvoorbeeld een meubelschuifje.

Zie ook paragraaf 4.8 voor een verlaagd plafond in de gang.

2.7.2 Verhoogde vloer

Een deel van de vloer voorzien van een laag podium kan zowel sfeerverhogend werken als bergruimte bieden. Zo'n verhoging geeft een beetje hetzelfde effect als een zitkuil, namelijk het creëren van een niveauverschil. Daardoor wordt een ruimte visueel in twee of meer delen gesplitst en kan er een speels effect ontstaan. Als het alleen om een wat smallere reep gaat, kunnen daar bijvoorbeeld laden in. Bij een wat groter oppervlak – voor bijvoorbeeld een eethoek – kunt u voor de toegankelijkheid van de bergruimte bovendien denken aan luiken in de vloer (zie verder). Zorg dat u steeds goed bij de opgeslagen spullen kunt komen en niet bijvoorbeeld op uw buik moet gaan liggen.

Voorkom ook dat u bijvoorbeeld vanuit uw leunstoel tegen de onderkant van een tafel kijkt, wat een lelijk gezicht is. Een hoog meubel op een verhoging kan ook een lelijk effect geven. Maak zo nodig een visuele barrière, maar voorkom dat de ruimte ongewild visueel in tweeën wordt gehakt. Om de visuele integratie tussen ruimten te bevorderen, zijn er verschillende trucs, zoals het gelijk houden van de kleuren van de wanden en het laten doorlopen van horizontale banen en vloerbedekking.

Maak het podium bijvoorbeeld 20 cm hoog. (Alle hierna genoemde houtmaten zijn circa.) De eenvoudigste houten verhoging met bergruimte maakt u op massieve latten of stroken van 18 mm dik multiplex; de breedte van het hout bepaalt de podiumhoogte. Het vloeroppervlak kunt u maken van houten vloerdelen of multiplex vloerplaten met messing en groef, 'underlayment' genoemd. Die laatste zijn handig als u luiken wilt maken.

Nadeel van een podium is het holle geluid bij het lopen, schuiven van stoelen en dergelijke. U kunt dit podiumeffect verminderen door zachte vloerbedekking te nemen. Als u harde vloerbedekking wilt, kunt u het geluid dempen door de dragende latten aan de onderkant te voorzien van een opgelijmde strook speciaal bouwvilt van 2 cm dik.

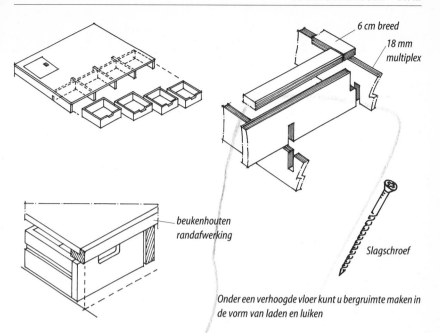

6 cm breed

18 mm multiplex

beukenhouten randafwerking

Slagschroef

Onder een verhoogde vloer kunt u bergruimte maken in de vorm van laden en luiken

Zet de latten of stroken multiplex met halfhout-kruisverbindingen aan elkaar (die hoeft u alleen klemmend vast te zetten; lijm is niet nodig, behalve aan de randen van het podium), in een ruitpatroon met maten die goed uitkomen voor het underlayment. Maak de tussenafstand niet groter dan 60 cm. Omdat de dragers maar zo'n 18 mm breed zijn, zijn ze te smal om het podium goed op vast te kunnen zetten. Spijker en lijm (met constructielijm) er daarom een strook multiplex van 6 cm breed op.

Als u laden maakt, zaagt u eerst de openingen in de randplanken van het podium. U kunt tussen twee steunen één lade van circa 50 cm breed maken of twee van circa 25 cm. Maak ze circa 10 cm hoog en laat tussen twee laden 4 cm plaat staan. Laat vooral hout staan boven de lade (zie tekening). Maak dan de ladegeleiders. Zie verder voor de constructie van laden paragraaf 10.6.

De kopse kanten van de vloerdelen of de randen van het underlayment komen op het midden van de draagconstructie (dus de 'vloerbalken') te rusten. Zet de vloer liever met schroeven dan met spijkers vast of gebruik slagschroeven.

Een vloerluik maakt u precies tussen twee balken. Bij het leggen van de vloer tekent u op de vloerdelen af waar de randen van de balken lopen. Teken dan het vloerluik op de vloer af. Het zagen kan met behulp van een decoupeerzaag, schrobzaag of cirkelzaag. Zaag de messing van slechts één plank door, zodat u het luik bij het dichtdoen met de andere 'langszijde' aan het vloerhout kunt vastzetten (waarbij die andere messing en groef dus in elkaar grijpen).

De (vloer)planken van het luik zet u met latten aan elkaar vast, op een afstand van 5 à 7 cm van de kopse kanten. Dan bevestigt u aan de vloerbalken latten waarop het luik komt te rusten. De latten komen met de bovenkant in hetzelfde vlak als de bovenkant van de balken.

Het is handig in het luik een (luik)oog te maken, waardoor het makkelijk uit

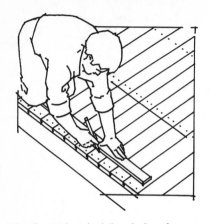

Teken de omtrek van het luik op de vloer af

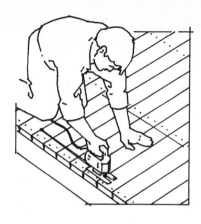

Zaag het luik uit

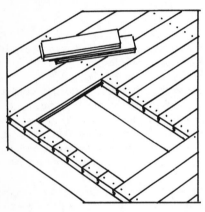

Verwijder de vloerdelen

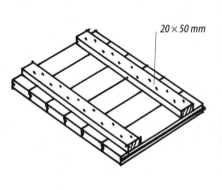

20×50 mm

Zet de vloerdelen aan elkaar vast

Maak een ondersteuning voor het luik

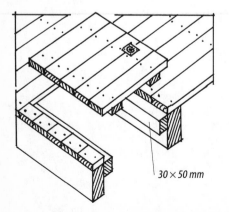

30×50 mm

de vloer te lichten is. Doe dat niet aan de kant waarop u de messing heeft laten zitten, maar aan de andere kant.

Als het vloerluik de neiging heeft bij het eroverheen lopen te wiebelen, en daardoor geluid maakt, kunt u met dun zelfklevend polyether tochtband eronder proberen dit op te heffen. Een alternatief is een dun rupsje siliconenkit op de oplegging, dan een reepje dun plasticfolie erop en dan het luik. Het plastic zorgt ervoor dat de kit niet aan het luik hecht. Na droging kunt u eventueel het folie weghalen.

Bedenk voordat u aan zulke luiken begint een paar dingen, zoals: als u vloerbedekking wilt leggen, moet deze makkelijk opneembaar zijn, zodat u bij de bergruimte kunt komen. Als u geen vloerbedekking legt: hoe lelijk vindt u een vloer vol met luiken?

2.7.3 Tussenvloer in hoge ruimte

Sommige kamers, vooral die in oude huizen, zijn erg hoog. Dat geeft een royaal gevoel, maar uit het gezichtspunt van efficiënt ruimtegebruik is het natuurlijk verspilling. In zo'n kamer is er misschien plaats voor een tussenvloer in een deel van de ruimte, bijvoorbeeld als werkplek, slaapplaats of voor bergruimte. Dit wordt ook 'halve verdieping', 'split level', 'vide' en 'entresol' genoemd. Het is ook een architectonische manier om de ruimte speelser te maken.

Er zijn wel punten waarop u extra moet letten, zoals de verwarming. Warme lucht stijgt op, waardoor het op zo'n niveau een stuk warmer kan zijn dan op de oorspronkelijke vloer (vraag hier zo nodig advies aan een cv-installateur). Verder kan het vanaf de oorspronkelijke vloer lelijk zijn tegen de onderkant van meubelen op de tussenvloer aan te kijken (wellicht moet het onderste deel van de balustrade dicht worden uitgevoerd). Ten slotte kost een steile trap minder ruimte, maar maakt hij het traplopen minder prettig.

Vloerbalken. Gebruik voor de nieuwe vloer balken met dezelfde maten als die van de bestaande vloer (zie ook par. 4.9.1). Is de bestaande vloer van beton, dan kunt u de balkmaten uit het bijgaande staatje aanhouden. Daarbij is uitgegaan van een gebruikelijke vloerbelasting (inclusief eigen gewicht) in woonruimten van 230 kg/m². Houd de hart-op-hartafstand van de balken op 60 cm.

Overspanning in cm	Balkmaten (b x h) in cm
175	50 × 100
225	50 × 125
250	65 × 125
275	50 × 150
300	65 × 150
325	65 × 160
350	65 × 175
400	75 × 180
450	75 × 200

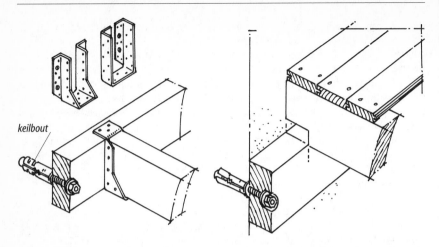

Drie manieren om een vloerbalk aan de wand vast te zetten: de bovenste balkdragers kunt u direct op de wand vastschroeven; de onderste is bedoeld om op een balk vast te zetten

Nog een manier om een vloerbalk vast te zetten. Op de vloerbalken maakt u een vloer van vloerdelen of multiplexplaten met messing en groef ('underlayment'). De onderzijde kunt u desgewenst afwerken met bijvoorbeeld gipsplaat

De balk die evenwijdig het dichtst bij een muur komt, brengt u op circa 2 cm vanaf de muur aan. De balken kunnen alleen aan een stevige muur worden opgehangen, dus niet aan een holle wand van gipsplaat of een muur die gemetseld is van holle stenen. Voor het vastmaken van de balken aan de wand kunt u stalen raveeldragers toepassen, die u op de wand vastschroeft. Of u zet eerst een balk op de wand vast met keilbouten en gebruikt stalen balkdragers, die u aan die balk vastschroeft. Houd de balk 1 à 2 mm per meter korter dan de afstand van wand tot wand, in verband met de werking van het hout.

Als de oorspronkelijke vloer waterpas is, hoeft u alleen maar op een aantal plaatsen vanaf de vloer te meten om een waterpaslijn op de wanden uit te zetten, waarop u de constructie gaat aanbrengen. Als de oude vloer wat helt, kunt u het beste met behulp van een slangwaterpas de waterpaslijnen aftekenen.

Vloerdelen leggen. Voor de vloer gaat u uit van vloerdelen van minimaal 20 mm dik of u gebruikt multiplex vloerplaten met messing en groef (underlayment). Die laatste zijn meestal duurder dan vloerdelen, maar vormvaster en iets sneller te leggen. De techniek daarvoor verschilt niet principieel van die van het leggen van vloerdelen, die hieronder wordt beschreven.

Vloerdelen zijn planken met messing (ook 'veer' geheten) en groef die een vlakke vloer opleveren. Ze zijn meestal van vurenhout, maar u kunt ze ook van bijvoorbeeld eikenhout kopen, zodat u dan gelijk een parketvloer heeft. Dit hout wordt op een iets andere manier gelegd dan vloerdelen (zie desgewenst ook het boek 'Zelf klussen: Wanden, vloeren en plafonds opknappen').

Vloerdelen liggen meestal 'met het licht mee' (in het verlengde van het door ramen vallende licht); dan valt het minder op als hout enigszins bol of hol trekt. Rondom een houten vloer wordt een zwelnaad aangehouden; hout zet immers uit en krimpt met de voortdurend veranderende luchtvochtigheid. Houd bij een kamer tot 4 m breed aan weerszijden een zwelnaad van minstens 15 mm aan; en bij een kamer van 5 meter breed 20 mm. De zwelnaad dekt u af met een plint.

Vloerdelen worden in verschillende lengten verkocht. Meet en reken uit hoe u het voordeligste uitkomt. De 'werkende maat' van de vloerdelen is de maat die u overhoudt als u de messing in de groef heeft gestoken. De laatste strook zal meestal in de lengte op maat moeten worden gezaagd. Als dit 'passtuk' smaller wordt dan circa 4 cm kan het mooier zijn aan beide kanten van de ruimte een bredere passtrook te maken.

Leg zelf gezaagde kopse kanten van de vloerdelen niet tegen elkaar, tenzij u een verstekzaagmachine gebruikt; anders is de kans groot dat het kiert. Gewoonlijk is dat ook niet nodig: afgezaagde einden kunt u meestal bij een muur laten eindigen en wegwerken onder de plint. Verder moeten de delen niet erg strak tegen elkaar worden gelegd. Laat hout liefst enkele dagen los gestapeld acclimatiseren in de ruimte waar het zal worden aangebracht.

Heeft de ruimte beslist haakse vormen, legt dan het eerste vloerdeel met de groefkant naar de wand, vrijgehouden met afstandklosjes (voor de benodigde zwelnaad), ook aan de kopse kanten.

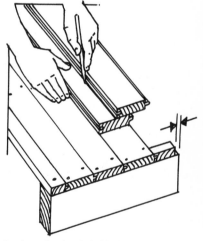

Zelden echter zijn wanden recht en hoeken in een kamer haaks. Bij zo'n niet-haakse ruimte of bij een ruimte met onregelmatig gevormde wanden zet u met behulp van een strakgespannen draad een lijn uit die haaks op de vloerbalken staat, op ongeveer een meter van de muur. Langs die lijn legt u het eerste vloerdeel. Dan werkt u vandaaruit naar de dichtstbijzijnde wand. Het vloerdeel dat aan de wand grenst maakt u pas door hem om te beginnen precies bovenop het voorlaatste deel te leggen. Leg daarbovenop nog een deel. Als daarvan de groef-kant naar de muur wijst, moet u afstandklosjes tegen de wand leggen. Teken de zaaglijn af. De messing en groef van de laatste en voorlaatste strook kunt u niet met een

Zo tekent u het vloerdeel af dat langs de wand komt

hamer in elkaar tikken, omdat daarvoor de ruimte ontbreekt. U kunt ze in elkaar drukken met bijvoorbeeld een kleine koevoet. Bescherm de wand met een plaatje dun multiplex. Als de messing niet makkelijk in de groef wil, kunt u bijvoorbeeld een flinke schroevendraaier door de groef trekken, waardoor het hout een fractie wordt ingedrukt. Dat helpt vaak voldoende.

Zorg dat bij alle vloerdelen de messing over de hele lengte goed in groef zit. Het oppervlak van de delen moet een glad gesloten geheel vormen, maar druk de delen niet met grote kracht aaneen. Gebruik voor dit aantikken een rubber hamer. Als extra maatregel om te voorkomen dat u het hout beschadigt, kunt u slaan op een klosje dat u maakt van de rand van een stuk vloerdeel. Als u de

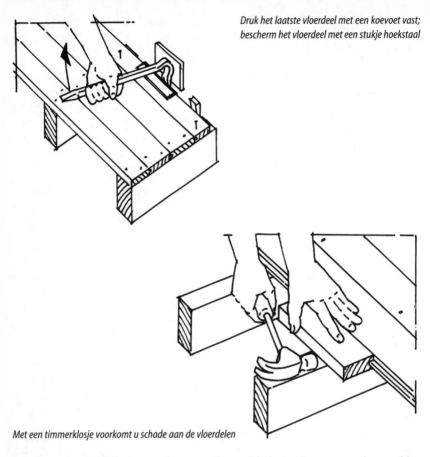

*Druk het laatste vloerdeel met een koevoet vast;
bescherm het vloerdeel met een stukje hoekstaal*

Met een timmerklosje voorkomt u schade aan de vloerdelen

groef, respectievelijk de messing, van dat stukje iets schuurt, past het makkelijk.

Waar vloerdelen met de kopse kant op elkaar aansluiten, steunen ze altijd op een balk. Bij schuin verlopende wanden meet u de hoek met een zwei af.

Vloerdelen die een ondervloer gaan vormen (voor vloerbedekking) zet u op elke kruising met een balk vast op twee plekken (iets verspringend ten opzichte van de lengterichting van de balk om splijting van het balkhout te voorkomen). Het snelst gaat dat met draadnagels. Gebruik nagels met een grote uittrekweerstand, waardoor de vloer minder snel zal gaan kraken. Vastschroeven kan ook, met platkopschroeven die u verzinkt.

Vloerdelen die een parketvloer moeten vormen, spijkert u verdekt met spijkers met verloren kop, die 15 tot 20 mm in de balk steken. U slaat de spijker precies in de bovenhoek van de messing. Voorboren met een boortje dat een millimeter dunner is dan de spijker kan nodig zijn om het splijten van het hout te voorkomen. Sla de spijkers voorzichtig in, zodat het hout niet wordt beschadigd. Tik het laatste stukje met een drevel in, zodat de nagelkop zo'n millimeter onder het houtoppervlak steekt.

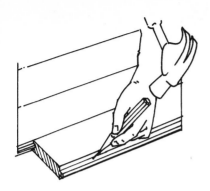

Verdekt spijkeren

Op de balk aan de rand van de verhoogde vloer kunt u de vloerdelen op verschillende manieren laten eindigen en de rand op diverse manieren afwerken. U kunt de delen precies even lang maken door ze een fractie langer aan te brengen en ze dan met een cirkelzaag in één keer op gelijke lengte af te zagen. Die rand kunt u laten samenvallen met de rand van de balk of u laat de rand van de delen iets inspringen en zet er dan bijvoorbeeld een afdeklatje tegenaan, om de kopse kanten af te dekken.
De plint die u gebruikt om de randen van de vloer af te dekken wordt nooit aan de vloer, maar aan de wand vastgezet.

Balustrade. Om te voorkomen dat u van de tussenvloer kunt vallen, is een balustrade nodig. Die kunt u zelf van hout maken, eenvoudig rechttoe-rechtaan of met versieringen (profilering) van het gebruikte hout. De bovenzijde van de balustrade komt op 85 à 90 cm. De ene zijde van de bovenregel wordt aan de wand vastgezet (vaak wordt hij in de wand ingewerkt), zodat hij goed steun vindt.
De andere zijde kan worden vastgezet aan de trapleuning, zodat een soort driehoeksconstructie ontstaat. Of hij wordt aan die kant vastgezet aan een staander (minimaal 6 × 6 cm) die beslist stevig aan de vloerbalk wordt vastgezet (bijvoorbeeld met minstens twee bouten). Om te voorkomen dat kleine kinderen zich kunnen bezeren, kunt u de afstand tussen de spijlen beter niet groter maken dan 7,5 cm.

Trap. Een rechte trap maken hoeft niet erg ingewikkeld te zijn; als u een mooie trap wilt, kan het echter een stuk ingewikkelder zijn, maar een trap met een draai erin is nauwelijks doe-het-zelfwerk. Er zijn leveranciers die zijn gespecialiseerd in trappen – zie de Gouden Gids onder 'Trappen'. Sommigen leveren ook bouwpakketten.
De constructie van een niet zo moeilijk te maken trap vindt u op de tekening op blz. 42. Koop daarvoor een goede kwaliteit vurenhout. Als u de treden alleen wilt lakken, kunt u desgewenst een hardere houtsoort gebruiken, zoals beukenhout. De verbindingen worden gelijmd en geschroefd. Maak de traptreden circa 80 cm breed (de vrije breedte tussen de leuningen circa 70 cm). De trapbomen waarop de treden rusten komen circa 70 cm uit elkaar (aan de bui-

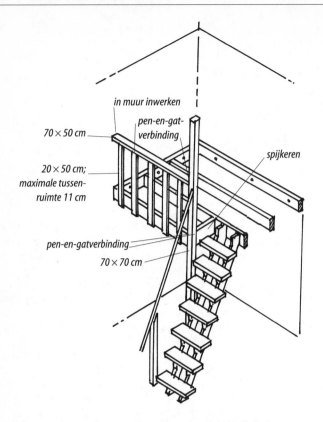

in muur inwerken

pen-en-gat-
verbinding

70 × 50 cm

spijkeren

20 × 50 cm;
maximale tussen-
ruimte 11 cm

pen-en-gatverbinding

70 × 70 cm

Het principe van een tussenvloer in een hoge ruimte; zie ook de detailtekeningen

tenzijde gemeten), zodat de treden aan de zijkant zo'n 5 cm uitsteken. De hoek waaronder u de oplegging van de treden moet uitzagen in de trapbomen, hangt af van de lengte van de trapbomen en de hoek waaronder ze zijn aangebracht. Dit is een kwestie van ontwerpen en meten; de treden worden uiteraard waterpas aangebracht.

Het is mooi om de voorzijde van de trede iets schuin te laten weglopen (zie tekening) en de trapneus af te schuinen of af te ronden. Zo'n afgeronde neus beschadigt ook minder snel.

De leuning van de trap loopt evenwijdig aan de trapbomen. Verticaal gemeten komt de bovenzijde daarvan op 90 à 95 cm boven de traptreden.

Op de leuning van een trap worden flinke krachten uitgeoefend. Hij moet daarom stevig aan de ondergrond vastzitten. Bij een houten-balkvloer kan de hoofdbaluster (de 'paal' waaraan de leuning op de benedenverdieping vastzit) door het vloerhout heen steken en aan een vloerbalk worden vastgeschroefd. Dan moet het wel zo uitkomen dat de hoofdbaluster aan de rand van een vloerbalk staat. Bij een betonnen vloer is het aan te raden de leuning zo uit te voeren dat de hoofdbaluster aan de trapboom vastzit. Bij aanwezigheid van kleine kinderen moet u de zijkant van de trap van balusters ('spijlen') voorzien, of u brengt

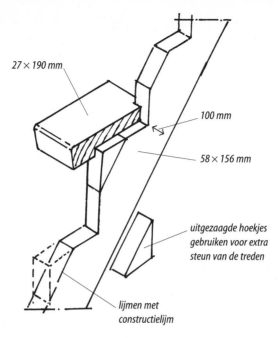

27 × 190 mm

100 mm

58 × 156 mm

uitgezaagde hoekjes
gebruiken voor extra
steun van de treden

lijmen met
constructielijm

Eenvoudige houten trap. De treden worden op de trapbomen vastgeschroefd en de trapbomen worden zowel aan de onder- als bovenzijde vastgeschroefd aan de ondergrond

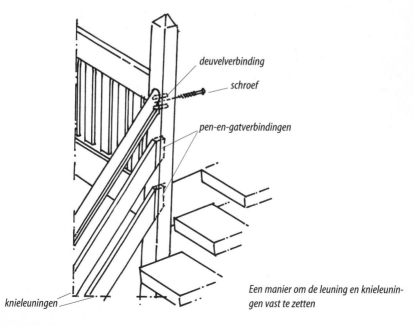

deuvelverbinding

schroef

pen-en-gatverbindingen

knieleuningen

Een manier om de leuning en knieleuningen vast te zetten

43

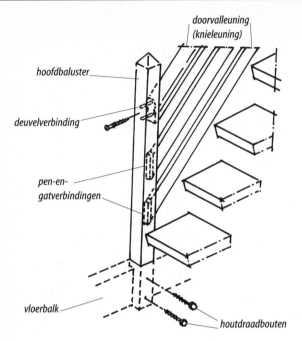

De hoofdbaluster kan aan een vloerbalk worden vastgezet

evenwijdig aan de leuning één of meer (brede) planken aan, om doorvallen te voorkomen.

2.7.4 Kamerdeuren vervangen

Een gewone gescharnierde kamerdeur neemt nogal wat ruimte in beslag bij het opendoen. Dat kan nu net slecht uitkomen als u bergruimte tot dicht bij de deur zou willen creëren. Echter, een deur moet doorgaans voldoende ver open kunnen, zowel om er zelf gemakkelijk doorheen te kunnen als om dingen door de deuropening te kunnen verplaatsen.

Er zijn voor dit probleem verscheidene oplossingen, maar niet allemaal dempen ze het geluid tussen twee ruimten even goed. Bedenk ook dat er aan beide zijden van de deur voldoende loop- en bewegingsruimte moet blijven, ook voor het bedienen van de deur(en). Als vuistregel geldt dat bij een deur met doorloop er aan beide zijden een vrije ruimte van

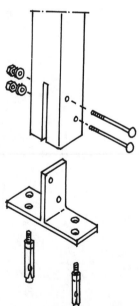

De hoofdbaluster op een betonnen vloer vastzetten met behulp van een stuk stalen T-profiel

1 × 1 m moet zijn, al kan 80 × 80 cm ook, maar bij kleinere maten wordt het wel erg krap. We geven hier een aantal mogelijkheden.
• Het verwijderen van de deur. Dit kan echter om verschillende redenen ongewenst zijn, bijvoorbeeld omdat de ruimten visueel gescheiden moeten blijven of vanwege tocht, geluidsoverdracht en stof.
• Een vouwdeur (ook kant-en-klaar te koop, dan wel op maat gemaakt) scharniert op meer plaatsen. Meet altijd hoe breed de doorloopruimte van de geopende vouwdeur is.
• Een geheel andere oplossing is het aanbrengen van twee deurtjes, die elk aan één van de beide deurposten scharnieren, dus in het midden te openen zijn. Er zijn allerlei scharnieren voor dit soort constructies verkrijgbaar, zoals geveerde scharnieren, waardoor de deurtjes automatisch dichtklappen. Bij de meeste van deze scharnieren kunnen de deuren naar beide kanten toe worden geopend.
• Een rol- of schuifdeur wordt niet vaak gebruikt tussen twee ruimten, maar in voorkomende gevallen kan het dé oplossing zijn. Bedenk echter dat het wel ruimte op een muurvlak kost. Misschien kan dat een muurvlak achter een kast zijn.
Als de geleiderails niet in de deuropening worden aangebracht, heeft u nog de volle deurbreedte als doorlaat. Zo'n roldeur is niet makkelijk te koop; u moet hem waarschijnlijk op maat (laten) maken door een specialist.
• In sommige gevallen kunnen een gewoon rolgordijn of jaloezieën dienst doen als eenvoudige, goedkope, maar soms voldoende doeltreffende scheiding tussen twee ruimten.

2.7.5   'Dode ruimte' gebruiken
Op veel plaatsen in huis is er zogeheten dode ruimte waar u niets aan heeft. In deze paragraaf komen de meest aansprekende ruimtewinners aan de orde. Heeft u een hoge zolder onder een schuin dak en droogt u daar de was? Door een met behulp van katrolletjes ophijsbaar ophangrek te maken, gebruikt u die dode ruimte onder de punt van het dak terwijl u aan loopruimte wint.

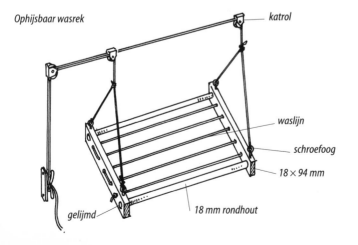

Ophijsbaar wasrek — katrol — waslijn — schroefoog — 18 × 94 mm — gelijmd — 18 mm rondhout

Vitrine in een holle gipsplaatwand

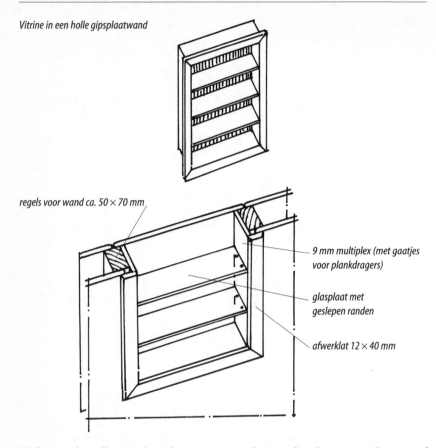

regels voor wand ca. 50 × 70 mm

9 mm multiplex (met gaatjes voor plankdragers)

glasplaat met geslepen randen

afwerklat 12 × 40 mm

Holle wanden zijn over het algemeen gemaakt van gipsplaat op een houten of metalen raamwerk. Veel ruimte kunt u hier niet winnen, maar voor bijvoorbeeld de presentatie van een collectie van kleinere voorwerpen kan de ruimte diep genoeg zijn. U kunt dan de ruimte voorzien van schappen – van hout of glas – die net zo diep zijn als de breedte van de staanders in het raamwerk. U kunt er zelfs een kleine vitrine van maken. Bedenk echter dat de geluidswering tussen twee ruimten afhangt van de massa en constructie van de wand. Eén laag gipsplaat geeft erg weinig geluiddemping.

Ruimtescheidende kast. Een kast tegen een muur zetten gaat ten koste van de lengte en breedte van de betrokken ruimte: zeg maar ten koste van uw vrije leefruimte. Een vrij ingrijpende manier om meer bergruimte te creëren zonder dat dit leefruimte kost, is een muur vervangen door een kast. De bovenliggende constructie mag dan natuurlijk niet op de kast leunen (het mag dus geen dragende muur zijn); zo nodig moet de muur bouwkundig worden opgevangen (daarvoor is een bouwvergunning nodig; zie par. 2.5). U kunt dan een inbouwkast precies op maat (laten) maken.
Bedenk bij een ruimtescheidende kast twee dingen: binnenmuren zijn niet zo

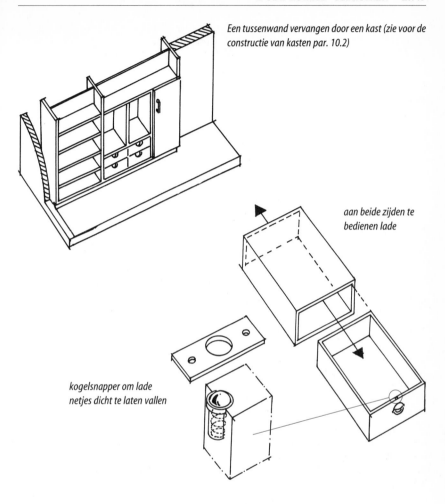

Een tussenwand vervangen door een kast (zie voor de constructie van kasten par. 10.2)

aan beide zijden te bedienen lade

kogelsnapper om lade netjes dicht te laten vallen

dik, zodat de ruimtewinst niet groot is, en ten tweede isoleert een muur geluid beter dan een kast. Om de kast zo geluidwerend mogelijk te maken, moet de achterzijde geheel gesloten zijn (dus geen luchtlekken van voor- naar achterzijde) en moeten de achterzijde en deuren (en ladefronten) van zo zwaar mogelijk materiaal worden gemaakt. U kunt voor de achterzijde bijvoorbeeld gipsplaat (liefst twee lagen op elkaar) gebruiken, dat een stuk goedkoper is dan houtachtig plaatmateriaal.

Toch kan het wegbreken van een muur in sommige gevallen een prima oplossing zijn. Het kan extra handig zijn als u de kastinhoud van beide kanten bereikbaar maakt (of een deel van de kast vanaf de ene kant, en de rest van de kast vanaf de andere kant), of doordat ook de ruimte ernaast beter wordt benut. Een voorbeeld van dat laatste: een overloop kan te smal zijn om een kast te plaatsen, maar als de muur tussen een kamer en de overloop in een kast wordt veranderd, kan het misschien wel.

Het slopen van een muur en bijwerken van de randen vallen buiten het bestek van dit boek. Informatie over de mogelijk benodigde bouwvergunning vindt u in paragraaf 2.5; informatie over het doorbreken van een muur kunt u vinden in het boek 'Zelf klussen: Uw huis van buiten opknappen' en informatie over stukadoorswerk staat in het boek 'Zelf klussen: Wanden, vloeren en plafonds opknappen'. Beide titels worden uitgegeven door de Consumentenbond.

Een ruimtescheidende kast kan ook een manier zijn om een open keuken af te schermen van de woonruimte, als u toch liever een dichte keuken heeft. U kunt in de kast zo nodig een doorgeefluik maken en zo nodig een deur waardoorheen u van de ene naar de andere ruimte kunt gaan. Een mogelijkheid in deze kast zijn laden die u aan beide kanten kunt bedienen.

Op de voorgaande bladzijde vindt u een voorbeeld van hoe u zo'n kast kunt maken. Werk de kast eerst helemaal op papier uit, voordat u aan het werk gaat. De breedte van de kast deelt u in gelijke of ongelijke delen, al naar gelang uw behoefte. Het wordt eerder mooi als u geen willekeurige maten neemt, maar veelvouden van bijvoorbeeld 10 cm. Omdat u de kast op maat maakt, heeft u geen passtukken (van plaatmateriaal, om loze ruimte af te dekken) nodig, zoals vaak bij kant-en-klaar gekochte systeemmeubelen. Houd tussen deurtjes en het plafond minimaal 2 cm ruimte (die u met een plintje of de 'ombouw' van de kast afsluit) om te voorkomen dat de deurtjes langs het plafond kunnen schuren, en voorkom dat deurtjes tegen een lamp kunnen slaan.

Omdat de wanden en tussenwanden kamerhoog worden, dienen ze van stabiel materiaal te zijn, zoals 18 mm MDF of multiplex. Voor de stevigheid en stabiliteit van de kast dient u de uiterste zij- en tussenwanden bij de opbouw van de kast aan de ondergrond (muren, plafond, vloer) vast te schroeven. Hoe u dat doet, hangt van de plaatselijke omstandigheden af. Een tussenwand kunt u bijvoorbeeld aan het plafond vastschroeven met behulp van een metalen hoeksteun of met behulp van een latje.

Elke tussenwand dient ook te worden gestabiliseerd door een vaste verbinding met een naastliggende tussenwand. Dat kan met een achterwand, schragen, maar ook met bijvoorbeeld een legbord (plank) dat wordt vastgezet (vastschroeven of met een houtverbinding). Gebruik minimaal één legbord op halve hoogte, maar liever twee legborden, waarvan één op een derde en de andere op tweederde van de kasthoogte. Maak deuren liever niet kamerhoog; de kans dat hierdoor problemen ontstaan (zoals kromtrekken) is te groot; of gebruik fabrieksmatig gemaakte deuren. Zie voor de constructie van kasten, deuren, laden en legplanken hoofdstuk 10.

Een lade die u aan twee zijden wilt kunnen bedienen moet een andere constructie hebben dan gebruikelijk. Het mooiste effect krijgt u bij een lade in de vorm van een geheel rechthoekige doos. Hij glijdt op zijn bodem in een bak die alleen van voren en achteren open is (zie tekening). Maak zo'n lade niet breder dan de helft van de lengte, om te voorkomen dat hij snel klem kan gaan zitten. Om hem mooi gelijk met het front van de kast te kunnen laten sluiten kunt u een rolsnapper aanbrengen.

Nissen. Heeft uw huis ergens een wand met een – diepere – nis oftewel inham? Zo ja, dan is het mogelijk die nis af te schermen, waardoor u daar dich-

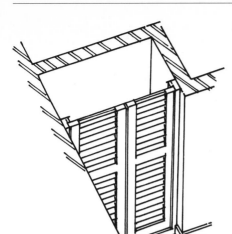

In een nis in de wand kunt u een kast maken

te bergruimte krijgt. U kunt de nis dichtmaken met bijvoorbeeld gordijnen of deuren. Als u de bovenkant van de inham open laat, blijven de hoeklijnen van de ruimte zichtbaar en wordt hij optisch minder verkleind. Als u daar planken aanbrengt, kunt u die ruimte dan nog bijvoorbeeld gebruiken voor het neerzetten of uitstallen van mooie spullen.

Een minder diepe nis is meestal te vinden in een kamer met een schoorsteen in het midden op een muur. Zo'n nis is een natuurlijke plaats om planken op te hangen of een kastwand te maken.

Wat u in zo'n niskast kwijt kunt, hangt natuurlijk af van de diepte van de nis en van uw behoeften. U kunt er planken in aanbrengen, kledingroeden, een ladenblok (al is het logischer de laden even diep als de nis te maken en pas boven het ladenblok met de deuren te beginnen) en zelfs een werkblad voor bijvoorbeeld een computer.

Een kozijn en deuren in een nis aanbrengen hoeft niet zo heel ingewikkeld te zijn; u vindt hier een eenvoudige methode met louvredeuren. Koop eerst twee deuren op maat. Voor de juiste maat deuren neemt u de breedte en hoogte van de ruimte, minus de kozijnmaat (4 à 5 cm). Om te voorkomen dat de deur over de vloerbedekking kan slepen, houdt u de onderzijde van de deur minimaal 2 cm vrij van de vloer. Tussen de twee louvredeuren komt twee millimeter ruimte; boven en onder de deuren ook 2 mm. Het zou wel toeval zijn als u deurtjes precies op maat vindt, maar u kunt het kozijn natuurlijk wat smaller of breder maken. Op dezelfde manier kunt u met de hoogte spelen.

Het eenvoudigste kozijn kunt u zelf samenstellen van een wat bredere en een wat smallere lat; zie tekening. De smallere lat vormt dan de aanslag voor de deuren. U hoeft de latten in de bovenhoeken niet met houtverbindingen aan elkaar te zetten, maar het mag natuurlijk wel omdat de kans op kierende verbindingen dan kleiner is. De bredere latten worden dan bijvoorbeeld met halfhoutverbindingen aan elkaar bevestigd. Zet de brede latten aan de ondergrond vast met bijvoorbeeld metalen hoeksteunen. Of zet ze vast met speciale kozijnpluggen met bijbehorende schroeven; dat is steviger en misschien mooier

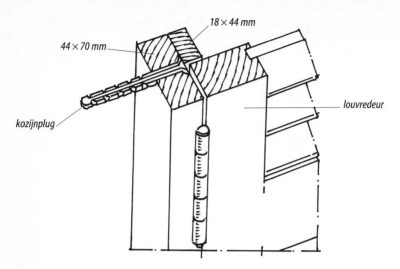

Een eenvoudig kozijn voor de kastdeuren bestaat uit slechts twee latten die u lijmt en spijkert

in uw situatie. Vervolgens schroeft u de smallere latten op de bredere, zodat ze een aanslag voor de louvredeuren vormen. In de hoeken kunt u ze recht op elkaar laten aansluiten; ze komen niet in het zicht. Op welke plaats u ze op de dikke lat vastzet, hangt af van de dikte van de deurtjes; zie tekening.
Dan kunt u de deurtjes afhangen (zie par. 10.5). Voorzie ze van een greepje en gebruik bijvoorbeeld magneetsnappers (zie par. 7.5) om ze op hun plaats te houden.

2.7.6 Schoorsteenkanaal verwijderen

Een ongebruikte gemetselde schoorsteen is een ruimteverspiller. Bedenk u echter voordat u hem sloopt. Woont u in een bovenwoning, dan gaan door het metselwerk hoogstwaarschijnlijk ook de kanalen van de benedenburen. Zelfs als zij die niet gebruiken, mag u ze niet weghalen, tenzij ze u schriftelijk toestemming geven (dat mogen ze alleen als ze eigenaar van de woning zijn). Maar is het kanaal alleen van uzelf, dan heeft u natuurlijk alle vrijheid.
Een schoorsteen slopen kan een vrij ingrijpende klus zijn, die veel rommel geeft. En het herstel van de ondergrond is ook behoorlijk wat werk, waardoor die paar vierkante decimeters ruimtewinst een onevenredig hoge investering in tijd en/of geld kunnen vergen. Informeer in elk geval bij de gemeente of u een bouwvergunning nodig heeft. Als dat het geval is, moet een bouwkundige de officieel benodigde tekeningen maken. Daarin wordt ook aangegeven of en zo ja welke tijdelijke en permanente bouwkundige voorzieningen nodig zijn voor het ondersteunen van hoger gelegen constructies.
In plaats van het schoorsteenkanaal geheel weg te halen, kunt u overwegen de zijwanden te laten staan, en daartussen planken aan te brengen, eventueel met deurtjes ervoor (zie par. 2.7.5). Dan is het kanaal zo nodig met relatief weinig moeite te herstellen. Neem bij de afwerking van de binnenzijde van de schoorsteen afdoende maatregelen om zichtbare roetdoorslag te voorkomen. Bij-

voorbeeld met een stuk plaatmateriaal of behang met een isolatieschuimlaag. Let op bij het verwijderen van alleen een schoorsteenmantel. In oudere huizen met woningen naast elkaar die ruimtelijk elkaars spiegelbeeld vormen, kunnen (houten) schoorsteenmantels in beide huizen zijn doorverbonden.

2.7.7 Kelder maken

Vroeger waren er veel meer huizen met een kelder dan tegenwoordig. Dat hangt voor een deel samen met de grond waarop tegenwoordig huizen worden gebouwd, en ook met de bouwkosten. Bij een huis dat hoog en droog op zandgrond staat, is achteraf onderkelderen dan ook een eenvoudiger klus dan wanneer het huis in de polder staat. Toch is het ook dan niet onmogelijk, al is dat een klus waarvan het de vraag is of u die de gemiddelde aannemer kunt toevertrouwen. Verzeker u in elk geval van voldoende specialistisch advies.

2.8 Vierkante meters erbij: buitenshuis

U kunt proberen de ruimte in uw huis veel efficiënter te gebruiken, maar eens komt er een eind aan de mogelijkheden en is het echt vol. Dan kunt u nog denken aan het werkelijk groter maken van uw huis. Op welke manieren dat mogelijk is, hangt af van uw woonsituatie. We gaan hier kort in op de verschillende mogelijkheden; een gedetailleerde beschrijving van sommige van deze uitbreidingen valt buiten het kader van dit boek. Bedenk dat voor al dit soort ingrepen toestemming van uw gemeente nodig kan zijn, en als u huurder bent ook van uw huiseigenaar (zie par. 2.5.2 en 2.6).

2.8.1 Balkon dichtmaken

Sommige balkons zijn geschikt om dicht te maken. Het gaat dan vooral om een al flink ingebouwd balkon, met een afdak en eventueel al één of twee zijwanden – ook loggia genoemd. Daardoor kunt u dit oppervlak bij uw woonruimte trekken. Dan bent u natuurlijk uw balkon kwijt, dat handig kan zijn voor bijvoorbeeld het drogen van de was, het stallen van de vuilnisbak en wellicht om in de zon te zitten. Het is een vrij grote ingreep. Het heeft waarschijnlijk minder zin alleen het balkon dicht te maken (er dus een apart 'kamertje' van te maken). Een extra ruit vóór uw huidige ruit kost u ook extra licht in huis. Het is daarom verstandiger het bestaande kozijn (dat toegang geeft tot het balkon) te verwijderen. Bij het dichtmaken krijgt het balkon heel wat extra gewicht te dragen en wellicht komt er nog meubilair op te staan. Er moet worden nagegaan of de balkonconstructie hierop berekend is. Bedenk ook dat de balkonvloer dun is en daardoor erg koud; hij moet beslist worden geïsoleerd. Omdat het balkon iets afwaterend is gebouwd, moet de loopvloer waterpas worden gelegd – en op gelijke hoogte met de woonruimtevloer gebracht – en u heeft ook extra verwarmingscapaciteit nodig. En misschien moet ook de – nieuw aangebrachte – buitenmuur van het balkon worden geïsoleerd. Doe dat zeker als de overige muren zijn geïsoleerd of spouwmuren zijn. Neem in de nieuwe kozijnen in elk geval dubbelglas.

2.8.2 Plat dak

Heeft uw huis een plat dak, dan kunt u daar wellicht ook nog ruimte vinden. Misschien voor een dakterras of voor het creëren van bergruimte. Informeer of u daarvoor toestemming van de gemeente nodig heeft. Voor een bouwvergunning zullen bouwkundige tekeningen nodig zijn. Zelfs voor een dakterras moet een bouwkundige beoordelen of de dakconstructie sterk genoeg is om het extra gewicht te dragen. Een paar mensen op het dak betekent al snel een paar honderd kilo, en stel dat u ook plantenbakken wilt: aarde voor het vullen daarvan weegt 1800 kg per m^3. Bij de beoordeling zijn bouwtekeningen van uw huis een nuttig hulpmiddel. Zij zijn mogelijk te verkrijgen bij de Dienst Bouw- en Woningtoezicht van de gemeente of het kadaster. Als het pand niet van u is, dient u voor het maken van een dakterras schriftelijke toestemming van de eigenaar te hebben.

Bij een dakterras is een balustrade noodzakelijk. Zo'n balustrade kan beter niet aan het dak of boeideel (een 'plank' langs de dakrand) worden vastgemaakt, want dat geeft aanleiding tot lekkage. Beter is het om de balustrade onder het boeideel aan de muren te bevestigen. Het vervaardigen van de balustrade is maatwerk. Hij moet minstens 1 meter hoog zijn en zodanig geconstrueerd dat zelfs kinderen er niet onder- of tussendoor kunnen. Voor kleine kinderen mag de afstand tussen de verticaal te plaatsen spijlen niet meer dan 7,5 cm bedragen. De balustrade moet een open constructie hebben, omdat de windbelasting en -overlast dan minder zijn dan bij een dichte constructie.

De terrasvloer wordt gemaakt van drainagetegels die op speciale rubber plaatjes ('tegeldragers') worden gelegd. Door de tegeldragers kan het hemelwater ongehinderd naar de afvoer lopen. Ook zorgen de tegeldragers ervoor dat het gewicht van de tegel en de belasting op de tegel gelijkmatig worden verdeeld. De dakbedekking bij een dakterras met drainagetegels dient te worden uitgevoerd met een toplaag die bestaat uit gemodificeerde bitumen, al dan niet afgewerkt met leislag.

Op oude dakbedekkingen die zijn verzwaard met grof grind, kan de dakterrasvloer eventueel worden gemaakt van houten vlonders van goed verduurzaamd hout; ze mogen niet kunnen opwaaien. De vlonders worden op het grind gelegd, om de afvoer van hemelwater mogelijk te maken. Een probleem op de lange duur is dat de draagbalkjes (minimaal 7 × 7 cm) van de vlonder wegrotten en daardoor de erin aangebrachte spijkers of schroeven soms door de dakbedekking prikken. De vlonders leiden ook vaak tot vervuiling van het dak. Als u op een bestaand dak een terras wilt maken, is het daarom beter een nieuwe toplaag van gemodificeerd bitumen aan te brengen en drainagetegels te gebruiken.

2.8.3 Dakkapel aanbrengen

Heeft uw huis een schuin dak, dan vermindert dat de bruikbaarheid van de zolderverdieping. Veel schuine daken zijn daarom voorzien van een dakkapel, waardoor er meer loopruimte ontstaat. Als het huis een zadeldak heeft, kan er in principe zelfs aan beide zijden een dakkapel worden aangebracht. En als het dak wat langer is, zelfs twee dakkapellen aan één kant.

2.8.4   Uitbouwen

Een veel gebruikte methode om ruimte te winnen is het aanbouwen van een stuk aan het huis. Dat kan bij de meeste huizen alleen op het maaiveld. Het gaat dan bijvoorbeeld om een bijkeuken naast de keuken of om een serre aan de huiskamer. Dit kunnen vrij ingrijpende verbouwingen zijn, al zijn er bijvoorbeeld ook geprefabriceerde serres te koop. Uit oogpunt van berging heeft u aan een serre niet veel, want in zo'n glazen geval zou dat niet staan. Maar als u een deel van het overige meubilair naar de serre verhuist, heeft u in de woning natuurlijk meer (berg)ruimte. Veel serres zijn niet geschikt om er de winter in door te brengen. Denk aan de extra benodigde verwarmingscapaciteit en de mogelijk benodigde bouwvergunning.

2.8.5   Schuur, tuinhuis en -kast, plantenkas

Een schuur kan een zee aan bergruimte bevatten, mits hij efficiënt wordt ingedeeld. Een extra deur kan helpen om de inhoud beter bereikbaar te maken. U kunt een schuur zelf ontwerpen, maar er zijn ook legio bouwpakketten te koop. Als u een aan het huis gebouwde schuur heeft waar u fietsen stalt, kunt u denken aan een lage schuur speciaal voor de fietsen, zodat u de aanbouw voor andere doeleinden kunt gebruiken.

Een tuinhuis is wat romantischer dan een schuur, maar minder als bergruimte bedoeld. Het kan dienen als (half)dichte plek om buiten te eten en ook bijvoorbeeld als atelier.

Een simpele manier om wat extra bergruimte te creëren is door een kast in de tuin te zetten. Gewoon tegen een muur, van het huis, de garage of de schuur. Bouw hem liefst aan de muur vast, en zorg voor een waterdichte constructie, met een schuin dakje dat waterdicht op de muur aansluit.

Bent u een verwoed plantenliefhebber en groeit de collectie planten uw huis uit, dan kunt u denken aan een plantenkas. Deze kan soms ook op een balkon worden aangebracht. Een serre is ook voor planten te gebruiken.

2.8.6   Garage of carport bouwen

Een garage is in principe voor de auto bedoeld, maar u kunt hem ook gebruiken voor andere dingen, en zelfs alleen daarvoor. Is er geen garage, dan kunt u wellicht een bij het huis passende garage (laten) maken of een bouwpakket daarvoor aanschaffen.

Met een carport wint u niet direct bergruimte, maar als u een garage heeft en de auto naar de carport kunt verbannen, wint u veel bergruimte. Een carport is echter een permanent bouwsel, dat overige activiteiten in de tuin in de weg kan staan. Een alternatief in sommige situaties is een groot zonne-

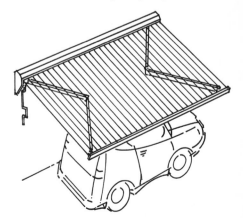

Zonnescherm gebruikt als 'carport'

scherm dat aan een blinde muur wordt vastgemaakt. Nadat u uw auto daar heeft geparkeerd, klapt u het zonnescherm uit, als dak boven de auto. Het scherm moet dan wel stormvast zijn. Bedenk verder dat het doek minder lang meegaat dan de dakbedekking van een carport. Het doek mag alleen in droge toestand worden ingeklapt. Informeer bij uw gemeente of voor het zonne-scherm een meldingsplicht bestaat.

3 Opbergsystemen en bergmeubelen

Met het juiste opbergsysteem of bergmeubel kunt u veel ruimte winnen, zeker als u het op de juiste plaats neerzet. In dit hoofdstuk beschrijven we eerst welke systemen er zoal op de markt zijn en waar u ze kunt kopen. Daarna leest u hoe u de bergmeubelen – vaste kasten, boekenkasten, schuifdeuren, kledingkasten enzovoort – optimaal kunt benutten. Waar nodig verwijzen we daarbij naar andere paragrafen.

3.1 Bergmeubelen kopen

Bergmeubelen koopt u uiteraard in een meubelwinkel, en ook bij warenhuizen en postorderbedrijven. Ook kunt u denken aan winkels in kantoormeubilair, die vaak heel handige opbergsystemen hebben. Kantoormeubilair heeft de naam duur te zijn, maar ook in deze sector is er een stevige concurrentie waardoor de prijzen best kunnen meevallen. Er zijn ook bedrijven die zijn gespecialiseerd in magazijnstellingen, rekken en dergelijke; zie in de Gouden Gids onder Magazijninrichtingen en ook onder Kantoor- en bedrijfsmeubelen. In al deze sectoren zijn ook tweedehandsproducten te koop, wat aanzienlijk in de prijs scheelt. Een wat 'grijs' of vervuild bergmeubel kunt u natuurlijk schoonmaken en in een zelfgekozen kleurtje schilderen.

Bedenk wel dat als u veel bergmeubelen in een kamer nodig heeft, het al snel rommelig wordt. Dat is te voorkomen door te kiezen voor grotere eenheden in dezelfde stijl, zoals bij systeemmeubelen (ook aanbouwmeubelen genoemd) en inbouwkasten het geval is. Het wordt ook snel rommelig als u allerlei soorten uitgestalde voorwerpen door elkaar toont. Door ze naar soort te groeperen lijkt het minder druk en chaotisch.

Behalve kant-en-klare bergmeubelen (kasten, rekken enzovoort) is er ook een groot aantal kleinere opbergsystemen in de handel, zoals losse ladenblokken, manden, draadmetalen berghulpen, dozen, kratten, voorraadpotten enzovoort. Waar kunt u die aantreffen? De meeste kunt u aantreffen in winkels op het gebied van huishoudelijke artikelen, warenhuizen, woonwinkels, postordercatalogi en zelfs supermarkten. Voor specifieke ruimten in en rond het huis kunt u uiteraard terecht bij gespecialiseerde keukencentra, badkamerwinkels, tuincentra, doe-het-zelfwinkels en bouwmarkten.

Spullen in kratten, dozen en kisten bewaren is vaak overzichtelijker en efficiënter dan spullen los in de kast bewaren. Veel spullen kunt u namelijk niet goed stapelen, waardoor erboven ruimte onbenut blijft. Dozen, kratten en kisten zijn wel stapelbaar, zodat u soms een aantal boven elkaar kunt wegzetten, tot vlak onder de plank erboven. Voorzie ze aan de zichtkant van een etiket waarop u bijhoudt wat zich erin bevindt. Dat maakt het terugzoeken makkelijker.

- Manden kunnen handige berghulpen zijn, zij het dat ronde vormen de

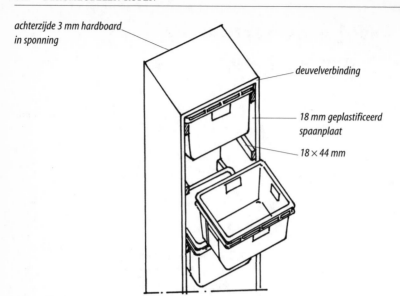

achterzijde 3 mm hardboard
in sponning

deuvelverbinding

18 mm geplastificeerd
spaanplaat

18 × 44 mm

Een kast waarin u kunststof kratten als laden kunt gebruiken

ruimte niet optimaal gebruiken. Er zijn manden in veel vormen en maten, al zullen ze niet allemaal makkelijk te vinden zijn.
• Kratten zijn er vooral van kunststof, in verschillende maten. Sommige zijn voorzien van een deksel. De meeste zijn stapelbaar en sommige zijn opvouwbaar. De meeste van die kratten zijn voorzien van een naar buiten stekende rand, waardoor de kratten ook als laden te gebruiken zijn. U kunt daarvoor een open kast maken die inwendig een kleine centimeter breder is dan de buitenbreedte van de krat. De hoogte van die kast is een veelvoud van de hoogte van zo'n krat, met aan boven- en onderkant van de krat een kleine centimeter speling. De binnendiepte van de kast dient iets groter te zijn dan de lengte van de kratten.
Hoe dik het plaatmateriaal moet zijn waarvan u het kastje voor de kratten maakt, hangt van het formaat af en van het gewicht dat de bakken te dragen krijgen. Behoudens uitzonderlijke omstandigheden kunt u bij MDF (zie par. 5.2) en spaanplaat volstaan met 18 mm en bij multiplex met 12 mm. MDF en spaanplaat kunt u met deuvels en lijm verbinden; de kast van dunne multiplex kunt u extra verstevigen met behulp van driehoekige lijmblokken. De achterwand geeft de kast de benodigde extra stabiliteit; zie hiervoor ook paragraaf 10.2. Dan brengt u aan de binnenkant van de zijwanden beukenhouten latjes aan die circa 2 mm smaller zijn dan de breedte van de rand van de krat (let echter op mogelijk uitstekende verstevigingsribbels aan de buitenkant van de krat); de hoogte van die latjes is minimaal 15 mm. In feite heeft u daarmee een soort ladenkast gemaakt.
• Dozen van karton zijn in veel maten en sterkten te koop. U kunt echter ook heel goed bijvoorbeeld schoenendozen gebruiken. Een te hoge doos met los deksel kunt u lager maken door een strook van de rand af te knippen. Doe

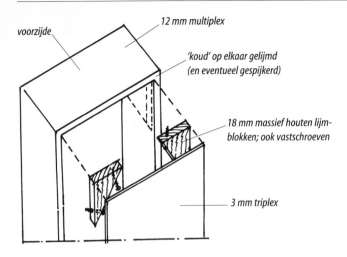

voorzijde

12 mm multiplex

'koud' op elkaar gelijmd
(en eventueel gespijkerd)

18 mm massief houten lijmblokken; ook vastschroeven

3 mm triplex

Ook op deze manier kunt u een krattenkast aan de achterzijde stabiliseren

dat langs een lijn die u na meting trekt. Met extra nietjes en/of stevig plakband kunt u een randverbinding versterken.
• Kisten en kistjes zijn in allerlei maten te koop. Maar u kunt ook afgedankte wijnkistjes gebruiken. Deze meestal ruwhouten kistjes kunt u zo nodig glad-schuren en lakken.
• Ook metalen blikken zijn in allerlei variëteiten te koop. Voordeel is de ge-ringe hoeveelheid gebruikt materiaal (dun plaatstaal), waardoor er veel nuttig bruikbare ruimte is. En in principe sluit het deksel goed af.

3.2 Kasten

Er zijn ontelbaar veel soorten kasten: vaste, losse, met vaste en flexibele inde-ling, modulaire (uit te breiden systemen) en kasten die specifiek bedoeld zijn voor het opbergen van bepaalde dingen, zoals cd's en keukengerei. Er zijn veel modulaire systemen te koop, van allerlei fabrikanten. Als u denkt zo'n kast la-ter nog te willen uitbreiden, is het oppassen geblazen. Lang niet alle kastsys-temen worden tot in lengte van jaren gemaakt. Sommige worden zelfs aange-boden 'zolang de voorraad strekt'.
Bij de aanschaf van kasten zijn er nogal wat punten om op te letten, waaron-der het formaat (diepte, hoogte, breedte), de soort deuren, het aantal laden, de sterkte (om de producten te bergen waar het om begonnen is), gemak van schoonmaken, degelijkheid van constructie, uiterlijk en gemak van (de)mon-tage. Gaan deuren naar links of rechts open en sluiten ze voldoende stofdicht, zijn grepen makkelijk beet te pakken, zijn kast en laden zo nodig op slot te draaien en lopen laden en schuifdeuren soepel genoeg? Is er te weinig ruimte om een scharnierende kastdeur geheel open te zetten, dan kunt u denken aan een schuif-, rol- of vouwdeur, of zelfs aan bijvoorbeeld een (rol)gordijn.
Een handige bonus van een gesloten kast (met goed afsluitende deuren) die een

hele wand bedekt, is dat hij het (lucht)geluid van de ruimte achter de betrokken wand dempt. Vooral als in de kast geluidsabsorberende dingen zijn opgeslagen, zoals kleding en linnengoed. Als u zo'n kast wilt gaan aanbrengen, is het nuttig na te gaan of u die bonus wilt incasseren. Door zo'n kast tegen een scheidingsmuur met de buren of tegen een wand naar een kinderkamer aan te brengen, kunt u geluidsoverlast door die muur wat verminderen.

Als men aan kasten denkt, is de eerste associatie bij plaatsing dat ze tegen een wand moeten staan. Maar als u wandruimte te kort komt, is het wellicht mogelijk een kast dwars op een wand te zetten. Dat is niet bij elke kast mooi, maar bij sommige juist weer wel. Een kast haaks op een wand kan een ruimte ook een speels aanzien geven. Zulke kasten kunt u vanaf één kant bereikbaar maken, maar ook van beide. Of u kunt twee kasten ruggelings tegen elkaar zetten; of één extra diepe kast die vanaf beide kanten wordt gebruikt. Let bij dit soort kasten extra op de zijdelingse stabiliteit (zie par. 10.2).

Aan de onderzijde van de meeste muren zijn plinten aangebracht. Een kast die u tegen zo'n muur zet, staat daardoor iets van de wand. Dat kan nodig zijn voor de ventilatie (zie par. 3.3), maar als dat niet het geval is, is het puur ruimteverlies en creëert u bovendien een stofnest. De plint – of een deel ervan, precies achter de kast – weghalen is meestal niet moeilijk. Bedenk dat de vloerbedekking en het behang slechts tot de plint zijn aangebracht. Verder bevordert een lichte kleur van het kastinterieur het zicht op de opgeborgen voorwerpen.

3.2.1 Vaste kasten

Vooral oudere huizen zijn voorzien van vaste kasten. Dat kan heel praktisch zijn en levert de nodige bergruimte op zonder extra kosten. Maar aan de andere kant zit de bewoner verregaand vast aan het geboden type bergruimte. Dat is dan ook de reden dat in nieuwe huizen zo weinig mogelijk bergruimte wordt ingebouwd, zodat de bewoners vrij zijn in hun keuze.

Heeft u een huis met vaste kasten, dan is daar natuurlijk wel het nodige mee te doen. Een hangkast kan makkelijk worden veranderd in een legkast, en omgekeerd, vooral als hij diep genoeg is. Of het kan een gecombineerde hang-/legkast worden. Of de kastdeuren kunnen worden verwijderd om er een open kast van te maken. Als scharnierende deuren onpraktisch zijn, kunt u overwegen ze te vervangen door een ander type (zie par. 10.3). Ook de loze ruimte boven vaste kasten kunt u vrij eenvoudig benutten.

Kamers en suite. Vaste kasten in oudere huizen bevinden zich vaak tussen twee kamers en suite. Tussen de kasten zitten dan schuifdeuren. Deze kasten bevatten vaak nogal wat loze ruimte, vooral boven de eigenlijke kast en boven de schuifdeuren. Met enige moeite kunt u de betengeling of betimmering van de wand ervan verwijderen en daar een extra kast maken. Vaak is het plafond boven de kast niet afgewerkt en kijkt u dan tegen de bovenliggende vloer aan. Het is verleidelijk die ruimte tussen de balken bij de nieuwe kast te trekken, maar voor de geluidswering naar de ruimte erboven is het aan te raden het plafond van de betrokken kamers door te trekken, bijvoorbeeld met gipsplaat. De muur van die loze ruimte is waarschijnlijk ook niet gestukadoord. U kunt dit alsnog doen, of hem met plaatmateriaal afwerken. Daartoe zet u eerst rachels (latten) op de muur; het oppervlak daarvan moet in hetzelfde vlak komen. Omdat het door de vaak onregelmatige vormen van de kast lastig kan zijn één stuk plaatmateriaal op maat te maken, kunt u voor de wandafwerking ook denken aan schrootjes.

Het plafond van de bestaande kast is prima geschikt als bodem van de nieuwe, maar boven de schuifdeuren moet er een bodem voor de kast worden aangebracht. Houd daarbij rekening met een tiental centimeters dat nodig is om de schuifdeuren zo nodig uit de rail op de vloer te tillen. Er zit daartoe in het midden tussen de deuren een verwijderbare – vastgeschroefde – lat.

U kunt de nieuwe kasten deurtjes geven in de stijl van de bestaande. Als dat paneeldeuren zijn, is het niet eenvoudig die zelf te maken, tenzij u de juiste profielschaven heeft, of een bovenfreesmachine. U kunt die deurtjes natuurlijk ook laten maken.

Niet tot het plafond.   In veel huizen zijn er ook vaste kasten die niet tot het plafond doorlopen. Die kasten zitten meestal in de hoek van een kamer, waardoor de hoeklijnen van de ruimte doorlopen en deze optisch niet sterk wordt verkleind. U kunt de kast alsnog tot het plafond doortrekken. U hoeft dan maar één wandje door te trekken en een deur te maken die qua uiterlijk past bij de bestaande. Het is het handigst voor deze opzetkast een frame te maken waarop u het plaatmateriaal voor de wand vast kunt zetten en waar al een deursponning inzit. Maak die deursponning ook qua uiterlijk passend bij de bestaande.

3.2.2   Verrijdbare kasten

Vooral voor archivering zijn er stellingen en andere kastsystemen te koop waarbij een aantal – meestal identieke – kasten tegen elkaar worden aangebracht. Ze zijn dan voorzien van wielen, waardoor men de kast waarin men moet zijn bereikbaar kan maken. Vaak rijden die wielen op rails. Het gaat doorgaans om

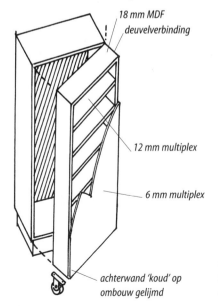

18 mm MDF
deuvelverbinding

12 mm multiplex

6 mm multiplex

achterwand 'koud' op ombouw gelijmd

Voorzetkast op de plaats van de kastdeur; lijm de middelste plank in de kast vast (met tweecomponentenlijm), ten behoeve van het verband van de kast

prijzige ruimtebesparende systemen, die berekend zijn op een hoog bergge-
wicht, bijvoorbeeld voor het opstapelen van papier.

U kunt ook zelf iets dergelijks maken, als het om een niet te zwaar belast meubel gaat. U kunt hiervoor ook standaardkasten nemen, mits die stabiel zijn en
stevig in elkaar zitten. De achterste kast(en) wordt dan vast aan de muur bevestigd. De voorste kast(en), die voor de andere kast naar opzij wegschuift,
wordt op goed gelagerde wielen gezet (geen zwenkwielen). Aan de boven-voor-
zijde van de vaste kast komt dan een geleiderail of -goot, waarin aan de achterzijde van de bewegende kast aangebrachte wieltjes (dezelfde als voor hangende schuifdeuren) vallen.

Een alternatief is een voorzetkast die u laat scharnieren. Het is een variatie op
een bergdeur (zie par. 3.2.9). Het scharnier wordt dan bij de achterste kast aan
de voor-zijkant en bij de voorste kast aan de zij-achterkant vastgemaakt. Ook
hier worden geen zwenkwielen gebruikt, maar wielen met een vaste stand. U
moet ze zodanig onder de kast vastzetten, dat de draairichting loodrecht staat
op de straal van de draaicirkel die de kast beschrijft (zie detailtekening blz. 59).

3.2.3 Legkasten

In een goede kledingkast krijgt de kleding zoveel ruimte dat hij er niet ver-
kreukeld uitkomt. Dat geldt niet alleen voor een hangkast, maar ook voor een
legkast. Denk bijvoorbeeld aan overhemden en blouses. De stapels mogen dus
niet te hoog worden en het mag niet nodig zijn de kleding erin te proppen vanwege een gebrek aan ruimte.

Niettemin staan planken in legkasten vaak op flinke afstand van elkaar, zodat
er overdreven veel ruimte boven de daarop staande spullen zit. Die ruimte kunt
u nuttig gebruiken.

• Oudere legkasten zijn soms voorzien van planken die niet verstelbaar zijn.
Als de indeling u niet goed uitkomt, zijn er verscheidene oplossingen denk-

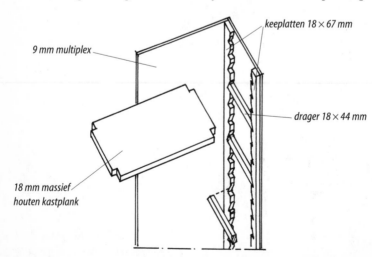

Keeplatten voor het steunen van kastplanken; het is mogelijk de keeplatten als deel van het kastframe (zie par.
10.2) uit te voeren, zoals hier getekend

baar. Doorgaans bestaan de planksteunen uit vaste latten op de zijwand van de kast. Die kunt u verwijderen. Dan kunt u zogeheten keeplatten (kant-en-klaar te koop) aanbrengen, in de vier hoeken van de kast. Zorg ervoor dat de kepen van de vier latten op precies dezelfde hoogte zitten. Tussen twee van die latten op één wand brengt u op de benodigde hoogte op maat gemaakte planksteunen aan. U zaagt de uiteinden daarvan schuin (meet na; vaak 67,5°) af. Dan moeten uit de hoeken van de legplanken stukjes worden gezaagd, zodat ze om keeplatten vallen. Dit geeft een heel stevige constructie.

Een andere manier om verstelbare planken te maken, is met planksteuntjes die in gaatjes worden gestoken. De onderlinge afstand is meestal 32 mm, hart-op-hart. Om het gewicht van de planken en wat erop komt te kunnen dragen, is voor dit steunsysteem niet alle spaanplaat stevig genoeg. Gebruik dan latten van massief hout om de gaatjes in te maken en schroef ze verticaal op de wand van de kast. Bij een kast met een frame van massief hout kunt u de gaatjes in het frame boren. Maak wel een diepteblokkering voor de boor, om te voorkomen dat deze per ongeluk doorschiet.

U koopt eerst de planksteuntjes; als u met losse latten werkt, koop dan latten die minstens zo dik zijn als de pinnen van de planksteuntjes lang. Houd voor de breedte 2,5 à 3 cm aan. De gaatjes voor de pinnen moeten op precies dezelfde afstand van elkaar komen. Daarvoor kunt u een sjabloon gebruiken. Meet met een schuifmaat de middellijn van de pin van de steun en gebruik een boortje van precies de juiste maat. De steuntjes moeten enigszins klemmend in de gaatjes passen (boor liefst in een stukje afvalhout een gaatje op proef). Boor de gaatjes in de latten, die u vervolgens vastlijmt tegen de binnenwanden van de kast. Zorg ervoor dat de gaatjes van de vier latten op gelijke hoogte komen, zodat de planken zonder wiebelen waterpas zullen liggen.

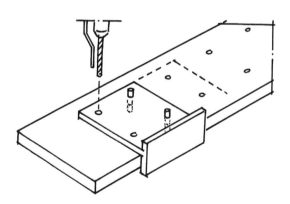

Met behulp van een mal kunt u de gaatjes voor de plankdragers op identieke afstanden boren

• Een andere manier om kastruimte bij wat diepere legkasten optimaal te gebruiken is de volgende. Om de spullen die achteraan op de planken staan nog goed te kunnen zien en te pakken, kan het bij deze methode nodig zijn de planken op een iets grotere afstand van elkaar aan te brengen. Als u in de kast geen spullen bewaart die de ruimte tussen de planken goed opvullen, is er nog al wat 'loze' ruimte. Door achterin de kast extra, ondiepe planken aan te brengen tussen de bestaande legborden, kunt u veel extra bergruimte winnen. Die

Ook in een bestaande kast kunt u keeplatten aanbrengen, om bijvoorbeeld van een hangkast een legkast te maken; op de dragerlatten kunt u ook halfdiepe planken aanbrengen

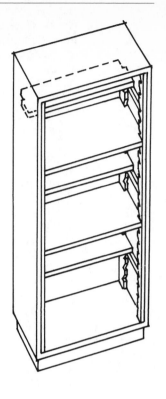

planken komen op de helft van de hoogte of zo nodig wat hoger. De diepte van die tussenplanken kunt u bijvoorbeeld op een derde houden van de bestaande, maar hoe diep precies hangt af van wat u in de kast bewaart en nog wilt gaan bewaren. U kunt de diepte natuurlijk per plank laten variëren. Gebruik even dikke planken als de bestaande.

Er zijn verschillende manieren om deze tussenplanken te bevestigen. Hier komt het op uw creativiteit aan, want het is niet altijd eenvoudig. Als de planken in de kast op keeplatten steunen, is het eenvoudig extra planksteunen aan te brengen. Als de planken echter op planksteunen in gaatjes liggen, zult u er één of twee rijen gaatjes bij moeten maken. U kunt de tussenplanken ook op pootjes op de eronder zittende planken laten steunen. Om te voorkomen dat relatief smalle planken op hoge poten kunnen gaan kantelen, zult u de voorste pootjes van een 'voetje' moeten voorzien of de voorste pootjes onder een hoek aanbrengen. Beide methoden zijn vrij eenvoudig te realiseren.

• Bij sommige legkasten is er niet alleen achterin ruimte te winnen, maar ook aan de zijkanten. U kunt dan smalle plankjes aan één of beide zijkanten aanbrengen. Het is het makkelijkst dit te combineren met een tussenplank ach-

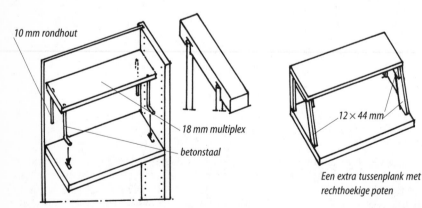

10 mm rondhout

18 mm multiplex

betonstaal

12 × 44 mm

Een extra tussenplank met rechthoekige poten

Halfdiepe tussenplanken kunt u laten rusten op bijvoorbeeld stalen poten (zelf te maken van bijvoorbeeld 10 mm betonstaal) of poten van rondhout; lijm ze met constructielijm vast in voorgeboorde gaten

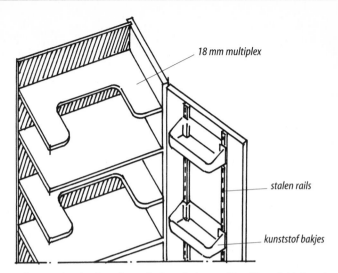

Extra tussenplanken van deze vorm houden de spullen op de diepe planken goed bereikbaar. Ze bieden ruimte om ook aan de binnenkant van een scharnierende kastdeur bergruimte te creëren

terin de kast (zie boven). U kunt dan namelijk rondom een plank uit één stuk maken. Neem daarvoor een plank die dezelfde maat heeft als een bestaande kastplank en zaag het stuk uit dat u rondom nodig heeft. U kunt hem dan eenvoudig aanbrengen, op dezelfde soort steunen als de bestaande planken. Als de zijplanken smal worden, is het aan te raden geen massief hout of spaanplaat, maar multiplex te gebruiken, omdat de smalle stukken hout met een nerf in de breedte vrij makkelijk kunnen afbreken.

• Weer een andere manier om 'loze' ruimte onder planken nuttig te gebruiken is met behulp van draadmetalen rekjes ('draadmanden', 'draadkorven'; van geplastificeerd staaldraad) die daar speciaal voor worden gemaakt. Ze zijn onder meer te koop bij winkels in huishoudelijke artikelen. U schuift de twee beugels ervan over een plank. Een nadeel is dat ze u kunnen belemmeren wat dieper in de kast te kijken, en dat de spullen op de plank waaraan ze hangen de beugels de vrije doorgang kunnen belemmeren.

• Een slimme maar relatief dure manier om diepe planken efficiënter te gebruiken is door ze uitschuifbaar te maken; dit zijn zogeheten schuifbladen. De kast moet er uiteraard geschikt voor zijn en de kastdeur moet ver genoeg open kunnen. Op die manier kunt u de planken dichter bijeen zetten en toch makkelijk bij de achterste spullen op de planken komen. U moet er echter wel voor waken dat de uitzetconstructie niet de gewonnen ruimte in beslag gaat nemen. Slimme telescopische ladegeleiders vergen slechts een bescheiden ruimte. Niet alle spullen zijn echter geschikt om bewaard te worden op zulke uittrekbare planken: denk aan porselein en glaswerk dat kan omvallen. Bij het kopen van de uitzetconstructie dient u altijd te letten op het maximum draaggewicht.

3.2.4 Boekenkasten

Boekenkasten zijn vaak een centimeter of 30 diep; veel boeken zijn echter ondieper en staan vaak gelijk met de voorkant van de planken gerangschikt. Daarachter kan dus een flinke bergruimte schuilgaan.
Een collectie boeken geeft vaak een 'rijk' gevoel. Het is vaak moeilijk er afstand
van te doen en menige boekenkast puilt dan ook na verloop van tijd uit. Soms
worden dan twee rijen boeken achter elkaar gezet. In het begin weet u dan nog
wel wat er op die tweede rij staat. Maar de kans is groot dat u op den duur vergeten bent wat er staat, en waar. Als de boeken niet op de tweede rij passen
met de rug naar voren, kunt u ze ook met het voorplat naar voren neerzetten,
een paar boeken achter elkaar. Dan is echter het zicht op wat waar staat helemaal verloren.
Er zijn gelukkig betere manieren om uw boekenkast efficiënter te gebruiken.
We gaan er vanuit dat de planken in de kast verstelbaar zijn. Probeer dan op
elke plank boeken van ongeveer dezelfde hoogte bijeen te zetten. Dat verstoort
wellicht de alfabetische rangschikking of de indeling naar onderwerp, maar
het kan u veel ruimte opleveren. U kunt dan de loze ruimte boven de boeken
winnen door de planken dichter bijeen te zetten, waardoor er ruimte voor extra planken ontstaat.

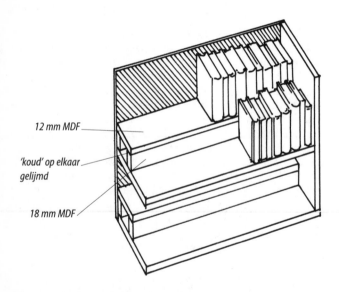

12 mm MDF

'koud' op elkaar
gelijmd

18 mm MDF

Diepe boekenkast efficiënter gebruiken met halve achterplanken

Een andere mogelijkheid om loze ruimte in een boekenkast nuttig te gebruiken, vooral bij een wat diepere boekenkast, is de volgende. Zet wederom boeken van ongeveer hetzelfde formaat op dezelfde plank; er moet nog een centimeter of tien lucht boven zitten. Dan brengt u achter de boeken een stevige
verhoging aan van minimaal een centimeter of zeven. U kunt hierbij denken
aan een plank die op latten steunt. Daarop zet u de tweede rij boeken, die dan

een stukje boven de eerste rij uitsteekt, zodat u ze hopelijk voldoende kunt herkennen om eruit te kunnen nemen wat u nodig heeft. Er is dan wel goede verlichting nodig om zo diep in de kast goed te kunnen zien. U kunt daarvoor zo
nodig een zaklantaarn bij de boekenkast leggen.
Een boekenkast behoort te zijn afgestemd op de soort boeken die u wilt gaan
bewaren. Sommige boeken zijn erg zwaar, zoals grote kunstboeken en ency-
clopedieën. De meeste literatuur bijvoorbeeld is gedrukt op lichter papier. Zware boeken moeten op dikkere planken staan, van eventueel een sterkere houtsoort, bijvoorbeeld eiken in plaats van vuren. Bij een zelfde dikte buigt
plaatmateriaal, behalve multiplex, meestal eerder door dan massief hout. Ook
belangrijk voor de bepaling van wat een plank kan dragen is de overspanning,
dat wil zeggen de afstand tussen de ondersteuningspunten. Bij een te grote
overspanning kan een extra ondersteuningspunt uitkomst bieden. U kunt planken verder versterken met een lat of profiel.

3.2.5 Ladekasten

Er zijn voor laden en ladekasten heel veel constructies mogelijk. De volgende
punten kunt u daarbij in het oog houden. In principe is het handig als een lade helemaal kan worden uitgetrokken, zodat u ook achterin de lade goed kunt
zien wat erin zit. De lade mag bij het uittrekken niet uit de kast kunnen vallen. Er moet daartoe een ladestop worden gemonteerd of er moeten telescopische geleiders worden gebruikt. Als u slechts lichte dingen in een lade wilt bewaren, is bijna elke lade geschikt. Maar bij zware dingen, zoals gereedschap,
moet de lade beslist stevig zijn, en moet de ladegeleiding erop berekend zijn.
Bij het uittrekken van één of meer zwaargevulde laden mag de kast natuurlijk
ook niet voorover kunnen vallen. Zet desnoods de kast vast aan de wand. Veel
moderne stalen ladekasten hebben een mechanisme dat voorkomt dat u meer
dan één lade tegelijk kunt uittrekken.

• De lade-onderverdelingen die u kunt
kopen, zoals speciale platte plastic bakjes,
zijn bijna altijd bedoeld voor de keuken.
Maar ook in andere ladekasten kunnen ze
handig zijn om uw spullen overzichtelijker
te bewaren. U kunt ook zelf een lade-onderverdeling op maat maken van bijvoorbeeld stukjes dun triplex. Houd de bovenrand van de strookjes een paar millimeter
onder de bovenrand van de lade. Zaag de
strookjes voor de breedte en voor de lengte
samen af, zodat ze precies even hoog worden. Meet dan waar u de inkepingen moet
maken; de plaats hangt natuurlijk af van de
door u gewenste vakgrootte. De inkepingen
worden precies even breed als de strookjes
dik zijn, zodat ze iets klemmend in elkaar
passen. De inkepingen komen precies tot
op de helft van de hoogte van de stroken.

• Heeft u een ladekast met onhandig-die-

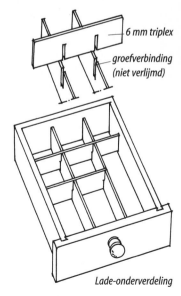

6 mm triplex

groefverbinding
(niet verlijmd)

Lade-onderverdeling

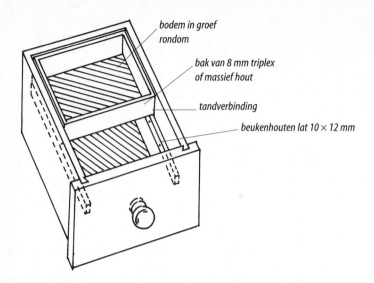

bodem in groef rondom

bak van 8 mm triplex of massief hout

tandverbinding

beukenhouten lat 10 × 12 mm

Te diepe lade van een schuifbak voorzien

pe (eigenlijk: hoge laden) laden, dan kunt u de bergruimte soms met een hulp-constructie beter benutten. Deze bestaat uit een bak die op twee geleiders in de lade kan glijden. Hoe hoog u de bak kunt maken, hangt van de diepte van de lade af en van wat u erin wilt bewaren. Voor de geleiders kunt u twee glad-geschuurde beukenlatjes gebruiken, die u aan de binnenzijde van de lade vast-

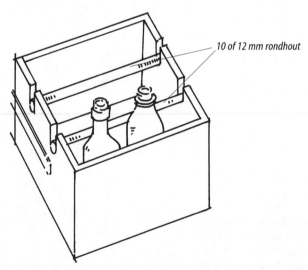

10 of 12 mm rondhout

Rondhouten stokken in inkepingen voorkomen dat flessen omvallen. Zet de stokken vast door onderin de gleuf een spijker met afgeknepen kop (even de scherpe kantjes van het metaal vijlen) te tikken, die valt in een gaat-je in het rondhout zet. Bij een houten lade zet u ze met verzonken platkopschroeven vast, en bij een metalen lade met parkers die u vanaf de zijkant van de lade in het hout draait. Boor alle gaten voor.

- Soms wordt een hoge lade gebruikt om flessen in te bewaren. Onhandig daaraan is dat als de lade niet vol staat, de flessen bij het openen en sluiten van de lade kunnen omvallen. Dat kunt u voorkomen door op enkele plaatsen dwars op de lade latjes (rechthoekig of van rondhout) aan te brengen. U kunt ze verstelbaar maken door in de bovenrand van de lade inkepinkjes te maken, waar ze enigszins klemmend inpassen. Zo kunt u ook de bodem van de lade nog makkelijk schoonmaken.
- In sommige situaties kan het handig zijn een uittrekbare plank te maken met aan de voorkant een transparant schotje. Of een lade met transparant front. Als transparant materiaal kan kunststof dienen of glas met geslepen randen. De uittrekplank en lade moeten heel soepel glijden, omdat er niet veel kracht op de transparante voorzijde kan worden uitgeoefend. Het transparante lade-front kan in een gleuf vallen die u in de ladezijkanten maakt. Er moet minimaal 1 cm hout blijven staan vóór het frontje.

Bij een plank met opstaand transparant voorschotje kan een gleuf in de plank voldoende zijn om het schotje in te steken, mits de plank dik genoeg is; zeker 18 mm. Het schotje moet klemmend in de gleuf passen. Is het front van kunststof, dan moet deze stijf genoeg zijn om nauwelijks door te buigen als u aan de ladegreep trekt. Hoe dik, hangt af van de breedte en hoogte, maar reken op minimaal 6 à 8 mm.

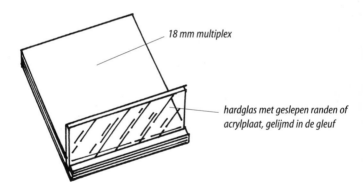

18 mm multiplex

hardglas met geslepen randen of acrylplaat, gelijmd in de gleuf

Uittrekbare plank met transparant schotje

3.2.6 Hoekkasten
Driehoekige kasten kunnen een heel apart ruimtelijk effect geven. Maar ze zijn qua bergruimte vaak niet zo praktisch. Het diepste punt kan lastig bereikbaar zijn en de planken zijn naar de voor-zijkanten toe erg ondiep. Zie voor de constructie van een hoekkast paragraaf 10.2.

3.2.7 Meterkast
De meterkast is officieel bedoeld om onder meer de elektriciteits- en gasmeters in de woning te herbergen. Wat u verder ook met die kast doet, in de eerste

plaats moeten die meters goed bereikbaar blijven om ze te raadplegen. Verder moet u makkelijk bij de stoppen, de aardlekschakelaar en de hoofdgaskraan kunnen komen. Dat is voor uw eigen veiligheid. Overblijvende ruimte kunt u zo nodig als bergruimte gebruiken. Denk in dit kader onder meer aan een kastdeurberging (zie par. 3.2.9) en het aanbrengen van verplaatsbare planken (zie par. 3.2.3 en 10.9).

3.2.8 Balkonkast

Veel balkons van oudere huizen zijn voorzien van een zogeheten balkonkast en soms van twee. Meestal bevindt zo'n kast zich aan een uiteinde van het balkon en is de deur dwars op het balkonhek aangebracht. Het gaat om een kast van een meter of twee hoog, zodat u niet op een verhoging hoeft te staan om iets van de bovenste plank te pakken.

Heeft u al een balkonkast, dan kunt u hem misschien efficiënter indelen. Is er een balkon boven de kast en zit er nog ruimte tussen de kast en het balkon erboven, dan kunt u die ruimte eventueel dichtmaken en de ruimte bij de bestaande kast trekken. Maar dat geeft het probleem dat u op een trapje moet klimmen om erbij te kunnen en dat is op het balkon een gevaarlijker aangelegenheid dan in huis. Overweeg dit dus goed voordat u daaraan begint. Zet de trap bij voorkeur zó op het balkon dat de treden evenwijdig aan de gevel van het huis lopen. Dan staat hij niet schuin naar opzij.

Heeft u nog geen balkonkast, dan kunt u er wellicht een maken. Ga na of hiervoor toestemming nodig is van de verhuurder, Vereniging van Eigenaren of de overheid. We gaan ervan uit dat het balkon overdekt is, zodat u geen bijzondere maatregelen hoeft te nemen om de kast te beschermen tegen de elementen. Maak de kast van een frame van balkjes (zie par. 10.2), dat u aftimmert met watervast verlijmde multiplex of met rabatdelen. Houd voldoende ruimte tussen balkonhek en wand van de kast om nog goed te kunnen schilderen.

Gebruik als bovenkant van de kast watervast verlijmd multiplex, dat u onder een hoek van circa 10° naar de buitenzijde toe laat aflopen, zodat bijvoorbeeld smeltwater van stuifsneeuw naar buiten het balkon wegloopt. Of laat de bovenkant onder dezelfde hoek aflopen als het balkon (veel balkons zijn namelijk onder afschot gebouwd, waardoor het water licht naar buiten toe wegloopt). Maar denk eraan dat de boven- en onderzijde van de deur wel waterpas moeten komen. Laat de bovenkant enkele centimeters (buiten de kast) oversteken. U kunt de bovenkant afwerken met verf of er desgewenst een stuk bitumineuze dakbedekking (van een rol; is bij sommige winkels ook per meter verkrijgbaar) op aanbrengen. Spijker dit vast met asfaltnagels. Met behulp van een elektrische verfföhn kunt u de randen aan de voor- en zijkant soepel maken, zodat u ze kunt ombuigen. U kunt ze daardoor aan de onderzijde van de dakoversteek vastzetten. De asfaltnagels werkt u vervolgens af met een dot bitumenkit (uit een spuitkoker of blik) die u met een plamuurmes gladstrijkt. Deze kit kunt u tevens gebruiken om de aansluiting van het dakje aan de wanden waterdicht af te kitten.

Een lichte buitendeur (is kant-en-klaar te koop) is prima geschikt. Aan de onderzijde van de deur brengt u een weldorpel aan, om te voorkomen dat er water onder de deur door kan lopen. Zie voor het aanbrengen van deuren paragraaf 10.5. Het is aan te raden vlak boven de deur op het kozijn een aluminium lekdorpel aan te brengen; deze voorkomt dat er water op de deur kan komen. Breng tussen lekdorpel en hout een rups acrylaatkit aan voordat u de dorpel aanbrengt en zet hem met schroefjes vast; werk daarna de kit netjes af.

U kunt tevoren in het frame van de kast gaatjes maken voor de plankdragers, om de planken verplaatsbaar te maken. Houd er rekening mee dat veel balkons niet waterpas zijn, maar naar buiten toe licht afwaterend ('op afschot') zijn aangelegd. Als u de kastplanken waterpas wilt aanbrengen, zult u het genoemde afschot moeten corrigeren. Zie voor andere systemen om planken aan te brengen paragraaf 10.9.

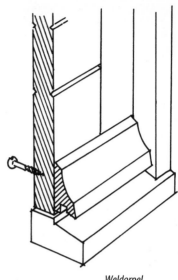

Weldorpel

3.2.9   Kastdeurberging

De binnenkant van een scharnierende kastdeur kan onverwachte mogelijkheden herbergen. Namelijk als er ruimte zit tussen die deur en de planken of andere dingen in de kast; voor dat laatste kunt u denken aan een diepe hangkast of een bezemkast. U kunt dan aan de binnenkant van de kastdeur dingen op-

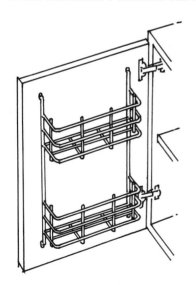

Draadmetalen rekje (kant-en-klaar te koop) aan de binnenzijde van een scharnierende kastdeur

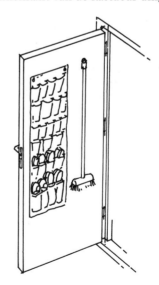

Schoenenzak aan de binnenzijde van een kastdeur

hangen, bijvoorbeeld (draadmetalen) rekjes, schoenenzakken en/of bakjes van hout of kunststof, of gewoon een bezem, stofzuigerslang of stoffer en blik. En als u niet graag steeds een grote spiegel in het zicht heeft, kunt u die aan de binnenkant van de kastdeur hangen.

Schoenenzak. Hang liever geen schoenen in een kast waarvan de inhoud de geur van de schoenen kan overnemen. Echter, een schoenenzak is ook geschikt voor het opbergen van andere dingen, zoals sokken en haarversieringen. Aan een grote deur kunnen wellicht twee van zulke zakken boven elkaar hangen. Voor wat kleinere dingen is het handig als de schoenenzak van transparante kunststof is. Zo'n zak is lang niet altijd makkelijk te verkrijgen (vergelijkbare zakken worden gemaakt om in de personenauto dingen aan de achterkant van een voorstoel op te bergen), maar u kunt hem natuurlijk ook zelf maken, mits u een naaimachine heeft. U koopt dan een stuk polyethyleenfolie van bijvoorbeeld 0,2 mm dik; een zware kwaliteit. Omdat het plastic op de stiknaad vrij kwetsbaar is voor uitscheuren, vooral als u er wat ruwer mee omgaat of er wat zwaardere dingen in bewaart, kunt u de randen en stiknaden het beste op (geweven) band uitvoeren, zodat dit helpt de trekkrachten op te vangen. Hoe breed en hoog de zak kan worden en hoeveel vakken u maakt, hangt af van de maten van de deur en van wat u wilt opbergen. Om de zak goed te kunnen ophangen, kunt u het beste aan de boven- en onderkant een zoom maken, waarin u een stuk rondhout steekt, zoals een deuvelstok of bamboestokje. Dan kunt u de zak daaraan ophangen met twee schroefhaakjes of -ogen. De stok aan de onderkant dient om te voorkomen dat de punten van de zak kunnen ombuigen. Desgewenst kunt u het formaat van de vakken laten variëren; doe dat voor het gemak van het maken wel per rij.

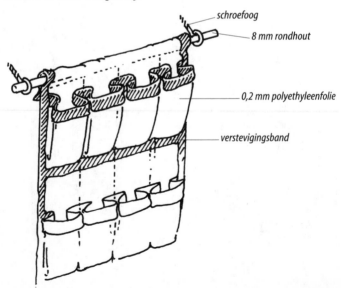

schroefoog

8 mm rondhout

0,2 mm polyethyleenfolie

verstevigingsband

Zelf te maken zak met vakken om bijvoorbeeld aan de binnenzijde van een kastdeur op te hangen (zie tekst)

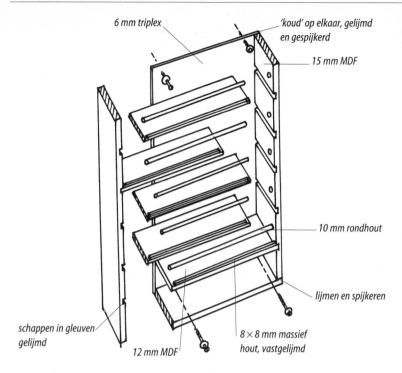

Plankenkastje om aan de binnenzijde van een kastdeur op te hangen; als extra steun kunt u bijvoorbeeld onder het kastje twee hoeksteunen aanbrengen

Plankenkastje. In plaats van een zak kunt u ook een ondiep plankenkastje maken van hout, al is het eigen gewicht daarvan natuurlijk veel hoger. Maak de plankjes niet dieper dan 15 cm en houd het gewicht van het kastje zo laag mogelijk: de zijkanten maakt u van 15 mm multiplex en de plankjes van triplex. Maak in het multiplex gleufjes van 8 mm diep waar u de triplex precies in kunt schuiven. De achterwand maakt u van triplex of hardboard, waar u de zijkanten op vastzet met lijm en spijkers. Aan de boven- en onderkant verbindt u de zijkanten met een strook triplex die even diep is als de zijkanten; dat houdt het kastje in model. Als het kastje meer dan een meter hoog is, is het aan te raden ook een tussenschot aan te brengen. Gebruik daarvoor een legbord dat u in een gleufje vastlijmt. Dan kunt u het kastje door de achterwand heen op de deur vastschroeven. Voorzie de voorkant van de plankjes van een flink opstaand randje om het van de plankjes glijden van de spullen te voorkomen. Bij wat hogere vakken kunt u tevens een latje of stukje rondhout wat hoger boven de plank aanbrengen. Gebruik naast schroeven ook lijm (witte houtlijm of constructielijm) om het kastje in elkaar te zetten. Als u het geheel daarna schildert in de kleur van de kastdeur, past het er precies bij. Zet het kastje zowel aan de boven- als onderkant met schroeven aan de deur vast. Als het kastje met inhoud zwaar is, moeten de scharnieren van de deur deze belasting wel aankunnen (plaats eventueel een extra – identiek – scharnier tus-

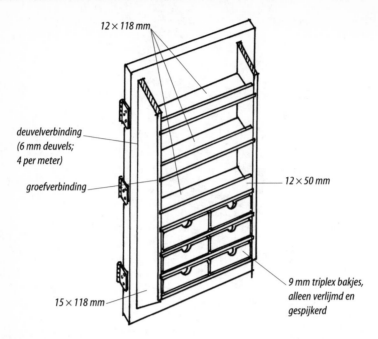

Bergdeur met schappen en losse bakjes van triplex

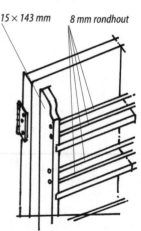

sen de beide andere in). Bij een 'holle' deur zet u het kastje aan het massieve hout van het deurframe vast. Door op de deur te tikken, hoort u vaak waar het massieve deel in het holle deel overgaat. Lukt dat niet, dan moet u dat door proefboren met een dun boortje nagaan.

Als u zelf een kast maakt, kunt u al rekening houden met extra bergruimte aan de deur, of zelfs een 'bergdeur' (zie par. 3.2.2) maken. Zet dan niet alleen plankjes aan de deur vast, maar maak er een soort bakjes van, om te voorkomen dat door het open- en dichtzwaaien van de deur er dingen van de plankjes kunnen vallen.

Alternatieve constructie voor bergdeurbakjes

3.2.10 Schuifdeuren, vouwdeuren en kleppen

Schuifdeuren kunnen worden toegepast om uitkomst te bieden als er onvoldoende plaats is om een scharnierende deur te openen. Aan de binnenzijde van een schuifdeur is echter geen extra bergruimte te maken. Zie voor het aanbrengen van schuifdeuren paragraaf 10.3.2. Bedenk dat u van een kast met

schuifdeuren niet de gehele inhoud in-
eens kunt zien.

Traditionele vouwdeuren scharnieren
alleen aan elkaar, en samen maar op
één punt aan de kast. Bij moderne vouw-
deursystemen zitten de onder- en bovenzijde van elke deur bevestigd aan
een geleidesysteem, waardoor ze niet
verder de kamer in komen dan ze elk
breed zijn. Als de vouwdeuren gesloten
zijn, is dit geleidesysteem onzichtbaar,
maar omdat de vouwdeur ergens moet
blijven, kan een deel van de kastinhoud
moeilijker bereikbaar zijn. Dit soort systemen is in allerlei soorten en maten te
koop, voor deuren met verschillende
maten en gewichten. Langs een geleider
lopende schuifdeuren zelf maken is een
bijzonder precies werk, dat we niet kunnen aanraden: in dit boek vindt u er dan
ook geen informatie over. Vouwdeuren
zijn soms als bouwpakket te koop.

De klep is er om een deel van een kast
af te sluiten, meestal alleen voor een
vak op ooghoogte. De klep kan aan de
bovenzijde of aan de onderzijde scharnieren. Om de klep in open stand vast
te houden is er speciaal beslag, dat verschilt voor naar boven en beneden

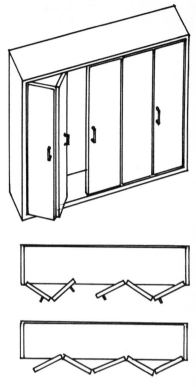

Vouwdeuren

draaiende kleppen (zie par. 7.6). Een naar beneden draaiende klep wordt vaak
ook als werk- of aflegvlak gebruikt. De klephouder is gemaakt op een maximale
belasting; ga daar niet overheen, om schade te voorkomen.

In het beslag van sommige kleppen zit een remmechanisme, dat ervoor zorgt
dat de klep in verschillende standen kan worden vastgezet en/of dat hij niet
per ongeluk naar beneden kan klappen. Zo'n mechanisme mag u nooit smeren, omdat dit de remwerking vermindert. Sommige naar boven draaiende
kleppen zijn voorzien van een constructie die het mogelijk maakt de klep na
opening horizontaal het meubel in te schuiven.

3.3   Problemen als gevolg van vocht

In principe is bijna elke wand geschikt om er een bergmeubel tegen aan te zetten of aan te bevestigen. Dat geldt ook voor stukken muur onder en boven ramen en deuren. Bij buitenmuren (en het dak) moet u echter voorzichtig zijn.
Als een muur vochtig is, dient daar eerst een oplossing voor te komen, want
een vochtige muur achter een kast of achter planken veroorzaakt schimmel,
muffe lucht en andere ellende.

Maar ook een voorheen kurkdroge muur kan problemen geven als u er een kast tegenaan zet. Dat komt door condensatie van vocht uit de lucht. Wat kan er namelijk gebeuren? Een kast en de spullen erin kunnen isolerend werken, waardoor de muur achter de kast minder wordt opgewarmd door warmte uit de ruimte. Daardoor blijft dat stuk muur kouder dan zijn omgeving. Als dan relatief warme lucht uit de kamer langs het stuk koudere wand stroomt (overal in de ruimte stroomt namelijk lucht, ook via kieren in kasten, zij het veel langzamer), zal de lucht afkoelen en een deel van het vocht eruit condenseren, dat wil zeggen neerslaan op de muur en voorwerpen in de kast. Immers, lucht kan minder waterdamp bevatten naarmate hij kouder is. Het kan dan zelfs een natte boel worden. Maar ook bij weinig vocht kunnen schimmels al tot ontwikkeling komen.

Dit soort problemen kan vooral optreden bij niet-geïsoleerde muren en daken, maar ook bij een geïsoleerd oppervlak is het niet ondenkbaar. Voor voldoende ventilatie moet een kast minimaal op 5 cm afstand van de muur blijven. Maar een garantie dat er geen vochtproblemen ontstaan is er niet. Bij een erg vochtige lucht in combinatie met een door omstandigheden niet opgewarmde muur en een beperkte ventilatie kan toch nog waterdamp condenseren.

Een niet-geïsoleerde buitenmuur is nog wel na te isoleren, liefst aan de buitenkant, om condensproblemen te voorkomen. Aan de binnenzijde isoleren kunt u zelf doen; aan de buitenzijde isoleren en na-isoleren van de spouw is werk voor vakmensen. U moet voor aan de buitenzijde isoleren ook toestemming hebben van de bevoegde instantie(s) in uw gemeente. Let op: dit soort problemen kan ook ontstaan bij niet-geïsoleerde binnenwanden die grenzen aan koude ruimten, zoals een garage.

Bij vaste kasten, die hermetisch aansluiten op een buitenmuur of dak, kunt u dit soort problemen voorkomen door in de kast licht te ventileren met buitenlucht, die immers meestal minder vocht bevat dan binnenlucht. Voor een kast hoeft de ventilatie-opening niet zo groot te zijn (de ventilatienorm voor bergruimte is 1 liter per vierkante meter vloeroppervlak per seconde): u moet daarbij denken aan een opening van 12 vierkante centimeter per vierkante meter vloeroppervlak aan zowel de onderzijde als de bovenzijde van de wand, zodat er een natuurlijke trek kan ontstaan. Voorzie die openingen van een stukje horregaas tegen binnendringende insecten. Dit kunt u aan de randen vastnieten of lijmen. Let op: zo'n opening naar buiten toe mag niet in open contact staan met de spouw van een spouwmuur, omdat deze relatief vochtige lucht kan bevatten. Hij moet bovendien beschermd zijn tegen inregenen. Dat laatste kunt u doen door de openingen – van binnenuit gezien – schuin naar beneden (naar buiten dus) te laten lopen.

4 De ruimten van het huis

In dit hoofdstuk wordt ingegaan op de mogelijkheid om bergruimte te creëren in de diverse ruimten van de woning. Aan de orde komen vanzelfsprekend de huiskamer, de badkamer, de keuken en de slaapkamer. Maar ook de hal, de zolder en de kinderkamer passeren de revue, evenals de garage en de schuur, die per slot van rekening bij het huis horen. Bij iedere ruimte vindt u concrete projecten beschreven die ruimtewinst opleveren.

4.1 Huiskamer

De huiskamer is in de meeste woningen de centrale ontmoetingsplaats voor de bewoners en hun bezoek. In veel huizen is de woonkamer tevens eetkamer, tv-kamer en speelplek voor kinderen. En er vinden allerlei activiteiten plaats, zoals spelletjes spelen, huiswerk maken, kleding naaien en verjaardagen vieren. Er wordt dan ook een grote variëteit aan spullen bewaard, waar het volume aan bergruimte op moet zijn afgestemd. Daarvoor worden vaak multifunctionele meubelen gebruikt met bijvoorbeeld zowel legplanken, laden, planken achter deurtjes als een deel met glazen (schuif)deurtjes.

Veel huiskamers hebben twee deuren naar een gang of overloop. Dat kan praktisch zijn, maar het legt ook beslag op ruimte. Wellicht is het mogelijk om één van die deuren permanent af te sluiten, zodat u er muurruimte bij krijgt. Of u haalt de deur geheel weg en maakt in de ontstane nis een kast (zie par. 2.7.5), die net zo diep is als de muur dik. U kunt zo'n kast desgewenst iets laten uitsteken, om een diepere bergruimte te verkrijgen.

4.1.1 Ruimtebesparende meubelen

Salontafel. Een salontafel met alleen een tafelblad is als bergruimte niet praktisch, want dan moet u steeds opruimen voordat u bijvoorbeeld thee kunt serveren. Er zijn allerlei salontafels die ook voorzien zijn van bergruimte, in de vorm van één of meer laden onder het blad en/of een extra, wat lager gelegen blad. Het is praktisch als zulke laden of zo'n blad wat inspringen ten opzichte van het tafelblad, zodat als er eens een keer een kop koffie omvalt, deze niet meteen op de spullen kan lopen die u onder de tafel bewaart.

Een bekende manier om salontafelruimte uit te breiden is de aanschaf van een bijzettafel met onderzettafeltjes. Ook handig voor dit doel is een thee- of serveerwagen die als bijzettafel kan dienen, al is deze een stuk hoger dan de gebruikelijke bijzettafels.

Eettafel. Denk bij een (eet)tafel eens aan een uitschuifbaar of inklapbaar model, dat u alleen groter maakt als dat nodig is. Dat scheelt een deel van de tijd de nodige gebruiks- en circulatieruimte. Ook met een dubbel blad kunt u een

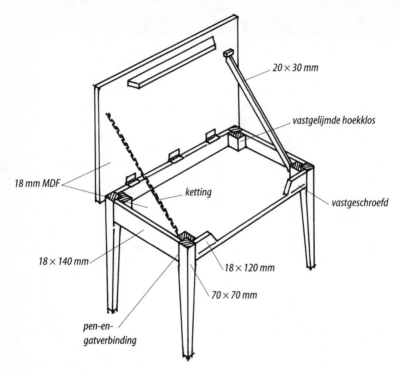

Tafel met een dubbel blad

veelzijdig te gebruiken tafel maken. Het onderste blad kunt u bijvoorbeeld als studeertafel gebruiken. U hoeft dan uw spullen niet op te ruimen, maar klapt eenvoudig het bovenblad weer terug en kunt de eettafel dekken.

Om af en toe veel eters een plaats aan een tafel te kunnen geven, kunt u denken aan een stuk plaatmateriaal op schragen. Inklapbare schragen zijn in verschillende maten verkrijgbaar. En als tafelblad kunt u bijvoorbeeld een stuk MDF of multiplex gebruiken, maar zo nodig ook een afgedankte vlakke deur waar u het hang- en sluitwerk af heeft gehaald. Met een mooi tafelkleed erover heeft u zo een prima eettafel. Weer een ander alternatief is een opklapbare losse aanschuiftafel, met dezelfde hoogte en breedte als uw eettafel. Een kleed erover en het verschil is grotendeels aan het oog onttrokken.

Let er bij het aanschaffen van eettafelstoelen met armleuningen op dat de armleuningen niet in de weg zitten bij het onder de tafel schuiven van de stoel. Als dat het geval is, kunnen de armleuningen zelfs bij het eten in de weg zitten omdat de stoel niet ver genoeg kan worden aangeschoven. Stoelen zonder armleuningen hoeft u ook vaak minder ver naar achteren te schuiven om van tafel op te staan.

Zitmeubelen. In de huiskamer neemt een twee- of driezitsbank meestal flink wat ruimte in beslag. De ruimte onder zo'n zitmeubel wordt zelden 'nuttig' gebruikt. Er zijn echter soms wel mogelijkheden daarvoor, de ene keer door de ruimte onder een bestaande bank alsnog als bergruimte te gebruiken, de andere keer door een nieuwe zitbank te kopen die meer functies herbergt. Zit er ruimte tussen de onderzijde van de zitbank en de vloer, en laten de poten van de bank het toe, dan kunt u denken aan een bak op wieltjes (zie par. 4.5).

Voor ruimtewinst zijn allerlei slaapbanken oftewel bedbanken te koop: zitbanken die kunnen worden veranderd in een bed. Daarmee kunt u bijvoorbeeld een opklapbed of zelfs logeerkamer uitsparen. Omdat zo'n slaapbank natuurlijk het meest wordt gebruikt als zitmeubel, mag u geen concessies aan het zitcomfort doen. Maar ook moet er comfortabel op kunnen worden geslapen, al is het voor een tijdelijke logé natuurlijk iets minder kritisch. Een goede slaapbank kan nogal prijzig zijn, maar het is een mogelijkheid om ruimte te besparen. Er zijn ook fauteuils met deze dubbelfunctie. Bij sommige bedbanken of -fauteuils moet het bed elke keer bij het opbergen en ingebruiknemen worden afgehaald, respectievelijk worden opgemaakt. Dat is erg omslachtig als het bed dagelijks wordt gebruikt.

Een andere mogelijkheid is een niet te breed bed dat met de zijkant tegen de wand staat. U kunt dit met wat ingrepen ook als zitbank gebruiken. Het matras en de bedbodem mogen dan niet te zacht zijn. Met een flinke sprei eroverheen en wat lekkere kussens is van zo'n bed een eenvoudig zitmeubel te maken.

Sommige mensen gebruiken bij het zitten in een makkelijke stoel graag een voetenbankje. Als het niet in gebruik is, kan dat een sta-in-de-weg zijn; er zijn echter ook opklapbare typen. En er zijn fauteuils met een ingebouwd voetenbankje, dat vanuit de onderzijde van de fauteuil omhoog kan klappen. Er bestaan zelfs fauteuils met een uitklapbaar tafeltje aan de zijkant. Overigens oogt een fauteuil of zitbank waar u onderdoor kunt kijken minder massief dan een exemplaar dat tot de vloer doorloopt.

Tv-meubel. Het kan ruimte besparen de tv niet permanent op een eigen tafeltje of kastje te zetten, maar bijvoorbeeld in een grotere kast, waarbij u hem voordat u gaat kijken met een uittrekmechanisme uit de kast naar voren trekt. Plateaus met uittrekmechanisme zijn kant-en-klaar te koop. Vaak zit er nog een draaiplateau op. De kast waarin u de tv zet, moet dan stevig genoeg zijn en stabiel staan (niet kunnen kantelen), want er worden vrij grote krachten op uitgeoefend. U kunt hem zo nodig aan de wand vastzetten.

Een andere mogelijkheid is een verrijdbaar tv-meubel, waardoor u tv en video te allen tijde op de beste plaats kunt zetten of in de door u gewenste richting draaien. Voorkom dat de snoeren een struikelblok kunnen vormen.

Bij alle tv's moet u zorgen voor voldoende ventilatie rond het toestel, zodat het zijn warmte goed kan afgeven. Doet u dat niet, dan kan dat de levensduur van het toestel beperken en in een extreme situatie zelfs tot brand leiden. En ook voor de kast waarin u de tv zet kan de sterke temperatuurwisseling mogelijk kwaad. Houd aan de bovenzijde van het toestel daarom 10 à 15 cm ruimte vrij, en aan de onderkant en zijkanten ook zeker een centimeter.

Overigens kopen veel mensen een te groot toestel, omdat zij denken dat dit een beter en/of mooier beeld geeft dan een kleiner. Dat is echter in principe niet zo. Behalve door de kwaliteit van de tv wordt de scherpte van het beeld dat u ziet sterk bepaald door de kijkafstand. Voor elke maat beeldscherm (gemeten aan de zichtbare beelddiagonaal) is er dan ook een optimale kijkafstand waarbij u een even scherp beeld ziet; zie het bijgaande staatje.

Bij een te kleine kijkafstand gaat u de punten waaruit het beeld is opgebouwd eerder zien en bij een te grote afstand lijkt het beeld kleiner en kunt u bijvoorbeeld de ondertiteling niet meer lezen. Kleinere beeldschermen beperken het aantal mensen dat ernaar kan kijken, omdat er op een kleinere afstand minder ruimte is om naast elkaar te zitten.

Beelddiagonaal	Optimale kijkafstand
66 cm	300 cm
59 cm	275 cm
51 cm	225 cm
41 cm	175 cm
34 cm	150 cm
23 cm	125 cm
kleiner dan 10 cm	75 cm
68 cm breedbeeld	300 cm
87 cm breedbeeld	400 cm

De plaats van de luidsprekers in de tv-behuizing is sterk bepalend voor de plaatsing van het toestel. Er zijn toestellen waarbij de luidsprekers aan de zijkant zitten, aan de bovenkant of zelfs aan de achterkant. Dat komt de geluidskwaliteit niet ten goede en beperkt de plaatsingsmogelijkheid. Het geluid moet dan ergens tegenaan kunnen reflecteren om beter uw oren te bereiken. Dit soort toestellen vraagt om een vrije opstelling, met de nodige beperkingen. Een toestel dat luidsprekers aan de zijkanten heeft moet bijvoorbeeld in een hoek worden geplaatst. De meeste vrijheid in plaatsing biedt dus een toestel waarbij de luidsprekers gewoon aan de voorkant zitten.

De videorecorder staat meestal dichtbij de tv, omdat dit praktisch is. Hij mag echter niet direct onder of op de tv staan, omdat het beeld daardoor kan vervormen (nieuwe toestellen hebben daar nog zelden last van, het gaat vooral om oudere apparaten) als u naar een video kijkt; maar dat gebeurt niet bij de opname. Door een truc is het echter toch mogelijk dergelijke toestellen op elkaar te zetten. Breng tussen tv en videorecorder een stuk plaatmateriaal aan dat u bekleedt met aluminiumfolie. Zorg er ook in dit geval voor dat beide toestellen hun warmte kwijt kunnen. De videorecorder plaatst u liefst minimaal 30 cm van de vloer, omdat het dichter bij de vloer stoffiger is en dit het toestel eerder doet vervuilen.

Cd-opbergsystemen. Veel cd-bewaarsystemen zijn ware ruimteverspillers omdat rond elke cd vaak veel 'lucht' aanwezig is. In cd-winkels worden ze compact gepresenteerd en bewaard. Het gaat erom dat u zonder overbodige moeite de gewenste cd's kunt terugvinden. Ze kunnen dus best tegen elkaar aan staan (met per rij één kleine tussenruimte om de cd's makkelijk te kunnen uitnemen), in een lade die slechts een fractie dieper of breder is dan de grootste maat cd-doos die u heeft of die er te koop is. Een andere vereiste is wel dat u de cd's goed kunt beetpakken om ze uit het bewaarsysteem te nemen en dat u de titels op de rug van de doosjes goed kunt lezen. Let er bij een ladenkastje op dat u ook de achterste cd's uit de lade moet kunnen nemen.

Bij dubbel-cd's kunt u nog wat extra ruimte besparen. Dubbel-cd's zitten namelijk vaak in een dubbeldik doosje. Er zijn echter ook cd-doosjes even groot als die voor één cd, waar echter door een ingenieus systeem twee cd's in passen. Die doosjes zijn ook leeg te koop. Als u de cd's van een dubbeldik doosje daarin wilt doen, rest er het probleem van het overhevelen van de papieren informatiedrager(s) van het oude doosje. Hiervoor is doorgaans wat vouw-, knip- en plakwerk voldoende.

Voor cd's zonder tekstboekje is een kartonnen hoesje – zoals voor de grammofoonplaat – voldoende. Er zijn echter maar weinig plaatjes in zo'n ruimte- en kostenbesparende verpakking verkrijgbaar.

4.1.2 Vensterbank

In sommige oude huizen bevindt zich in de erker bij het raam een zeer traditionele bergruimte. Hij bestaat uit een soort hoge, aangebouwde kist met een kussen erop (en soms ook één voor de rug) om als zitmeubel te dienen. Dit is de oorspronkelijke 'vensterbank'. De kist heeft een deksel om bij de inhoud – de bergruimte – te komen. Dat is niet de meest praktische manier om de betrokken ruimte te gebruiken, omdat er zo lastig bij te komen is, en u de ruimte alleen door stapelen kunt vullen. Handiger is het als de toegang tot deze bergruimte zich niet aan de bovenkant bevindt, maar aan de voor- of zijkant. Dan heeft u in feite een kastje met een deur: een kastje om op te zitten. Als zitmeubel is zo'n kastje niet optimaal. En als bergruimte op de meeste plaatsen eigenlijk ook niet. Het moet bovendien nogal solide zijn om als zitmeubel te kunnen dienen.

Vindt u de gewone vensterbank te smal? Het verbreden van een vensterbank is tegenwoordig nogal makkelijk met de kant-en-klare vensterbankelementen die u onder meer bij bouwmarkten kunt kopen. Ze zijn van geplastificeerd plaatmateriaal gemaakt en hebben een afgeronde, naar beneden gebogen rand. Zaag zo'n element op maat en plak het dan met montagekit op de oude vensterbank. De nieuwe vensterbank moet dan wel voor minimaal de helft van de breedte worden ondersteund door de oude vensterbank. Als de oude vensterbank smaller is, of er is nog geen vensterbank, dan moet de nieuwe vensterbank worden ondersteund met hoeksteunen, of bijvoorbeeld met een steun op de onderstaande radiator. Er zijn daarvoor speciale steunen te koop (zie par. 4.1.3).

Let er overigens bij een naar binnen openend raam op dat dit geen hinder van de nieuwe vensterbank ondervindt.

4.1.3 Radiatoren wegwerken

Radiatoren nemen kostbare muurruimte in beslag, waar ook kasten hadden kunnen staan. In sommige situaties is het mogelijk radiatoren te vervangen door een ander soort verwarming, die minder voor berging bruikbare ruimte in beslag neemt. Echter, luchtverwarming aanleggen in een bestaande woning is vaak niet goed mogelijk en kost bovendien flink wat ruimte door de grote benodigde luchtkanalen. Vloerverwarming is een mogelijkheid, maar omdat het systeem nogal traag is in het opwarmen van een ruimte wordt vloerverwarming doorgaans gecombineerd met radiatoren, die echter wel kleiner kunnen zijn dan zonder vloerverwarming. Bedenk ook dat het inbouwen of ommantelen van een radiator bijna altijd ten koste gaat van de warmte-afgifte. Als de radiator krap-aan is voor de betrokken ruimte, laat dan eerst een cv-installateur uitrekenen of de capaciteit voldoende blijft.

Een radiator geeft zijn warmte voor een groot deel af via 'convectie': langsstromende lucht wordt verwarmd. Daardoor gaat de lucht in de betrokken ruimte stromen. Verwarmde lucht stijgt boven de radiator op, stroomt door de ruimte en gaat afgekoeld via de vloer terug (koudevoeteneffect). Dit stromingspatroon mag niet te veel worden belemmerd. Als u dus bijvoorbeeld een kastje voor een radiator zet, moet er onder het kastje door lucht naar de radiator kunnen stromen. Het kastje houdt dan niet de convectiewarmte tegen, maar wel de stralingswarmte. En als u boven een op een muur aangebrachte radiator een plank (vensterbank) of kast wilt aanbrengen, mag deze niet meer dan circa 5 cm over de radiator heen steken. En houd minimaal 5 cm ruimte tussen de bovenkant van de radiator en de onderkant van plank of kast. Bedenk dat plank of kast hete lucht te verwerken krijgt, waardoor het materiaal flink kan werken (krimpen en uitzetten). Hang nooit gordijnen tussen radiator en kamer, want dan blijft de warmte vooral achter de gordijnen en verdwijnt er extra veel warmte naar buiten. Laat gordijnen boven de vensterbank boven de radiator eindigen.

Voordat u het verwarmingssysteem wijzigt, is het verstandig met een gespecialiseerde installateur te overleggen. Er zijn allerlei belangrijke aspecten die in de keuze moeten worden meegenomen, zoals de 'koudeval' vanaf de ramen en de warmtestroming in de ruimte.

U kunt op een paar manieren ruimte winnen:

• Een radiator hoeft niet per se horizontaal op de vloer te staan of vlakbij de vloer te zitten, maar kan ook hoger aan de wand worden opgehangen, zodat er vloerruimte vrijkomt. Er zijn ook verticaal te plaatsen modellen (smal en hoog) te koop. Verder kunnen sommige radiatoren vrijstaand (op eigen poten) in de ruimte worden aangebracht. Let op bij radiatoren onder een raam, vooral bij enkel glas, omdat de warme opstijgende lucht daar 'koudeval' moet helpen voorkomen.

• Om muurruimte te winnen kunt u in plaats van lange, dunne radiatoren kortere, dikkere typen monteren. Ook een radiator van aluminium kan ruimte uitsparen ten opzichte van een plaatstalen type, omdat het afstralingsvermogen van aluminium groter is. Informatie over het werken aan de cv-installatie vindt u in het boek van de Consumentenbond 'Verwarming en warm water'.

• Er bestaan speciale beugels ('verstelbare radiatorklemmen') om een plank boven een radiator aan te brengen; de plank steunt dan op de radiator. Om de luchtstroom van de radiator zo weinig mogelijk te hinderen, kunt u in de plank gleuven maken of een open latwerk toepassen. Laat niet de spullen die u op die open constructie zet de openingen afsluiten.

• In plaats van radiatoren kunt u op de begane grond, mits er een kruipruimte onder is, ook denken aan convectoren. Daarbij wordt een speciale radiator (de 'convector') in een geïsoleerde (convector)put in de vloer geplaatst. Op de vloer boven zo'n put kunt u uiteraard niets plaatsen. Zo'n put komt doorgaans voor een deur of raam.

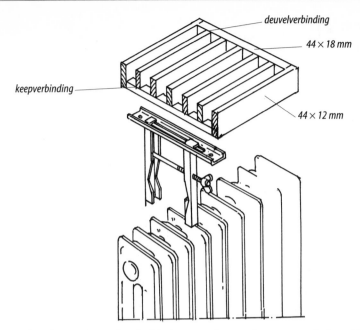

Met radiatorklemmen kan een (lamellen)plank op een radiator worden vastgezet; gebruik goed doorgedroogd hout, anders zal het sterk krimpen

4.1.4 Speelgoed opbergen

Er zijn maar weinig kinderen, vooral jonge, die na het spelen hun rommel opruimen. Kinderen spelen bij voorkeur in een ruimte waar ook de ouders in huis hun activiteiten ontplooien, zoals de huis- en eetkamer of de keuken. Het is dan handig als de kinderen in de huiskamer een eigen hoekje hebben waar hun speelgoed een plaats kan vinden. Dat kan een kastje zijn, waar ze goed bij kunnen. Ook handig zijn (kunststof) kratten of (houten) kisten. Bij een kleinere huiskamer kan het praktisch zijn de berging verrijdbaar te maken, zodat als de ruimte voor activiteiten als een verjaarsviering nodig is, het speelgoed tijdelijk uit de weg kan worden gereden. Een andere mogelijkheid is opvouwbare kratten gebruiken, die als ze niet in gebruik zijn minder ruimte innemen. Rails voor elektrische speelgoedtreinen of racewagens kunt u op een stuk stevig plaatmateriaal vastzetten, waardoor het traject intact blijft als u de zaak tijdelijk uit de weg wilt ruimen. Zo'n plaat kunt u mogelijk aan de wand hangen of tegen de wand zetten. U kunt het geheel zelfs met behulp van katrolletjes aan het plafond hangen (zie par. 4.5). Een wat groter traject kunt u op verschillende platen vastzetten, waarbij de railaansluitingen goed op elkaar aansluiten. Dat is een kwestie van creatief rails leggen.

4.1.5 Planten

Het klinkt misschien gek, maar ook planten kunt u uitzoeken op optimaal ruimtegebruik. Sommige hang- en klimplanten kunnen een ruimte prima sieren zonder dat ze veel potentiële bergruimte in beslag nemen. Een klimplant

81

kunt u bijvoorbeeld langs de randen van een kast voeren. En vooral bij ramen die in een nis zijn aangebracht, kunt u aan de zijkanten van de nis plankjes aanbrengen om daar planten op te zetten. Ook potten aan het plafond hangen kan ruimtebesparend werken.

Voor een raam kunt u ook één of meer planken aanbrengen om planten op te zetten. U kunt de planken aanbrengen op een railsysteem, om ze zo nodig te kunnen verstellen. Om het lichtverlies zoveel mogelijk te beperken, kunt u als schap het beste een voldoende dikke glasplaat gebruiken. Laat de randen daarvan wel slijpen, zowel voor uw eigen veiligheid als voor het uiterlijk. Overleg met de glasleverancier welke glasdikte nodig is. U kunt het glas na het slijpen ook laten harden (is vrij duur), waardoor het veel sterker wordt. Het gebruikelijke vensterglas heeft een groenige tint, die vooral opvalt als u het glas op de rand ziet. Er bestaat ook een nagenoeg kleurloos glas, dat echter een stuk meer kost.

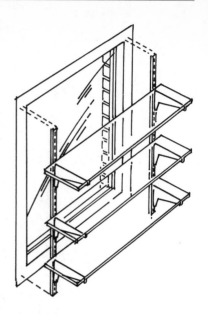

Glazen schapjes voor een raam

4.1.6 Gordijnen, lamellen en luiken

Dunne gordijnstof neemt uiteraard minder ruimte in beslag dan dikke stof. Een rolgordijn dat opgerold boven een raam hangt, neemt minder ruimte in beslag dan op een rail schuivende traditionele gordijnen, die in open toestand naast de ramen hangen. Ook lamellen of jaloezieën nemen minder ruimte in beslag dan dikke overgordijnen.

Rolgordijnen zijn kant-en-klaar te koop, maar u kunt ze ook zelf maken, van niet te dikke stof. De stok met oprolmechanisme is in een aantal standaardlengten verkrijgbaar, maar u kunt hem meestal precies op lengte afzagen. Zie voor montage de gebruiksaanwijzing. U kunt er speciale stof voor kopen, maar ook zelf een andere stof gebruiken. Die moet u dan wel aan de achterzijde behandelen met een middel dat de stof stijver maakt. Zo'n middel is in spuitbussen te koop.

Gordijnen, jaloezieën en dergelijke voor het raam nemen altijd ruimte binnenshuis in beslag. In plaats daarvan kunt u denken aan (rol)luiken aan de buitenzijde van het huis. Hiervoor kan een bouwvergunning nodig zijn.

4.1.7 Trapladekast

Niet alle trappen zijn verdiepinghoog. Voor een lage trap met slechts enkele treden, bijvoorbeeld die van een podium of een verhoogde vloer, kunt u denken aan een trapladekast. Dat is een trapvormige kast – die ook als trap fun-

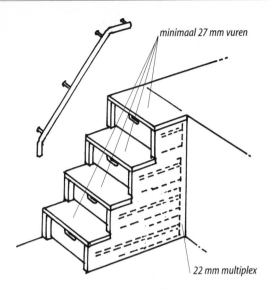

minimaal 27 mm vuren

22 mm multiplex

Getrapte ladekast (zie voor de constructie van laden par. 10.6)

geert – met laden. Er zijn hier enkele principes waaraan u zich moet houden om gevaarlijke situaties te voorkomen. Het ladefront moet geheel onder de neus van de traptrede vallen; de laden moeten worden aangebracht met speciale telescopische ladegeleiders die de lade het laatste stukje als het ware naar binnen trekken ('zelfsluitend'), zodat hij echt goed dicht zit (op een lade stappen bij het traplopen kan een gemene valpartij veroorzaken). De traptreden moeten liefst op de standaardafstand (ca. 20 cm) voor woningtrappen komen. Houd ook een redelijk ruime aantrede – de diepte van de trede – aan: minimaal 20 cm, maar liever 24.

Op een trap worden grote krachten uitgeoefend, zodat hij stevig geconstrueerd moet zijn. Bij de trapladekast steunen de treden niet ook op de stootborden, maar ze mogen toch niet doorveren. Het hout moet dus zo stevig zijn als voor een open trap. Welke dikte hout u nodig heeft, hangt af van de breedte van de trap en de soort hout. Het beste raadpleegt u hiervoor een gespecialiseerde houtleverancier/timmerman; dat geldt ook voor het hout van de zijkant van de trapladekast. Maak de constructie zodanig dat de treden liggen óp de zijwanden van de kast. Maak de treden zo diep dat ze tot minimaal 2 cm onder het voorstuk van de lade reiken; spaar de zijwand van de kast daartoe in de uiteinden van de treden uit (zie tekening).

De ladehandgreep mag niet uitsteken (voor de veiligheid van de traploper); gebruik als handgreep bijvoorbeeld een gleuf aan de bovenrand van of midden in het voorstuk. Als stofdichtheid belangrijk is, kunt u een verend oog aanbrengen (zoals gebruikt voor vloerluiken en op boten, vaak van messing), dat u in het hout inlaat. Breng langs de trap een leuning aan.

Een trapladekast kunt u beter niet verdiepinghoog maken; een halve verdieping of zelfs minder is genoeg. Enerzijds vanwege de afwijkende constructie, anderzijds omdat voor optimaal gebruik van de ruimte onder de trap de laden dan wel erg diep moeten worden. U kunt dan beter omzien naar alternatieve ideeën voor het gebruik van de ruimte onder de trap (zie par. 4.8).

4.2 Toilet

Veel Nederlandse toiletruimten zijn bijzonder klein. Zelfs daarin is soms nog wel ruimte te vinden om spullen op te bergen, maar voorkom dat u de ruimte te sterk verkleint. Houd voldoende hoofdruimte, en als u dingen dichtbij de vloer plaatst, zorg dan dat het oppervlak makkelijk schoon te maken is en goed bestand tegen vocht.

Wat u in de toiletruimte kunt opbergen, hangt af van uw persoonlijke wensen, maar u kunt denken aan toiletrollen en een voorraadje schoonmaakmiddelen en -spullen. Bedenk dat hoe drukker het eruitziet, des te meer het op u af komt. Een rustig uiterlijk neemt visueel de minste ruimte in beslag. Het meest in aanmerking komen dan ook op maat gemaakte, afsluitbare kastjes. Zie voor de constructie ervan hoofdstuk 10.

4.3 Badkamer

Afhankelijk van de afmetingen kan de badkamer in principe voor meer activiteiten worden gebruikt dan alleen om u te wassen en uw toilet te maken: aankleden, de (hand)was doen, centrifugeren, de was drogen (met wasdroger of wasrek), als bergruimte gebruiken.

Het is handig om spullen daar op te bergen waar ze het eerst worden gebruikt. Daarom is de badkamer – indien groot genoeg – prima geschikt voor het opbergen van handdoeken, toilet- en cosmetica-artikelen en dergelijke, mits ze niet steeds vochtig worden. Daarvoor is een groot scala aan badkamermeubelen te koop. Deze worden vaak aan de muur bevestigd. Dat houdt de vloer makkelijk bereikbaar voor schoonmaken en voorkomt dat de onderzijde van de meubelen vaak nat wordt. Bij kunststof is dat geen probleem, maar voor hout of van hout gemaakt plaatmateriaal kan dat op den duur schadelijk zijn. Plaats kasten op zo'n manier, dat ze niet door spetteren nat kunnen worden. Behalve dat niet alle meubelen ertegen bestand zijn, kan ook de inhoud van de kast nat worden. Plaatsing boven of naast een bad is dus niet aan te raden. Bij ophangen boven een bad kunt u worden belemmerd in uw bewegingen als u in het bad staat en is het lastig er wat uit te halen. U kunt een kast wel naast het bad plaatsen, met de deuropening niet naar het bad gekeerd. Met een douchegordijn of spatscherm kunt u voorkomen dat er water tegen de kast spat. Badkamermeubelen zijn doorgaans gemaakt van houtachtig plaatmateriaal of kunststof; massief hout werkt door de wisselende luchtvochtigheid te sterk. Toch kunnen aan een goed meubel delen van massief hout zitten, zoals het frame van een paneeldeur en sierranden. De afwerklaag moet bestand zijn tegen de chemicaliën die in een badkamer kunnen worden gebruikt. Achter een meubel is er grotere kans op condensatie van waterdamp, die via ventilatie moet kunnen opdrogen (zie ook par. 3.3). Daarom moet zelfs de achterkant van badkamermeubelen vochtbestendig zijn.

Een kleine badkamer ziet er nog kleiner uit als er overal spulletjes staan. Hoe rustiger u de aankleding houdt, des te ruimer hij overkomt. Om zoveel mogelijk de indruk van een grotere ruimte te wekken moet u ook de hoeklijnen van de ruimte zoveel mogelijk zichtbaar houden, hoogte en diepte van meubilair gelijk houden, kleuren en materialen zoveel mogelijk op elkaar afstemmen. Meubelen die de vloer vrijlaten, verkleinen de ruimte optisch minder dan meubelen die direct op de vloer staan. Dat geldt ook voor een meubel dat de hoeklijnen bij het plafond vrijhoudt.

Als u kleine kinderen heeft, is het verstandig ook in de badkamer diverse spullen boven grijphoogte of achter slot en grendel op te bergen. Breng liever geen medicijnkast in de badkamer aan: vochtige en/of warme lucht is niet goed voor medicijnen. Ze moeten koel en droog worden bewaard.

• Er zijn badkamer-systeemmeubelen met standaardelementen voor een flexibele indeling. Verplaatsbare planken maken het meubel veelzijdiger bruikbaar. In badkamermeubelen kunt u soms ook dezelfde handige opberghulpen en -methoden gebruiken als in de keuken, zoals uittrekbare planken, draaiplateaus en draadmetalen rekken.

• Schapjes van glas zijn transparant en nemen daardoor visueel weinig ruimte in. In sommige maten zijn ze standaard leverbaar, maar u kunt ze ook op maat laten maken, met geslepen randen. De glasdikte hangt af van het formaat. Er zijn diverse soorten plankdragers en -klemmen te koop, die een onopvallende bevestiging mogelijk maken (zie par. 10.9.2) óf die juist zo zijn ontworpen om bewust in het zicht te zitten. Overigens vangt alles wat u niet achter gesloten deurtjes opbergt extra veel stof en vocht.

• Let er bij het creëren van bergruimte boven een wastafel en toilet op dat er genoeg bewegingsruimte overblijft. En natuurlijk kan er ook bergruimte onder de wastafel zitten. Er zijn veel soorten kasten met ingebouwde wastafel. Net als bij het aanrecht moet er voldoende ruimte zijn om er de voeten onder te zetten; er moet dus een inspringende plint zijn of het meubel moet aan de wand hangen, vrij van de vloer. De goedkoopste oplossing om een berging onder een wastafel aan het oog te onttrekken, is een (geplastificeerd of kunststof) gordijntje aanbrengen.

• De badkamerdeur kan een prima plaats zijn om een handdoekenrek te bevestigen. Een handdoek hangt idealiter vlakbij de plaats waar het water wordt gebruikt. Gebruik een vast, niet beweegbaar rek, dat aan beide zijden vastzit. Als het om een paneeldeur gaat, met een massief houten frame, is het vastzetten van een handdoekenrek eenvoudig. Bij een 'holle' deur kunt u bijvoorbeeld hollewandpluggen gebruiken, maar als de deurplaat erg dun is, kan hij niet veel hebben. Let erop dat de deur met handdoekenrek ver genoeg open kan.

• Als u spiegels wilt gebruiken om de badkamer groter te laten lijken, probeer ze dan uit de buurt van waterspatten te houden, want opdrogende waterdruppels maken hem niet mooier en u blijft schoonmaken.

• Er zijn rekken die u aan de badrand kunt hangen. De slechtere typen kunnen bij het baden vervelend in de weg zitten en hebben de neiging al snel in het bad te kukelen. Andere typen kunnen op het water drijven. Het hangt dan ook van het formaat van het bad af of zo'n drijvend geval handig is. Bij veel baden is er een rand waar u wat op kunt zetten.

- Voor het neerzetten van spullen die u in het bad nodig heeft kunt u ook denken aan een kastje op wieltjes, dat u naar de plaats rijdt waar u het nodig heeft. Maak er één of meer handvatten aan, zodat u het makkelijk vanuit het bad kunt verplaatsen.

4.3.1 Wasmachine en wasdroger

De gebruikelijke wasmachine en wasdroger zijn flink uit de kluiten gewassen apparaten, die vrij veel ruimte innemen. Sommige fabrikanten maken echter wasautomaten die passen in kleinere ruimten. Er zijn er die smaller zijn, ondieper en/of minder hoog dan de gebruikelijke wasautomaat, die 85 cm hoog en 60 cm breed en diep is. Er zijn allerlei mogelijkheden, al kan dat leiden tot een kleiner vulgewicht.

Als een vaste opstelling niet mogelijk is, kunt u een machine met wieltjes kopen, waardoor hij verrijdbaar is. Die wieltjes zijn dan inklapbaar, soms met een hendel die wat zwaar te bedienen is of op een onhandige plaats zit. Vóór de voorlader heeft u ruimte nodig om de deur open te klappen en de machine te vullen en te legen. Bij een bovenlader kunt u met minder ruimte rond de machine toe.

Verder zijn er machines die zowel wassen als drogen: de was-droogcombinatie. Uit een test van de Consumentenbond bleek dat er maar een paar machines te koop zijn die het goed doen. Bij dit soort machines moet een volle lading wasgoed in twee porties worden gedroogd, waardoor het drogen twee keer zo lang duurt als met een gewone droger. Het elektriciteits- en waterverbruik van deze apparaten is bovendien veel hoger dan van goede losse apparaten.

Veel fabrikanten maken wasdrogers die precies passen op wasmachines (altijd voorladers) van hetzelfde merk. Ze leveren daarvoor bevestigingsstukken om de machines aan elkaar vast te zetten. Dat is nodig omdat vooral de wasmachine flink kan schudden, waardoor de droger eraf zou kunnen vallen. De droger beweegt minder sterk als hij zelf draait.

Als u toestellen van verschillende merken boven elkaar wilt zetten, zijn er enkele mogelijkheden. Sommige verschillende merken komen toch uit dezelfde fabriek, waardoor het leverbare bevestigingssysteem voor beide bruikbaar kan zijn. Als dat niet zo is, zult u een andere oplossing moeten verzinnen, zoals een flinke plank waarop u de wasdroger zet. Dit kan tevens uitkomst bieden voor plaatsing boven een wasautomaat met het bedieningspaneel schuin aan de voor-bovenzijde. Plaats de wasdroger niet zo hoog dat u moeilijk bij bijvoorbeeld bedieningsknoppen of de condensbak kunt komen.

Voor de wasdroger zult u een flinke plank (enkele centimeters dieper en breder dan de machine) moeten aanbrengen. De wand moet dit gewicht kunnen dragen; zo'n bevestiging is daarom alleen bij een massieve muur aan te bevelen, tenzij u de plank ook met (hoge) poten steunt. Door de beweging van de machine worden op het ophangsysteem flinke krachten uitgeoefend. Het is aan te raden extra stevige schapdragers te gebruiken, die een driehoeksconstructie vormen en die de plank over de hele diepte ondersteunen.

Gebruik voor de plank watervast verlijmd multiplex van 18 mm dik. Breng op de rand een lat van circa 1×1 cm aan, zodat de wasdroger er niet kan afschuiven.

Overigens is een wasdroger niet onontbeerlijk, maar de was aan de lijn drogen

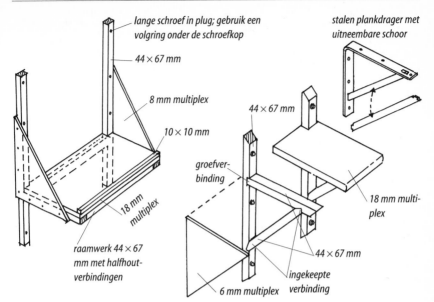

lange schroef in plug; gebruik een volgring onder de schroefkop

stalen plankdrager met uitneembare schoor

44 × 67 mm

8 mm multiplex

44 × 67 mm

10 × 10 mm

groefver-binding

18 mm multiplex

18 mm multiplex

raamwerk 44 × 67 mm met halfhout-verbindingen

44 × 67 mm

6 mm multiplex

ingekeepte verbinding

Enkele manieren om een plank waarop een zwaar voorwerp komt stevig te ondersteunen

kost natuurlijk ook ruimte. Er zijn echter uittrekbare waslijnen te koop, die u na gebruik door het ingebouwde geveerde opwindmechanisme eenvoudig kunt wegbergen. Zo'n waslijn wordt tussen twee muren aangebracht. De was nacentrifugeren met een losse centrifuge haalt er meer vocht uit, waardoor de was eerder droog is.

4.3.2 Bergruimte onder het bad

Onder het bad kan zich een lege ruimte bevinden, tenzij er bijvoorbeeld een schaal van piepschuim isolatiemateriaal onder zit. De wand rond het bad is vaak betegeld of bestaat soms uit een bij het bad behorend paneel. In zo'n situatie is er moeilijk bergruimte bij te maken. Maar als u toch een nieuw bad gaat plaatsen (onder een bestaand bad bergruimte creëren is niet goed te doen), kunt u wellicht gelijk extra bergruimte realiseren. Zo laag bij de grond kan het echter onhandig zijn diep te moeten reiken. Laden vormen dan een handige uitkomst.

U kunt het bad misschien op een klein podium zetten, om iets meer bergruimte eronder te hebben, maar dit mag het in- en uitstappen natuurlijk niet al te lastig maken. En bedenk dat het podium het gewicht van het volle bad te dragen krijgt. Zie voor de constructie van een podium met laden paragraaf 2.7.2. Een eerste vereiste is dat de bergruimte onder het bad kurkdroog blijft. Construeer de laden dan ook terugspringend ten opzichte van de badrand (zie tekening), zodat de kans dat er druipwater inloopt kleiner is. Schuin de onderzijde van de badzijwand iets schuin naar binnen en omhoog af, zodat een soort druip-profiel ontstaat: druppels die langs de tegels naar beneden lopen, kunnen de lade dan niet bereiken. Kit aan de onderzijde de kier tussen vloer en daarop liggende lat af met acrylaatkit (is overschilderbaar) of siliconenkit (is elastischer

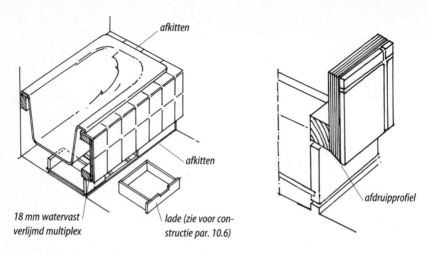

18 mm watervast
verlijmd multiplex

lade (zie voor constructie par. 10.6)

afdruipprofiel

Bergruimte onder een bad maken

De onderrand van de zijwand, met afdruipprofiel

dan acrylaatkit, maar niet overschilderbaar), zodat geen water via de vloer onder de lade kan komen. Het is aan te raden de laden van vochtbestendig materiaal te maken, zoals watervast verlijmd multiplex. De voorzijde van de lade kan worden betegeld. Gebruik daarvoor geschikte tegellijm (zie de gebruiksaanwijzing van de lijm; hij moet geschikt zijn voor een houten ondergrond). Het is misschien fraai de hoogte en breedte van de laden op de tegelmaten (plus voegen) af te stemmen.

Wat kunt u in deze bergruimte bewaren? Bedenk dat het bad steeds warm wordt en dat de spullen onder het bad daardoor niet in kwaliteit achteruit mogen gaan. Cosmetica, schoonmaakmiddelen en dergelijke kunt u daar dus beter niet bewaren, maar bijvoorbeeld dweilen, sponzen, washandjes, toiletpapier, knijpers, watten en tissues kunnen daar prima een onderkomen vinden. Als de bergruimte groot genoeg is, kunt u zelfs denken aan de vuile was.

4.4 Keuken

In de keuken verricht u veel werkzaamheden. Bij uw betaalde werk – op kantoor, in een fabriek of elders – is er de Arbeidsinspectie die erop toeziet dat uw werkplek aan bepaalde voorwaarden voldoet, opdat u geen last krijgt van lichamelijke ongemakken. Thuis zult u daar zelf voor moeten zorgen, want op een plek waar u veel werkt is de 'ergonomie' van groot belang. Ergonomie is de wetenschap die zich bezighoudt met het zo goed mogelijk afstemmen van de 'omstandigheden' en omgeving op de mens. Zodat u bijvoorbeeld optimaal zit, niet te veel of ver hoeft te bukken of te reiken, adequate verlichting heeft, enzovoort. Ook valt daaronder dat u de dingen wegbergt vlakbij de plek waar u ze als eerste gaat gebruiken en dat u de plekken waar de belangrijkste activiteiten plaatsvinden (gerechten voorbereiden, kookplek en dergelijke) dicht bij elkaar heeft, zodat u het heen en weer lopen zoveel mogelijk beperkt. Ook dit zijn aspecten om rekening mee te houden als u ruimteproblemen in uw keuken probeert op te lossen.

Er zijn veel ontwerpen gemaakt voor ideale keukens, met voldoende werkvlakken en afzetvlakken naast het fornuis, met prachtige functionele spoelbakken enzovoort. Maar u raadpleegt dit boek omdat u niet uitkomt met uw huidige bergruimte. Als de keuken groot genoeg is, zal het bijplaatsen van kasten uw werkruimte niet hoeven aantasten. In de meeste omstandigheden is dat echter een illusie; in deze paragraaf vindt u een aantal slimme mogelijkheden voor effectief ruimtegebruik.

4.4.1   Extra werkruimte

In de keuken heeft u soms behoefte aan extra ruimte om dingen op te zetten, bijvoorbeeld als u meer klaarmaakt dan gebruikelijk, voor specifieke klusjes of het gebruik van een bepaald apparaat dat u verder in de kast heeft staan. Maar die extra plaatsingsruimte mag de rest van de tijd niet in de weg zitten. U kunt dan denken aan uitschuifplateaus of wegklapbare planken: een uittrekbare broodplank is daarvan een bekend voorbeeld. Ook handig is een lege plank boven het aanrecht die u als 'verlengstuk' van het aanrecht kunt benutten, vooral om dingen even op te zetten. Die plank mag dan natuurlijk niet voor het permanent opbergen van allerlei dingen worden gebruikt, want dan heeft u op het cruciale moment niet de benodigde werkruimte.

Om prettig op te kunnen werken, moeten deze plateaus of planken stabiel zijn. U kunt ze natuurlijk zelf maken (denk aan de roestwerendheid van stalen steunen; zie par. 10.9), maar er zijn ook allerlei systemen te koop die in dit soort wensen voorzien, vooral behorend bij een merkkeuken. Zo zijn er aanrechten met bijvoorbeeld een afdekbare gootsteen, zodat u ook die ruimte tijdelijk kunt gebruiken om iets op te zetten. En bij een komfoor of fornuis biedt een type met stevige klep de mogelijkheid het als afleg- of werkvlak te gebruiken. (Een aflegvlak is een plek om iets op te leggen.)

4.4.2   Extra bergruimte

Als de muurvlakken in uw keuken te klein zijn om er voldoende bergmeubelen tegenaan te zetten, kunt u de bergruimte wellicht vergroten door iets diepere bergmeubelen te nemen. Er zijn bij sommige merken bergmeubelen verkrijgbaar tot wel 80 cm diep. Dit mag echter uw spullen niet lastig bereikbaar maken; dieper dan 60 cm heeft voor een plankenkast niet veel zin; bij laden werkt het wel. Als bij zo'n dieper meubel openklappende deurtjes te ver de keuken in zouden komen, kunt u beter schuifdeurtjes nemen.

Is de keuken zo smal dat er slechts aan één kant ruimte is voor keukenkasten van de gebruikelijke diepte, dan kunt u tegen de andere muur misschien een ondiepe kast zetten, bijvoorbeeld slechts 10 à 12 cm diep. Dat is diep genoeg om onder meer voorraadpotten, glaswerk en flessen in op te bergen. In plaats van deurtjes kunt u er bijvoorbeeld een rolgordijn voor maken.

In veel keukens zit echter ook de nodige bergruimte verborgen achter (afwerk)lijsten, zoals tussen kastjes en het plafond en tussen kastjes en de vloer. Bij een dure inbouwkeuken die evenwichtig en strak vormgegeven is, is het aan te raden u twee keer te bedenken voordat u daaraan gaat klussen. Als u van de hierna uitgewerkte mogelijkheden gebruik wilt maken, is het wellicht aan te bevelen contact op te nemen met de leverancier van de keuken, zodat zo nodig in overleg een fraaie oplossing kan worden gevonden voor uw wens om meer bergruimte te creëren.

- *Plintladen.* Tussen kastjes en de vloer zit doorgaans een plint met lege ruimte erachter; de hoogte ervan kan per keuken verschillen. Hij hangt af van de hoogte waarop het werkvlak is aangebracht, maar standaard is hij 10 à 12 cm. Daar hadden ook 'plintladen' kunnen zitten, voor bijvoorbeeld blikjes, vuilniszakken en liggende flessen mineraalwater. Sommige keukenfabrikanten hebben in hun programma al van die plintladen, zodat u bij aanschaf van nieuwe keukenkasten daar gebruik van kunt maken. Maar in bestaande keukens zijn de plinten lang niet altijd te verwijderen, omdat ze onderdeel zijn van de steunconstructie van de kastjes; er zitten daartoe ook steunribben onder de kasten, dwars op de plint. Voor het maken van een lade zult u dus een stuk uit de plint moeten zagen; de laden kunt u alleen aanbrengen tussen twee van die dwarsribben in. Probeer er voordat u gaat zagen achter te komen waar die ribben zitten: dat kan door een gaatje in de plint te boren en daar een gebogen metaaldraad doorheen te steken. Met wat proberen kunt u dan de afstand van de dwarsrib tot het gat achterhalen. Dan kunnen er achter de plinten nog leidingen lopen. Vaak zitten die aan de muurkant, maar ga dit voor de zekerheid na voordat u een zaag in de plint zet. Niet alleen om te voorkomen dat u de leidingen stuk maakt, maar ook omdat ze het verdere nuttige gebruik van die ruimte kunnen belemmeren. Zo vlak langs de vloer en onderkant van de kastjes zagen is een lastig klusje, waarvoor u als elektrisch gereedschap alleen de elektrische alleszaag met een fijngetand zaagblad kunt inzetten. Wellicht kunt u zo'n ding huren. Anders kunt u het met een hand-schrobzaag doen. Boor een gat waarin u de zaagsnede kunt beginnen. Werk langzaam, want in zo'n onhandige houding wijkt u makkelijk van de zaagsnede af. Laat voldoende van de plint staan om de kasten nog goed te kunnen ondersteunen; hoeveel hangt af van de kastbreedte, maar aan beide zijden van de lade zeker 15% (van de totale plint onder een kastje). Werk de zaagsnede netjes bij met schuurpapier en een platte vijl. Schilder de randjes bijvoorbeeld in dezelfde kleur als het front. Misschien dat u nog een stuk van het materiaal van de plint kunt kopen, in dezelfde kleur, zodat u daarvan de fronten van de laatjes kunt maken. Zie verder voor het maken van laden paragraaf 10.6.

Het kan lastig zijn een glijsysteem voor de lade te maken. U kunt denken aan L-vormige houtprofielen die u op de vloer vastlijmt en waarop de lade met de onderzijde van de zijkanten glijdt. Een alternatief is de laatjes op kleine wieltjes op de vloer te laten lopen. Welk systeem mogelijk is, hangt helemaal van de plaatselijke omstandigheden af.

- *Plafondkastjes.* Ook boven de hoogste kastjes zit vaak een afwerklijst, tot het plafond. Dat is niet zo'n heel handige plaats om dingen op te bergen, maar voor artikelen die u slechts heel zelden gebruikt of een ijzeren noodvoorraad kan die ruimte wellicht toch nog nuttig worden aangewend. Daar kunt u dan naar opzij of naar boven wegklappende deurtjes aanbrengen. Ga verder te werk als bij de boven beschreven plinten onder de kasten. Zie voor de constructie van kastdeuren verder paragraaf 10.4.

- *Scharnierend spoelbakfrontje.* Er zit niet zelden ook wat ruimte achter het frontje waarmee de voorzijde van de spoelbak in het aanrecht is afgewerkt. Als

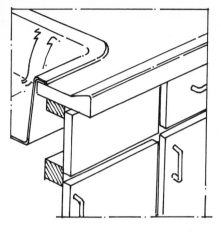

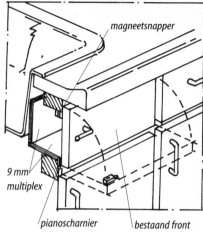

Gootsteenkastje met dicht bovenfront *Scharnierend spoelbakfrontje*

u dat frontje zonder sloopwerk kunt losmaken (op die plaats is zagen af te raden), kunt u het vervolgens aan de onderzijde scharnierend weer aanbrengen; het mag dan niet te dicht op de daaronder zittende deurtjes zitten, want anders kunt u het niet openklappen (een ruimte van 1 cm is wel het minimum). Aan de bovenkant kunt u één of twee magneetsnappers monteren, en aan de voorzijde een greepje zoals ook op de deurtjes en laatjes van uw keuken. Tussen het frontje en de spoelbak zit niet veel ruimte, maar u kunt er nog wel kleine dingen kwijt, zoals zeep en afwassponsjes.

• *Schappen in gootsteenkastje.* Misschien is er in het gootsteenkastje nog ruimte tussen spoelbak en de wanden van het kastje. Dan kunt u daar ondiepe plankjes aanbrengen voor het bewaren van kleine voorwerpjes.
De traditionele sifon steekt nogal ver onder de spoelbak uit, wat het aanbrengen van schappen lastig kan maken. Er zijn echter ook sifons die minder diep reiken, zodat u de ruimte onder de gootsteen nuttiger kunt gebruiken. U kunt zo nodig een gat in een schap maken, waar de sifon doorheen steekt.

• *Niskastje of wandbox.* Bij een groot aanrecht en weinig bergruimte kunt u boven het aanrecht tegen de muur ondiepe planken of een ondiep kastje aanbrengen. Zo'n kastje is bij sommige keukenleveranciers te koop onder namen als 'wandbox' en 'niskastje'. Er kunnen ook ondiepe laatjes in.

4.4.3 Eetkeuken

Het is handig in de keuken te eten, want dan hoeft u niet met het eten naar de huis- of eetkamer te sjouwen, en niet met de vuile vaat terug naar de keuken. Bovendien wint u veel ruimte in de woonkamer. Veel Nederlandse keukens zijn echter (net) te klein voor een eettafel met stoelen. In dat laatste geval kunt u een flexibele oplossing overwegen, zoals een klaptafel aan de wand of een uitschuifplateau, beide in combinatie met opklapbare stoelen. Ook een eetbar, in een grotere of open keuken, kan veel ruimte besparen.

• *Klaptafel.* Per persoon is minimaal 50 cm ruimte in de breedte nodig, 30

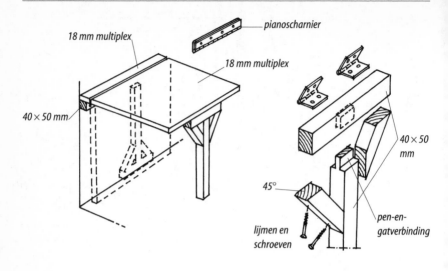

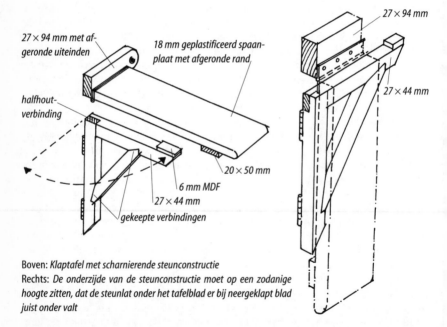

Boven: *Klaptafel met scharnierende steunconstructie*
Rechts: *De onderzijde van de steunconstructie moet op een zodanige hoogte zitten, dat de steunlat onder het tafelblad er bij neergeklapt blad juist onder valt*

cm in de diepte plus ruimte voor schalen en dergelijke. Er is voor het maken van klaptafels speciaal beslag te koop, met steunconstructie en al. Maar u kunt natuurlijk ook zelf een ontwerp maken en uitvoeren. Het formaat van zo'n tafel hangt af van uw keuken. Het blad kan natuurlijk niet dieper zijn dan de afstand van de scharnieren tot de vloer, tenzij u de tafel naar boven klapt. Bij een diep blad wordt er bovendien nogal wat kracht uitgeoefend op de steun-

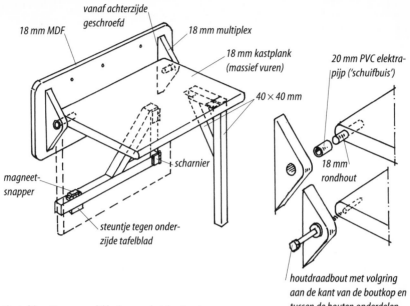

18 mm MDF

vanaf achterzijde geschroefd

18 mm multiplex

18 mm kastplank (massief vuren)

20 mm PVC elektrapijp ('schuifbuis')

40 × 40 mm

scharnier

magneetsnapper

18 mm rondhout

steuntje tegen onderzijde tafelblad

houtdraadbout met volgring aan de kant van de boutkop en tussen de houten onderdelen

Klaptafel met twee mogelijkheden voor het draaipunt

constructie. Bij een tafel die dieper is dan 50 cm, is het aan te raden een uit-klapbare poot te maken. Gebruik in de vochtige keukenomstandigheden liefst scharnieren van messing of roestvast staal, tenzij u ze schildert, want dan kunt u ook stalen scharnieren gebruiken.

• *Schuifplateau.* Een andere mogelijkheid voor een tafel die u na gebruik uit de weg werkt, is een schuifplateau in bijvoorbeeld een wat dieper keukenblok (bij een standaard keukenblok van 60 cm diep is het blad wat krap bemeten). Dit plateau kan op de plaats zitten van een lade en moet liefst helemaal uit het keukenblok kunnen schuiven aan telescopische ladesteunen. Die moeten van heel goede kwaliteit zijn, om de op de tafel uitgeoefende krachten op te kun-nen vangen. Zo'n tafelblad-op-schuifconstructie zelf in een bestaand keuken-blok aanbrengen is vaak niet eenvoudig. Bedenk ook dat veel keukenkastjes niet breder zijn dan 60 cm en dat de tafelbreedte daardoor beperkt is. Als u het plateau toch zelf wilt maken, kunt u een lade vervangen door een uittrekblad (zie blz. 95). Gebruik het ladefrontje om het blad aan de voorzijde af te werken. Als u toch een nieuwe keuken koopt, kunt u overwegen een schuifplateau aan te schaffen: sommige leveranciers hebben het in hun programma.

• *Eetbar.* Weer een andere mogelijkheid om in een open keuken te eten – en om een eettafel in de huiskamer uit te sparen – is een 'eetbar' tussen de keu-ken en woonruimte. Zo'n bar kan dan tevens dienst doen als extra werkvlak voor de keuken. Bedenk echter dat de optimale hoogte van een werkvlak voor de meeste mensen een andere is dan de hoogte van een eettafel. Denk bij het plaatsen van kasten en andere dingen onder de eetbar aan de benodigde been-ruimte voor het zitten. Pas de hoogte van de stoelen of zitkrukken aan de hoog-te van het blad boven de vloer aan. Omdat eters hun benen goed onder de ta-

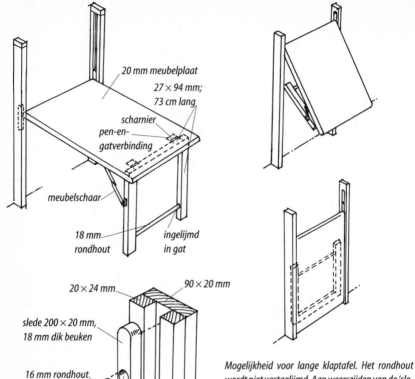

20 mm meubelplaat

27 × 94 mm;
73 cm lang

scharnier

pen-en-
gatverbinding

meubelschaar

18 mm
rondhout

ingelijmd
in gat

20 × 24 mm

90 × 20 mm

slede 200 × 20 mm,
18 mm dik beuken

16 mm rondhout

gat 16,5 mm ∅   gat 16,5 mm ∅

Mogelijkheid voor lange klaptafel. Het rondhout wordt niet vastgelijmd. Aan weerszijden van de 'slede' blijft er iets minder dan 1 mm speling om soepel te kunnen schuiven. Hoe hoog de onderzijde van de 'groef' waarin de slede schuift boven de vloer komt, hangt af van de precieze maten van het hout dat u gebruikt. De tafel moet in uitgeklapte toestand immers waterpas staan

fel kwijt moeten kunnen, zal er niet veel ruimte overblijven voor berging, tenzij er aan slechts één kant aan de bar gezeten kan worden. U kunt natuurlijk wel het blad verder laten oversteken, maar dan is de inhoud van de kastjes niet meer goed toegankelijk. In bijgaande tekening vindt u zo'n eetbar. U kunt het blad maken van geplastificeerd MDF, dat makkelijk schoon te maken is, maar u kunt ook multiplex nemen met een mooie fineer-toplaag en deze transparant

Een eetbar kan bestaan uit (hoge) keukenkastjes waarop u een stevig blad vastschroeft, van onderaf

18 mm geplastificeerd
spaanplaat

bestaand ladefront

onderzijde verstevigd
met lat (20 × 30 mm)

Uitschuifbaar tafelblad

afwerken. De eetbar moet stevig aan de vloer worden vastgezet, net als keukenkastjes.

• *Kookeiland*. In een grote keuken wordt weleens een 'eiland' aangebracht: doorgaans is dat een werkplek (werkblad met kasten eronder en soms apparatuur zoals een fornuis en extra spoelbak) die losstaat van de muren, zo'n beetje middenin de ruimte. Een kookeiland kan er aantrekkelijk uitzien en het mogelijk maken meer apparatuur en bergruimte in de keuken te creëren. Ergonomisch is deze oplossing echter niet aan te raden. De verschillende werkplekken in de keuken komen daardoor vaak verder uiteen te liggen, wat tot veel meer geloop en gedraai van de keukengebruiker leidt.

4.4.4   Dichte keuken met kastenwand

Jarenlang is de open keuken populair geweest. Er is ook best wat voor te zeggen, omdat het de gezelligheid van de vroegere eetkeuken dichterbij kan brengen. Maar onbetwist heeft de open keuken ook nadelen, zoals keukengeluiden en -luchtjes in de huiskamer, vanuit de zithoek zicht op een stapel afwas enzovoort. Dus zijn er een heleboel mensen die weer een dichte keuken wensen. Als dat idee wordt gecombineerd met de vervulling van de wens meer bergruimte te hebben, kan er in plaats van een gipsplaatwand een kastenwand worden aangebracht, met zo nodig een toegangsdeur erin. Dat zijn dan twee vliegen in één klap. Zie voor het maken van een ruimtescheidende kastenwand paragraaf 2.7.5.

Als u in een ruimte naast een dichte keuken eet, kan een doorgeefluikje handig zijn. Bedenk wel dat er dan aan weerszijden van de muur of kastenwand ruimte in beslag wordt genomen en op de vloer ook gebruiksruimte om te staan. Een doorgeefluik in een muur maken is een bouwkundige ingreep, waarbij aan de bovenkant van het luik een 'latei' nodig kan zijn. Dit is een steunconstructie om de opening in de muur te overbruggen en het bovenliggende gewicht op te vangen. Uitleg daarvan valt buiten het bestek van dit boek.

4.4.5   Koel- en vriesapparatuur

Schaf niet meer koel- of vriesruimte aan dan nodig; dat scheelt stroomkosten en spaart bovendien het milieu. U kunt uitgaan van de volgende vuistregels.

Bij een gebruikelijk voedingspatroon (zuivelproducten, vleeswaren, etensrestjes, frisdrank en dergelijke) kunt u uitgaan van circa 50 liter netto-koelruimte per persoon. Voor vier personen bijvoorbeeld komt u daarmee uit op een koelruimte van 200 liter netto. Maar als uw gezin veel gekoelde dranken geniet, is er natuurlijk meer koelruimte nodig: de koelkast moet dan relatief veel plaats voor flessen hebben.

Als vuistregel voor benodigde netto-vriesruimte per persoon geldt dat u voor een kleine maandvoorraad groente en wat diepvriesproducten per persoon ongeveer 30 tot 40 liter nodig heeft. Komen daar nog brood en een kleine voorraad vlees (van goedkope aanbiedingen) bij, dan moet u voor een maandvoorraad rekenen op 60 tot 75 liter per persoon. Voor een grote maandvoorraad groente, fruit, vlees, brood en gebak is 100 tot 125 liter per persoon een goed uitgangspunt. Een algemene richtlijn is verder de volgende: 1 kilo in te vriezen producten neemt 2 liter vriesruimte in beslag. Doorgaans gebruikt u maar een enkele keer per dag iets uit een vriesmeubel; het hoeft daarom niet per se in de keuken te staan. Misschien heeft u er elders meer plaats voor.

Een diepvrieskist kan nogal wat vloeroppervlak in beslag nemen. Een diepvrieskast met dezelfde inhoud kost minder vloeroppervlak. Een bijkomend voordeel is dat de inhoud makkelijker bereikbaar is. Heeft u slechts beperkte koel- en vriesruimte nodig, dan kunt u denken aan een tweedeurskoelkast of de betere (maar duurdere) koel-vriescombinatie.

Houd bij het kopen van een koelkast of vriezer rekening met de benodigde ruimte achter en onder het apparaat, ten behoeve van de warmte-afvoer. Komt het koelmeubel naast een doorlopende muur, kast of ander apparaat te staan, houd er dan rekening mee dat er aan de scharnierkant extra ruimte nodig kan zijn voor het openen van de deur en/of het uitnemen van rekken, laden of lekbak. De meeste staande apparaten scharnieren aan de rechterzijde, maar meestal kunnen de scharnieren ook aan de linkerzijde worden gemonteerd.

Vermijd voor het toestel een zonnige plek of een plaats naast een fornuis of radiator. Want hoe warmer de standplaats, des te moeilijker het apparaat zijn warmte kwijt kan. Is er voor de plaats geen andere mogelijkheid dan naast een fornuis of radiator, houd dan minimaal 50 cm tussenruimte aan. Als dat niet kan, gebruik dan tussen het warmteproducerende apparaat en het koel-/vriesmeubel onbrandbaar isolatiemateriaal, dat voorzien moet zijn van een spiegelende laag aan de kant van het warme apparaat (of aan beide kanten).

Koelkastkastje.   Onder een vrijstaande koelkast kunt u een precies passend kastje maken, bijvoorbeeld met één of twee laden. Als het een tafelmodel koelkast betreft, waarvan u de bovenzijde als werkblad of afzetvlak gebruikt, mag dit natuurlijk niet te hoog worden. U kunt verder boven de koelkast een kastje tegen de muur hangen.

4.4.6 Fornuis, oven, magnetron

Een fornuis bestaat uit een komfoor plus een oven. Een combinatiemagnetron is een apparaat met magnetronfunctie, grill en (hetelucht)oven; die functies zijn apart en gecombineerd te gebruiken. Verder zijn er ovens – van de gebruikelijke fornuismaat – met ingebouwde magnetron, combitron genoemd. Bij de traditionele ovens – elektrisch of gas – bestaan er ook extra grote modellen.

Met de komst van de magnetron vragen veel mensen zich af of ze niet toekunnen met een los komfoor plus een combinatiemagnetron, want dat scheelt ruimte in de keuken. Die vraag is echter niet eenvoudig te beantwoorden, want welke apparaten u nodig heeft, hangt af van wat, hoeveel en hoe vaak u kookt. Met de combinatiemagnetron kunt u eten ontdooien, opwarmen, gaar maken, koken, grilleren, bakken en braden. Maar hoe groter de hoeveelheid eten of drinken, des te langer de magnetron over het 'koken' doet. Bij een gewone oven en pan geldt dat lang niet zo sterk. In de combinatiemagnetron kan eigenlijk slechts één gerecht tegelijk worden klaargemaakt, ook al omdat hij niet zo'n grote nuttige inhoud heeft. De oven van een fornuis is bijna altijd veel groter. De magnetron is handig voor het ontdooien, snel bereiden van een kleinere hoeveelheid eten en opwarmen. Dat gaat minder goed op een gasstel, elektrische plaat of in een gewone oven. Zoekt u alleen een magnetron om te kunnen ontdooien en opwarmen en heeft u al een gewone oven, dan heeft u aan een gewone magnetron – eventueel met grillelement – voldoende. Die is doorgaans goedkoper dan een combimagnetron. Een magnetron die u op een werkblad of het aanrecht zet neemt kostbare werkruimte in beslag. Sommige magnetrons zijn aan de wand te hangen; voor andere typen kunt u een stevige plank aan de muur ophangen.

Kastje naast fornuis.   Misschien is er naast het vrijstaande fornuis nog een lege ruimte tot het volgende meubelstuk of tot de muur. Daar kunt u een smal

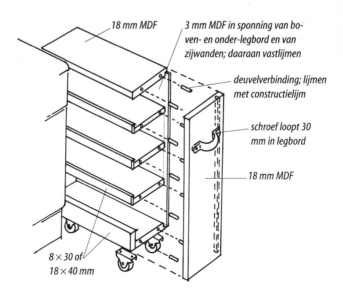

18 mm MDF

3 mm MDF in sponning van boven- en onder-legbord en van zijwanden; daaraan vastlijmen

deuvelverbinding; lijmen met constructielijm

schroef loopt 30 mm in legbord

18 mm MDF

8 × 30 of 18 × 40 mm

Verrijdbaar kastje

kastje maken, met twee of drie planken. Dan wordt het beschikbare bergoppervlak verdubbeld, respectievelijk verdrievoudigd. U kunt hier ook een kastje maken dat van voren dicht is; u komt bij de inhoud door het kastje op wieltjes naar voren te laten rijden. De kans is groot dat het bovenblad van het kastje als afzetvlak voor het fornuis zal worden gebruikt. Het moet dan hittebestendig zijn.

4.4.7 Keukenbenodigdheden

Er zijn veel verschillende inbouwkeukens op de markt, met erg veel specifieke constructies voor het opbergen van keukenbenodigdheden (pannen, kookgerei en dergelijke). Veel ervan zijn specifiek afgestemd op de maten van het eigen merk en niet uitwisselbaar met een ander merk. Andere echter wel. De catalogi van de keukenleveranciers staan er vol van. Voorbeelden zijn uittrekbare voorraadkasten, draaiplateaus (bijvoorbeeld om een hoekkastje efficiënter te gebruiken, zie onder), carrouselmanden, uittrekbare pannenrekken of -planken, uitschuifbare snijplanken, speciale rekken voor pannendeksels (voor pannen die zonder deksel goed te stapelen zijn), draadroosters op rails en stapelrekjes voor borden.

Om inspiratie op te doen kunt u ook eens gaan kijken bij gespecialiseerde winkels in keukenbenodigdheden. Daar worden precies de spullen bewaard die u ook in de keuken heeft. Ook in die winkels wordt vaak gewoekerd met ruimte en zijn er allerlei handige en mooie oplossingen bedacht voor een gebrek aan bergruimte. Verlies echter niet uit het oog dat de doelstelling in zo'n winkel anders is, namelijk de spullen zo voordelig mogelijk tonen. Terwijl het er bij u thuis ook om gaat dat uw keukengerei op een praktische plaats is opgeborgen en ook zo weinig mogelijk stof vangt.

• In sommige keukens kan het handig en ook decoratief zijn een aantal dingen aan het plafond te hangen. Bedenk wel dat die voorwerpen vrij veel stof vangen. Hoe u iets ophangt, hangt af van de hoogte van het plafond en het type keuken. U kunt denken aan losse (vlees)haken die u aan het plafond hangt, aan een rails waaraan u meer dingen kunt hangen of aan een stang die u aan katrolletjes kunt optakelen; mogelijkheden te over. In elk geval moeten alle voorwerpen ruim boven hoofdhoogte hangen, zodat u en anderen zich niet kunnen stoten. Maar anderzijds moet u ze makkelijk kunnen ophangen en afhalen, zonder een opstapje nodig te hebben. En alle voorwerpen die u wilt ophangen moeten ook voorzien zijn van een oog of gat.

• In de keuken worden ook vaak dingen aan de muur gehangen, zoals pannen en keukenbestek. U kunt natuurlijk voor elk voorwerp een haakje aanbrengen, maar als het voorwerp vervangen wordt en niet meer op die plaats past, is dat niet praktisch. U kunt in plaats daarvan een flexibel ophangsysteem maken, zoals dat ook in sommige winkels te koop is. Bijvoorbeeld een stevig draadmetalen rek, een stangensysteem of zelfs een enkele stang. Voor het ophangen van de voorwerpen zijn er onder meer een soort vleeshaken en kleinere S-vormige haakjes op de markt. Bedenk dat het schoonhouden van zulke ophangsystemen lastig kan zijn.

• Drinkglazen bewaart u het beste ondersteboven, zodat er geen stof in kan komen. U kunt ze daartoe op een plank zetten, maar er zijn ook diverse systemen waarbij de glazen aan hun voet of oor kunnen hangen. Ook kopjes kun-

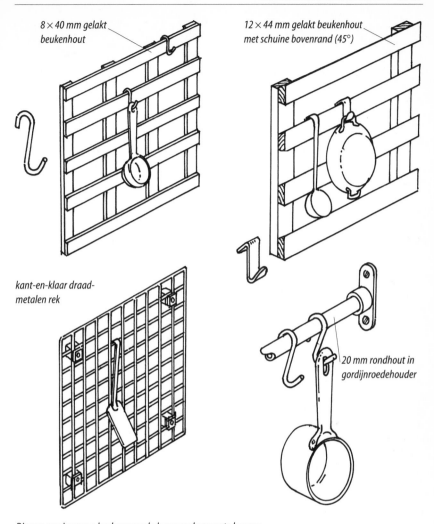

8 × 40 mm gelakt beukenhout

12 × 44 mm gelakt beukenhout met schuine bovenrand (45°)

kant-en-klaar draad-metalen rek

20 mm rondhout in gordijnroedehouder

Diverse manieren om keukengereedschap aan de muur te hangen

nen het beste ondersteboven worden bewaard. Er zijn speciale schroefhaakjes voor kopjes, zodat u ze onder een plank kunt hangen. Ook kunt u (gordijn)rails aanbrengen, waarbij u de kopjes aan (gordijn)haakjes kunt ophangen.

•   Wilt u wat grotere rechthoekige voorwerpen als dienbladen en bakplaten rechtopstaand bewaren, dan kan het handig zijn een deel van een kast te voorzien van verticale tussenschotjes. Gebruik hiervoor plaatjes triplex. Maak ondiepe gleuven in de onder- en bovenliggende plank om die plaatjes in te schuiven. Bedenk wel dat dan het draagvermogen van de planken wordt verminderd. U kunt ook U-vormige profielen van metaal of kunststof gebruiken waar u het triplex precies in kunt schuiven. Die profielen schroeft u vast aan de boven- en onderzijde van de betrokken ruimte (met verzonken platkopschroefjes) en ver-

99

volgens schuift u tussen twee profielen een plaatje triplex. Er bestaat geen verzinkboor waarmee u in het profiel een verzinkgat kunt maken, maar u kunt dit voor de benodigde kleine schroefjes ook doen met een gewone spiraalboor van een wat grotere maat.

• U kunt pannen en bakjes met deksel en al wegzetten, maar het kan compacter door ze in elkaar te zetten (stapelbaar) en de deksels separaat te bewaren. Er zijn ook speciale pannenrekken en -planken; deze zijn voorzien van lage, opstaande randen, of hebben geen randen, zodat u er van alle kanten goed bij kunt. Pannendeksels kunt u misschien ook opbergen door aan de binnenzijde van een scharnierend kastdeurtje een stuk waslijn te spannen; deksels blijven daarachter aan hun handgreep hangen.

• Het is voor de scherpte van messen niet goed als de scherpe kant van het lemmet langs metaal kan schrapen. Daarom zijn er zogeheten houten messenbloks waar u ze in kunt steken. Dat zijn soms forse sta-in-de-wegs. Er zijn ook magnetische messenhouders die u op de muur kunt schroeven. Veel messen zijn van staal dat door een magneet wordt aangetrokken; controleer dat in de winkel.

• U kunt producten die u niet in één keer opmaakt, zoals meel, rijst, muesli en macaroni, bewaren in voorraadpotten. Die zijn beter af te sluiten dan de verpakking waarin u ze koopt. Als voorraadpot kunt u misschien grote, lege potten gebruiken van bijvoorbeeld oploskoffie, maar u kunt ook weckpotten of speciale voorraadpotten kopen. Voorzie ze zo nodig van een etiket, zodat u zich niet kunt vergissen tussen bijvoorbeeld zout en kristalsuiker, bloem en zelfrijzend bakmeel, en couscous en gierst. Het standaardiseren van de potformaten kan ruimtewinst opleveren: een kleine naast een grote pot geeft ruimteverlies. Vierkante en rechthoekige potten gebruiken de ruimte beter dan ronde.

• In een diepere keukenkast kunt u met een draaiplateau handig een groot aantal bijna even hoge dingen achter elkaar zetten. Op een plank staan die din-

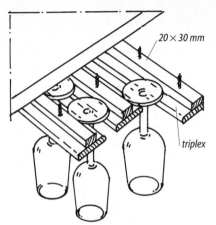

Wijnglazen kunt u eenvoudig onder een plank ophangen

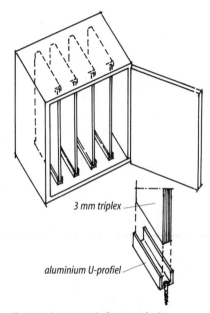

Kast voorzien van verticale tussenschotjes

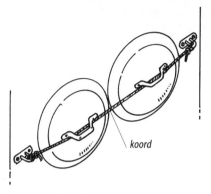

Pannendeksels aan de binnenkant van een deur ophangen

gen normaliter in de weg als u iets wilt pakken dat achteraan staat, maar nu draait u eenvoudig het plateau. Zulke draaiplateaus op kogellagers zijn te koop bij winkels in huishoudelijke artikelen. Ze zijn ook handig in bijvoorbeeld hoekkasten.

• Een kookboek of vel papier waarop u een recept heeft genoteerd kan broodnodige ruimte op uw aanrechtblad of keukentafel innemen. U kunt dan denken aan een uit- of neerklapbare kookboekhouder boven uw hoofdwerkvlak. U

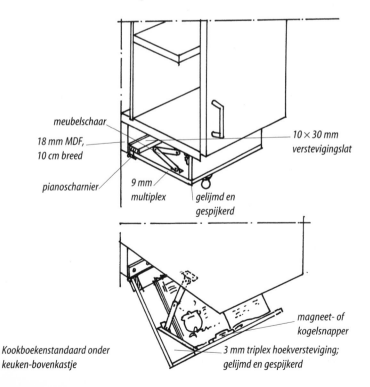

Kookboekenstandaard onder keuken-bovenkastje

101

kunt hem aan een muur bevestigen of onder een kastje. Na het koken klapt u hem dan eenvoudig uit de weg. Op die manier vervuilt het kookboek ook minder snel.

- Een hand- en theedoekenrek neemt kostbare ruimte aan de muur in beslag. Misschien is het mogelijk dit rek aan de keukendeur te hangen. Gebruik een handdoekenrek waarop de hand- en theedoeken goed kunnen drogen. Als de keuken met een radiator verwarmd is, kunt u denken aan een handdoekradiator, zoals meestal alleen in badkamers aangebracht.
- Het kan praktisch zijn boven het aanrecht een apart rekje voor borstels aan de wand te hangen. U kunt bijvoorbeeld een handdoekenrekje met meer haakjes gebruiken. In borstels zonder ophangoog kunt u een gaatje boren, waardoor u er een lusje van gevlochten nylonkoord aan kunt zetten. Voor keukendoekjes kunt u bijvoorbeeld een ophangrekje voor washandjes aanbrengen. Door deze voorzieningen kan het geheel er minder rommelig komen uit te zien.

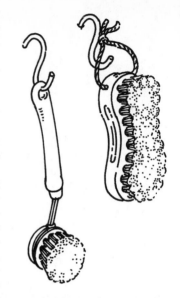

Door in een borstel(steel) een gaatje te boren kunt u hem aan een koord ophangen

4.5 Slaapkamer

De slaapkamer hoeft niet alleen te worden gebruikt om te slapen, maar kan tegelijkertijd ook andere functies vervullen, zoals die van make-upruimte, werk- of studeerkamer, kleding- en naaikamer en aanvullende bergruimte. Veel slaapkamers hebben een dubbelfunctie. Toch vindt niet iedereen het prettig om bijvoorbeeld tijdens het werk tegen het bed aan te moeten kijken of tijdens het slapen naar het bureau. Soms leent de ruimte zich ervoor hem ook visueel onder te verdelen. Daarvoor zijn verschillende mogelijkheden. Bijvoorbeeld met een vrijstaande kastenwand. Als die niet helemaal tot het plafond reikt, blijft de ruimte visueel toch één geheel en lijkt hij nauwelijks kleiner te worden. Een andere mogelijkheid is met een kamerscherm, dat bijvoorbeeld tijdens kantooruren rond het bed wordt aangebracht en voor het slapen gaan (deels) voor het bureau. Voor zo'n visuele scheiding kunt u ook denken aan een (rol)gordijn en aan horizontale jaloezieën. Het traditionele kamerscherm bestaat uit een aantal rechthoekige frames die zijn bespannen met papier of stof en die aan elkaar zijn bevestigd met speciale kamerscherm-scharnieren. Een scherm dat vaak moet worden verplaatst moet zo licht mogelijk zijn.

Bij gezinnen met kinderen hebben de ouders vaak de grootste slaapkamer en hebben kinderen een kleinere kamer. Misschien is het wel praktischer een kind de grotere kamer te geven, zodat het daar beter kan spelen en andere activiteiten ontplooien. Dat kan in de huiskamer meer lucht geven. Een en ander hangt helemaal af van uw woonsituatie, de gezinssamenstelling en de capaciteit van de verwarming in de slaapkamer.

Hoe dan ook, bij een tekort aan bergruimte elders in huis kunnen erg veel andere dingen worden opgeborgen in de slaapkamer, en dat gebeurt in de praktijk dan ook. Door slimme verbouwingen en constructies kunt u in sommige slaapkamers een zee aan bergruimte creëren. In deze paragraaf beschrijven we een aantal interessante ruimtewinners.

Ruimtebesparende bedden. Een bed neemt in de slaapkamer doorgaans veel ruimte in beslag. Er zijn enkele systemen om in de tijd dat u het bed niet gebruikt een deel van die ruimte voor andere doeleinden te kunnen gebruiken. Zoals de hoogslaper (zie par. 4.6), de bedbank (zie par. 4.1.1), het in een kast wegklapbare bed dat aan het hoofdeinde scharniert (het 'tuimelbed') of het gewone opklapbed. Verder kunt u bij een wat hogere kamer een bed – liefst zonder poten – na het slapen eventueel aan katrolletjes tot bij het plafond optrekken. Gebruik solide bevestigingsmiddelen in het plafond; bij een balkenplafond moet u er zeker van zijn dat u ze in het midden van balken aanbrengt. Ook de (assen van de) katrolletjes moeten stevig zijn.

Verder zijn er bedden die – in lengterichting of dwars – kunnen worden opgeklapt in een kast, een zogenoemde bedkast. Zo'n systeem (verkocht onder na-

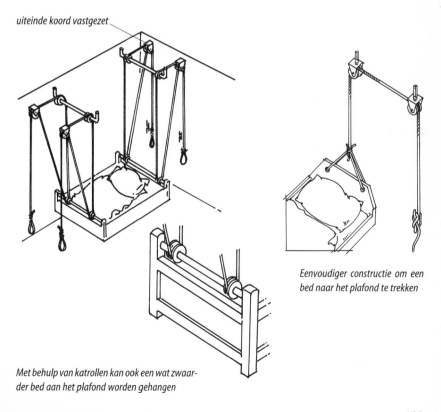

uiteinde koord vastgezet

Eenvoudiger constructie om een bed naar het plafond te trekken

Met behulp van katrollen kan ook een wat zwaarder bed aan het plafond worden gehangen

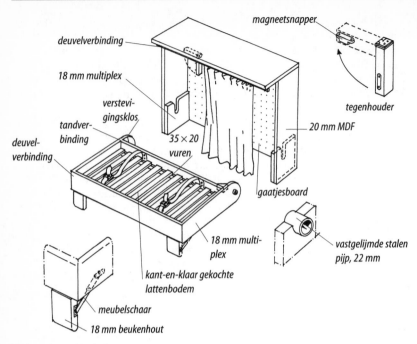

magneetsnapper

deuvelverbinding

18 mm multiplex

verstevigingsklos

tandverbinding

deuvelverbinding

35 × 20 vuren

tegenhouder

20 mm MDF

gaatjesboard

18 mm multiplex

kant-en-klaar gekochte lattenbodem

meubelschaar

18 mm beukenhout

vastgelijmde stalen pijp, 22 mm

Zelf te maken opklapbed

men als 'wentelbed' en 'kantelbed') bestaat voor zowel eenpersoons- als tweepersoonsbedden. Sommige van die bedden worden eerst dubbelgeklapt voordat ze in de kast verdwijnen.

U kunt natuurlijk ook wat ruimte besparen door een kleiner bed te nemen, maar aan te raden is dit niet. Om goed te kunnen slapen moet een bed minimaal 15 cm langer zijn dan de lichaamslengte en 20 cm breder dan schouderbreedte.

Een opklapbed kunt u zelf maken (zie tekeningen). Zo'n opklapbed kunt u desgewenst integreren in een zelf te maken wandmeubel.

Omdat een goede nachtrust voor een niet onbelangrijk deel ook afhangt van de bedbodem (waarop de matras komt te liggen), kunt u die het beste kant-en-klaar kopen: bijvoorbeeld een spiraal- of lattenbodem. Daarvoor maakt u dan de bak waarin deze komt ('ombouw' geheten) op maat, of bouwt hem in een kast in. Laat de randen van de ombouw een paar centimeter uitsteken boven de bedbodem, zodat de matras niet kan verschuiven. Een hoge rand zit in de weg bij het opmaken van het bed. Gebruik voor de ombouw stevig materiaal, zoals massief hout (22 mm) of multiplex (18 mm).

Op de binnenzijde van de ombouw schroeft u latten waarop de bedbodem komt te rusten. Hoe breed die steunlatten moeten zijn, en of die aan de lange kanten en/of aan de korte kanten van het bed moeten zitten, hangt van de bedbodem af die u heeft gekocht. Dit wijst zich vanzelf.

Als draaipunt van het opklapbed kunt u twee stukjes 22 mm stalen cv-pijp gebruiken. Lijm ze met tweecomponentenlijm in de bedombouw. Aan de andere lange zijde van het bed maakt u twee scharnierende pootjes, die naar beneden hangen als het bed is ingeklapt en naar buiten scharnieren als het bed wordt uitgeklapt. Gebruik hiervoor beukenhouten latten die even dik zijn als het plaatmateriaal van de ombouw, met een breedte van circa 8 cm. Zet die poot ook nog met een meubelschaar vast, voor de stabiliteit.

De kast waarin u het bed klapt, kunt u maken van 20 mm MDF. De achterzijde kunt u maken van gaatjesboard, waardoor het opgeklapte bed beter wordt geventileerd dan bij een dichte achterwand. Aan de onder-binnenzijde van de kast maakt u een steunpunt voor het draaipunt van het bed. Maak dit van 18 mm multiplex, dat u vastschroeft op het MDF. Het steunpunt loopt tot de vloer door, zodat het bed daarop steunt.

De bovenkant van de kast steekt aan de voorzijde over, zodat u er een rolgordijntje of lamellen aan kunt bevestigen, om de onderzijde van het dichtgeklapte bed aan het oog te onttrekken. Hoe groot u de oversteek maakt, hangt van de breedte van de lamellen of het rolgordijntje af. Houd in ieder geval ook circa 2 cm ruimte tussen de onderzijde van het bed (en de uitstekende pootjes) en de lamellen of het rolgordijn. Door lamellen of rolgordijn kan transpiratievocht dat bij het slapen in het beddengoed is terechtgekomen makkelijk verdampen (zie verderop).

Aan de binnenzijde van de bedombouw schroeft u een aantal in tweeën geknipte riemen of spanbanden, zodat u daarmee matras, beddengoed en hoofdkussen kunt vastzetten voordat u het bed opklapt. Gebruik een platkopschroef met een kraalring om te voorkomen dat het beddengoed achter de schroef kan blijven haken. Als u een gevlochten kunststof spanband doorknipt, moet u het uiteinde met een klein vlammetje aaneenlassen, om rafelen te voorkomen.

Tot slot maakt u nog twee tegenhouders, die voorkomen dat het opgeklapte bed vanzelf weer naar beneden komt. U kunt hiervoor dezelfde constructie toepassen als voor de pootjes van het bed: twee scharnierende beukenhouten latjes. Met behulp van een magneetsnapper kunt u voorkomen dat die latjes ongevraagd naar beneden klappen.

Bergruimte onder het bed. Er zit onder een bed de nodige bergruimte, tenzij de bedontwerper dit niet nodig vond. Er zijn ook bedden te koop met ingebouwde bergruimte. Let bij het opbergen van spullen onder het bed echter op de benodigde ventilatie. Tijdens het slapen verliest een mens namelijk aardig wat transpiratievocht. Dat vocht moet na het opstaan kunnen verdampen, om de kans op schimmelontwikkeling te beperken. Maak een bed waarvan de ventilatie aan de onderkant niet optimaal is dan ook zo laat mogelijk op; sla het geheel open tijdens het luchten. Bij een onderzoek van de Consumentenbond is gebleken dat sommige matrassen zelfs na zeven uur nog relatief veel vocht bevatten.

Onder het bed kunt u bijvoorbeeld koffers opbergen (zie ook verderop bij *Kleding bewaren*) of er een logeerbed met inklapbare poten onder schuiven. Er zijn voor die laatste mogelijkheid ook speciale bedden met onderbed te koop (dat soort onderbedden is van wieltjes voorzien). Of u kunt een ladekast (zie par. 3.2.5) maken die precies onder het bed past. Het is zelfs mogelijk het bed op een verhoging (podium) aan te brengen (zie par. 2.7.2), om daarin bergruimte te maken. In plaats van aan een ladenblok kunt u dan denken aan bakken met

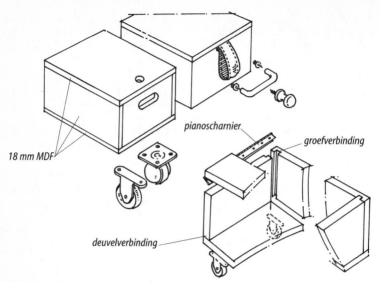

18 mm MDF

pianoscharnier

groefverbinding

deuvelverbinding

Diverse mogelijkheden voor een verrolbare bergplaats onder een bed

wieltjes. Maak de bergruimte wel aan de bovenkant stofdicht met een klep, die in feite een voorslaande deur vormt (zie par. 10.3.1). En houd met de hoogte van de bak, inclusief wielen (gebruik een zo klein mogelijk type), rekening met het doorveren van de bedbodem, zodat deze de bovenkant van de berging niet raakt. Voorkom dat de berging het opmaken van het bed of het verzorgen van een in bed liggende zieke hindert. Zorg voor een praktisch handvat waaraan u zo'n bak naar u toe kunt trekken, zoals: een opschroefbare metalen greep, een gat in de bak waarin u een vinger kunt steken of een reep dubbelgevouwen leer (bijvoorbeeld van een oude riem) die u met een schroef vastzet; voor een bak die u wilt kunnen sturen zijn twee handgrepen nodig.

Zo'n verrijdbare bak met wieltjes is ook als 'tafeltje' naast het bed te gebruiken, mits hij aan de bovenkant is afgesloten met een klep.

Bergruimte boven het bed. Precies boven het bed kunt u een verlaagd plafond maken, in de vorm van een plafondkast met rondom deurtjes. De kast hangt geheel aan het plafond en steunt dus niet op het bed. Het kan echter fraai zijn de hoekpunten van het kastje te verbinden met de hoekpunten van het bed, zodat een soort hemelbed ontstaat. Vooral als u ook versieringen aanbrengt in de vorm van textiel, zoals vitrage, wordt de kast optisch geïntegreerd met het bed.

Bij een betonnen plafond kunt u het kastje op bijna elke willekeurige plaats bevestigen, maar bij een balkenplafond dient het beslist aan de balken vastgezet te worden. Zoek dan voordat u een kast maakt met behulp van een priem – waarmee u door het stucwerk heen prikt – de loop van de balken op, om te bezien of het wel mooi uitkomt boven het bed.

Maak de kast van een zo licht mogelijke constructie, bijvoorbeeld een raamwerk van latten. Wacht met het aanbrengen van de bodem van de kast totdat

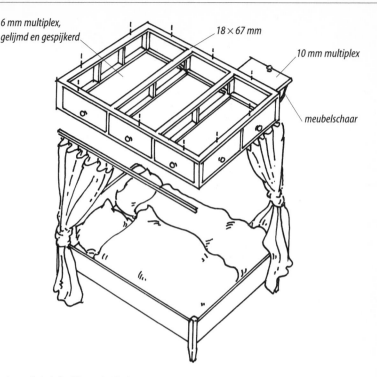

6 mm multiplex, gelijmd en gespijkerd

18 × 67 mm

10 mm multiplex

meubelschaar

Bergruimte aan het plafond boven het bed

u hem aan het plafond heeft vastgezet. Zet de kast verder helemaal in elkaar en boor in de bovenzijde van het raamwerk de gaatjes voor waardoorheen u de kast aan het plafond vastzet. Til dan de kast op zijn plaats en ondersteun hem zo nodig tijdelijk met twee latten. Teken dan de plaatsen op het plafond af waar u de gaten moet boren. Zet tot slot de bodemplaat vast; als u dat met alleen schroeven doet, is de kast later nog makkelijk te verwijderen. Als u de kast schildert, kunt u de verzonken schroeven netjes uit het zicht wegplamuren. Of gebruik schroeven met (sier) afdekdopjes.

Bergruimte rond het bed. De conventionele nachtkastjes zijn wat bergcapaciteit betreft nogal mager bedeeld. Meer bergruimte is bijvoorbeeld

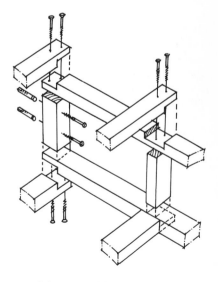

Detailtekening van de houtverbindingen voor de bergruimte boven het bed; lijm alle verbindingen met constructielijm

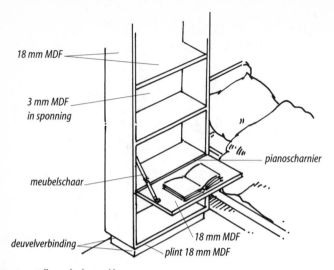

18 mm MDF

3 mm MDF
in sponning

pianoscharnier

meubelschaar

deuvelverbinding

18 mm MDF
plint 18 mm MDF

Kast met verstelbare planken en klep

te creëren door in plaats daarvan naast het bed een hogere kast te zetten, met op de juiste hoogte bijvoorbeeld een laatje en planken achter een klapdeurtje (zie hieronder). Dan heeft u geen plaats meer om de wekker of een glas water op te zetten, zult u zeggen, maar daarvoor zijn verschillende alternatieven: bijvoorbeeld een smal plankje aan de wand boven het hoofdeind van het bed of aan de zijwand van de kast, of u maakt in plaats van een laatje in de kast een open uittrekbaar plateau. Nog een mogelijkheid: maak een kastje met neerklapbare klep, die 's nachts dienstdoet als 'tafeltje'.

Veel moderne bedden hebben achter het hoofdeind een blad om dingen op te zetten. Dat kan heel mooi staan en handig zijn, maar uit oogpunt van bergcapaciteit is het natuurlijk ruimteverlies. U kunt dan beter een even diep lade- of legplankenkastje of een kist aan het voeteneind van het bed zetten, tenzij onder het blad achter het hoofdeind bergruimte (in de vorm van een kist) zit waar u gemakkelijk bijkunt. U kunt bijvoorbeeld het blad van de kist scharnierend uitvoeren om snel bij de inhoud te kunnen.

Kleding bewaren. In de slaapkamer worden vaak kleding en linnengoed bewaard. De meeste ruimte wordt ingenomen door kleding, waarvoor zowel hang- als legruimte nodig is. In welke verhouding is echter heel individueel bepaald. Handig zijn ook laden, zowel voor kleding (bh's, sokken, ondergoed) als voor kleinere dingen, zoals cosmetica. Gebruik niet te diepe laden om te voorkomen dat u de onderste dingen erin uit het oog verliest. In heel grote luxueuze woningen is er een aparte kleedkamer, soms tussen slaap- en badkamer, waardoor er in de slaapkamer minder bergruimte nodig is.

Veel mensen hebben in de slaapkamer stoelen staan waarop ze 's nachts hun kleding kunnen hangen. Als die stoelen geen belangrijke zitfunctie vervullen – je kunt immers ook op het bed zitten – kunnen ze aardig wat ruimte kosten. Wellicht is het mogelijk een hoge en lagere kapstok aan de muur te hangen, of zelfs aan een kast- of kamerdeur, waaraan de kleding kan hangen.

Een gebruikelijke manier om de berging van kleding te optimaliseren, is deze te verdelen over twee jaarhelften, namelijk zomer- en wintergoed. Dan heeft u in de bergruimte die u onder handbereik nodig heeft minder op te bergen en kunt u de kleding die u toch een flink deel van het jaar niet draagt elders bewaren. Daar kunt u bijvoorbeeld plastic zakken voor gebruiken, een grote zak die u aan een haak kunt ophangen of een zak waarin een kledingstang (ook kledingroede en -rail genoemd) zit waaraan u kleerhangers kunt hangen. Er zijn voor het bewaren van seizoensgebonden kleding allerlei attributen te koop. Als u kleding of andere spullen bewaart in ondoorzichtige verpakkingen, is het aan te raden er een etiket op te plakken of label aan te hangen waarop u noteert wat erin zit. Kort na het opbergen weet u dat nog wel, maar veel sneller dan u hoopt bent u die informatie kwijt. Een label of etiket bespaart u heel wat tijd als u een bepaald kledingstuk wilt terugvinden.

Als u onder het bed uw koffers bewaart, kunt u die op hun beurt weer gebruiken als bergruimte voor bijvoorbeeld seizoensgebonden kleding (zie boven). Maar als u die koffers wilt gebruiken is dat niet handig, want waar laat u dan die opgeborgen spullen? Doe de spullen in plastic zakken verpakt in de koffers, zodat u die er in hun geheel uit kunt tillen. Dan bergt u tijdelijk die plastic zakken onder het bed op.

Hangkasten.   Bij een goede hangkast is er aan de uiteinden van de kledinghaken nog voldoende ruimte om het schouderdeel van erop gehangen kleding niet te pletten. Het hanggedeelte moet daarom minimaal 60 cm diep zijn als

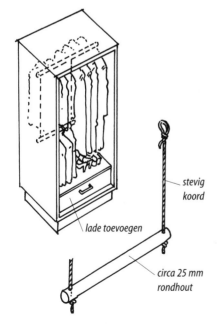

stevig
koord

lade toevoegen

circa 25 mm
rondhout

Een extra kledingroede ophangen

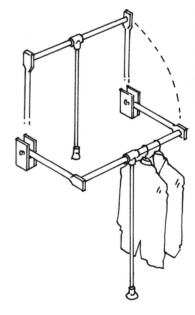

Garderobelift met bedieningsstang

109

de kledingstang in het midden tussen achterwand en deur hangt. Bij een ondiepere kast kan de stang daarom het beste van de voorzijde naar de achterzijde lopen. Aan de zijkant moet er dan wel ruimte zijn om het kledingstuk in te hangen en uit te nemen, of er is een uittrekbare stang nodig. Boven de kledingstang moet nog 3 à 4 cm vrije ruimte zijn om de kledinghaken makkelijk te kunnen aanbrengen en afhalen.

Bij een hangkast kunt u wellicht ruimte winnen door de kleding naar lengte te sorteren. Korte kleding, zoals blouses, jasjes en rokken kunt u dan in twee rijen boven elkaar hangen, die samen net even hoger zijn dan de rij voor lange kleding als jassen en jurken. U kunt daartoe de onderste stang ophangen aan de bovenste, met behulp van bijvoorbeeld een stevig koord of gladde ketting. De stang mag er natuurlijk niet makkelijk af kunnen vallen. In de tekening op de vorige bladzijde ziet u hoe dat is te voorkomen.

Het is ook mogelijk in een hoge kast twee stangen boven elkaar te hangen. Kleding aan die hoogste stang hangt dan waarschijnlijk buiten normale reikhoogte. Daarvoor zijn handige hulpmiddelen ontwikkeld om er toch makkelijk bij te kunnen. Ten eerste de zogeheten garderobelift, waarbij u de stang met kleding en al naar beneden – en tegelijkertijd naar u toe, tot buiten de kast – kunt trekken. Een alternatief is het gebruik van kledinghaken waaraan een stok zit, zodat u ze makkelijk tot boven reikhoogte aan een gewone stang kunt ophangen.

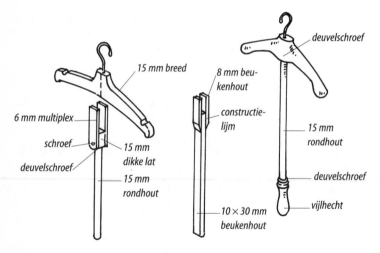

Zelf kledinghaken aanpassen voor hoge kledingroede

Gebruik liefst een beetje gelijksoortige kledinghaken, omdat dit ruimte bespaart. En laat geen lege haken tussen de kleding hangen, omdat u ze zo eerder uit het oog verliest en dat is ruimteverspilling. Leg lege haken liever apart.

4.6 Kinderkamer

Zie voor het opbergen van kinderspeelgoed paragraaf 4.1.4.

De bergruimte die u in een kinderkamer nodig heeft, hangt uiteraard samen met de leeftijd en liefhebberijen van het kind. Voor kleding is voor jonge kinderen veel meer leg- dan hangruimte nodig. Bij een baby (0 tot 2 jaar) is vooral bergruimte nodig voor luiers, badje, toiletspulletjes en kleding en soms ook al voor speelgoed. Voor een peuter (2 tot 4 jaar) moet er genoeg speelruimte op de grond over zijn. Deze en wat oudere kinderen vinden het fijn ook een eigen hoekje in de huiskamer te hebben dat ze als 'huisje' kunnen inrichten. Dat kan onder een tafel of in een kast zijn. Voor een kleuter (4 tot 6 jaar) is al een tafel of bureautje met teken- en schrijfruimte nodig.

U kunt aan de wensen van het opgroeiende kind tegemoet komen met een systeem-bergmeubel, dat u door de jaren heen kunt aanpassen. Een werkblad in een systeem-wandkast is in hoogte verstelbaar. Bij ruimtegebrek in de kinderkamer zou u kunnen overwegen de wastafel daar weg te halen, hoewel een wastafel in de kinderkamer handig kan zijn om de drukte van het spitsuur in de badkamer te verminderen. Er kan dan het beste voor een gladde vloerbedekking – linoleum, vinyl – onder de wastafel worden gekozen en niet voor tapijt. Een hoogslaper (zie onder) biedt de gelegenheid om onder het bed allerlei activiteiten te ontplooien. Als kinderen af en toe meer tafelruimte nodig hebben, kunt u denken aan een paar schragen met een houten blad erop. Dit is na gebruik makkelijk op te bergen. Het blad moet wel aan de schragen vastgezet kunnen worden. Een alternatief is een tafel met inklapbare poten of stapelbare grote laden waarop een blad kan worden gelegd.

Wat u ook doet, laat de kinderen meebeslissen over de organisatie van de bergruimte. Dit bevordert de acceptatie en hopelijk daardoor ook de orde en netheid. Verder behoren de meubeltjes in de kinderkamer, vooral voor jonge kinderen, stevig te zijn, want kinderen hebben de neiging overal in en op te klimmen. Ze mogen niet makkelijk kunnen omvallen en moeten daarom zo nodig aan de muur worden vastgezet. Dat geldt in sommige gevallen zelfs voor ladenkasten, die kunnen omvallen als er te zwaar wordt geleund op een uitgetrokken lade.

Dingen waar kinderen zelf bij willen en mogen, moeten altijd op grijphoogte vanaf de grond worden opgeborgen. Het is veel te gevaarlijk als kinderen moeten klimmen om spullen te pakken. Vooral bij het klimmen met volle handen ontstaan makkelijk ongelukken.

Hoogslaper en stapelbed. Kinderkamers zijn in Nederland vaak niet zo groot, waardoor een bed relatief veel ruimte in beslag kan nemen. Een opklapbed (zie par. 4.5) is een praktische ruimtewinner. Maar kinderen gebruiken hun bed behalve om te slapen ook om op te spelen en te lezen, en dan is een opklapbed toch niet zo handig. Een andere mogelijkheid is een zogeheten hoogslaper (voor kinderen vanaf circa 6 jaar), waaronder ruimte is voor allerlei activiteiten.

Zo'n hoogslaper voor een kind moet natuurlijk aan de nodige veiligheidseisen voldoen: om te voorkomen dat een slapend kind uit het bed kan vallen moet de bovenkant van het hekje aan de open kanten van het bed minimaal 16 cm boven de matras uitsteken. Het hekje mag niet zonder gereedschap te verwij-

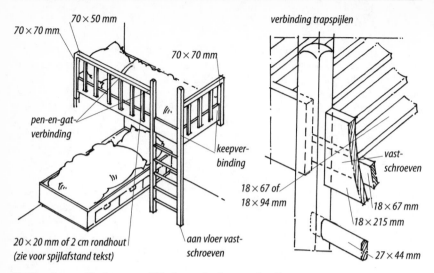

Een hoogslaper; er zijn diverse mogelijkheden om de ruimte eronder te benutten

deren zijn. De ladder om het bed te bereiken mag aan de lange kant van het bed zitten (bij voorkeur aan het voeteneind); de opening in het hekje moet tussen 30 en 40 cm breed zijn. De hart-op-hartafstand van de spijltjes in het hekje moet 6 à 7,5 cm zijn. De ladder moet stevig aan het bed vastzitten en niet kunnen bewegen. De afstand tussen de bovenkant van twee treden moet 20 à 30 cm zijn, waarbij er tussen twee treden minimaal 20 cm ruimte zit en de afstand tussen de treden moet gelijk zijn. De bruikbare breedte van een trede moet minimaal 30 cm bedragen. Maak zo'n trap van beuken- of essenhout.

De bedbodem – waar de matras op komt te liggen – kunt u het beste kant-en-klaar kopen, omdat een goede nachtrust voor een niet onbelangrijk deel ook

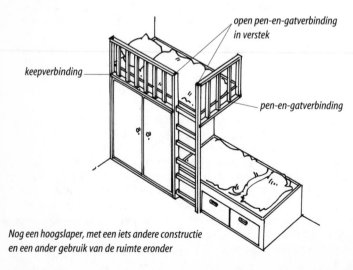

Nog een hoogslaper, met een iets andere constructie en een ander gebruik van de ruimte eronder

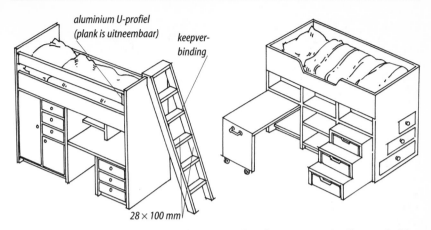

aluminium U-profiel
(plank is uitneembaar)
keepver-
binding
28 × 100 mm

Een hoogslaper met berg- en werkruimte eronder

Een hoogslaper met een uittrekbare werktafel en trapladenkast (zie par. 4.1.7 en 4.14)

daarvan afhangt. Neem dan een spiraal- of lattenbodem. Bovendien is zo'n gekochte bedbodem stevig, wat niet onbelangrijk is bij ravottende kinderen. Voordat u het bed maakt, koopt u de bedbodem, omdat u de maten van de steunen waarop hij komt te rusten erop moet afstemmen.

In een kleine kamer voor twee kinderen kunt u overwegen bedden aan te schaffen waarvan het ene overdag onder het andere geschoven kan worden (zie par. 4.5). Het stapelbed is een echte ruimtewinner voor een kamer waarin twee kinderen slapen. Er zijn legio stapelbedden te koop, gewoon als twee bedden boven elkaar. Maar als u zelf wat construeert, kunt u creatief met de ruimte spelen: u kunt de bedden laten verspringen, of dwars op elkaar aanbrengen in een hoek van de kamer. Het hoge bed moet aan dezelfde veiligheidseisen voldoen als de hoogslaper.

Een hoogslaper voor een ouder kind of een volwassene heeft niet zo'n hoge rand nodig. Toch is het verstandig de rand iets boven de matras te laten uitsteken, zodat de slaper deze natuurlijke barrière niet snel zal overschrijden. Onder zo'n hoogslaper kunt u natuurlijk bergruimte maken, maar bijvoorbeeld ook een werkplek (zie tekeningen).

Tussenvloer. Waar twee erg jonge kinderen een kamer moeten delen, wordt het steeds belangrijker dat ze ieder hun eigen plek en bergruimte hebben. Daardoor kunnen ze zich van tijd tot tijd even terugtrekken en ook zelf de zaak op orde houden. U kunt de tweedeling in de kamer accentueren met bijvoorbeeld verschillende kleuren. Als de kamer hoog genoeg is, kunt u wellicht een tussenvloer construeren voor een deel van de ruimte (zie par. 2.7.3). Dan komt bijvoorbeeld het bed op die verhoogde vloer te staan en kunt u de ruimte eronder naar believen gebruiken. Zorg op het verhoogde deel voor voldoende bewegingsruimte om het bed op te kunnen maken.

Als u in een huis met erg hoge kamers woont, is er een tijdelijke oplossing mogelijk door van één kinderkamer er twee te maken voor kleine kinderen. De kamer moet dan minimaal circa 3,4 m hoog zijn. U kunt er op halve hoogte een tussenvloer in maken, zodat u twee kamers van 1,60 m hoog verkrijgt (ga eerst na of dat voor de volwassenen die daarin moeten komen voldoende is om bijvoorbeeld het bed op te maken en schoon te maken!). Dan moeten onder meer de verwarming, elektriciteit en ventilatiemogelijkheden worden aangepast. Er is ook een creatieve oplossing nodig voor de toegangsdeur(en) en trap naar de bovenste kamer. Aan de raamkant is een volledige afdichting tussen de twee kamers waarschijnlijk problematisch, waardoor de privacy van de kinderen niet optimaal zal kunnen zijn. Zie voor de constructie van een tussenvloer paragraaf 2.7.3.

Schoolbord en prikbord. In plaats van een los schoolbord aan de muur hangen kunt u een op maat gemaakt schoolbord misschien op een deur aanbrengen. Nóg makkelijker is het wellicht een vlakke deur te voorzien van speciale schoolbordenverf; die is later zo nodig met een andere verf over te schilderen. Bedenk echter wel dat stuifsel van (school)krijtjes een kast kan binnendringen of voor een toegangsdeur op de grond belanden. Er bestaan krijtjes die minder stuifsel afgeven; een richel die onder het schoolbord uitsteekt kan ook het nodige opvangen.

Een deur kunt u transformeren in een prikbord door er een plaat zachtboard op te schroeven. De buitenzijde van de deur kan worden gebruikt als prikbord en de binnenzijde als schoolbord, of omgekeerd.

4.7 Hal, entree

De (tocht)hal in de meeste woningen is klein. Maar ook grotere ruimten komen voor. Daar is dan misschien plaats voor een kast of schappen tegen de muur. Bij een hoge (tocht)hal is de ruimte boven hoofdhoogte misschien te benutten voor een tussenvloerberging (zie par. 2.7.1 en 2.7.3), die eventueel zo gemaakt kan worden dat hij toegankelijk is vanuit een aangrenzende ruimte. Als het plafond hoog zit, kunt u er wellicht fietsen, een kinderwagen of autoped ophangen (zie par. 4.5). Boven hoofdhoogte kunt u desgewenst legplanken (zie par. 10.9) of kastjes maken, vergelijkbaar met bovenkastjes in de keuken; om erbij te komen zult u dan wel op een trapje moeten klimmen. In plaats van zelf kastjes maken kunt u uiteraard ook kant-en-klare keukenkastjes aanbrengen in een kleur die goed bij die van uw gang past. Zie voor het ophangen paragraaf 10.8.

Als u de kapstok voor volwassenen (met haken om de 15 cm) wat hoger hangt, is er daaronder nog wel plaats voor een kapstok voor de kinderen. Breng boven de kinderkapstok een scheidingsplank aan; daarmee hangen de kleine jasjes beschermd tegen water dat van de erboven hangende jassen druppelt.

De jassen, paraplu's en dergelijke in een kast opbergen kan de hal of overloop een rustig aanzien geven. Maar bedenk dat zo'n kast goed geventileerd moet zijn om natte jassen te kunnen laten drogen. Natte paraplu's die u ingeklapt laat uitdruipen, zullen maar heel langzaam drogen. Ook natte regenkleding moet goed kunnen uithangen.

Tussen jassen aan een kapstok en de vloer is meestal nog wel wat ruimte voor een ondiep kastje, bijvoorbeeld voor schoenen. Het is overigens handig om voor het opbergen van schoenen de originele doos te bewaren, waarin het schoeisel precies past. Die dozen kunt u dan stapelen op planken in een kast. Voorzie de dozen zo nodig van een etiket of maak bijvoorbeeld een foto van de schoenen en plak die foto op de doos. U kunt schoenen ook op hun zolen op planken in een kast zetten; stapel ze liever niet, omdat dan eerder beschadiging optreedt. Leer is hierbij een stuk kwetsbaarder dan (kunst)stof. Als de planken wat dieper zijn, kunt u de schoenen van één paar het beste achter elkaar zetten, want zo houdt u meer overzicht. Zet de schoenen met de hielkant en niet met de neuskant naar u toe, voor makkelijker herkenning.

4.8   Trappenhuis, overloop, gang

Als de trap breed genoeg is, kunt u denken aan het maken van bergruimte tegen een muur langs de trap (zie verderop).
Gangen in woonhuizen zijn vaak vrij smal. Er wordt uitgegaan van een minimaal benodigde loopruimte van 90 cm. Is uw huis voorzien van wat bredere gangen, dan kunt u ook daar de nodige bergruimte creëren. Bijvoorbeeld met een kast die van vloer tot plafond reikt, met deuren. Zo'n dichte kast ziet er het rustigst uit. Om de smaller geworden gang visueel te vergroten, kunt u deuren gebruiken die voorzien zijn van spiegelglas. Omdat spiegelglas niet goedkoop is, is het aan te raden vóór het maken van de kast te informeren naar de verkrijgbare spiegelglasmaten.
Op de volgende bladzijden vindt u een aantal specifieke doe-het-zelfprojecten die de beschikbare bergruimte substantieel vergroten.

Ruimte onder de trap.   Deze ruimte zo nuttig mogelijk gebruiken is geen origineel idee, maar daarom niet minder bruikbaar. Nog te vaak zit er onder een

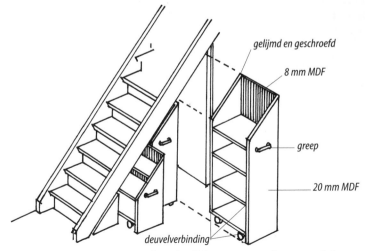

gelijmd en geschroefd

8 mm MDF

greep

20 mm MDF

deuvelverbinding

Rolkastjes onder de trap, met vaste schappen; zet de stevige, flinke greep vast met bouten en volgringen aan de binnenzijde van de kast. De onderzijde van de zijkant moet enkele millimeters van de vloer vrijblijven

115

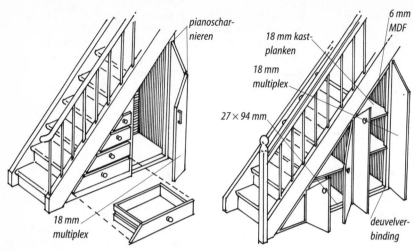

pianoschar-nieren

18 mm kast-planken

18 mm multiplex

27 × 94 mm

18 mm multiplex

6 mm MDF

deuvelver-binding

Bergruimte onder de trap naar behoefte aanpassen: hier met vier grote laden (voor iedere lade moeten er aparte geleiders worden aangebracht; zie par. 10.6) en een dubbel scharnierende deur

Nog een manier om de ruimte onder de trap aan uw wensen aan te passen

trap ongebruikte ruimte, zelfs als er bijvoorbeeld een toilet of kast onder de trap zit. Er zijn verschillende manieren om deze ruimte goed te benutten. Bedenk in de eerste plaats dat het om een nogal diepe ruimte gaat, die voor een gewone kast inefficiënt uit kan werken. Het gebruik van laden is niet altijd mogelijk, omdat ze wel erg diep zouden worden. Een handige oplossing kan zijn het gebruik van rijdende kasten (zie vorige bladzijde).

Als de traptreden aan de kastkant niet zijn afgedekt (bijvoorbeeld met stucwerk), kunt u aan de onderkant van de treden planken vastschroeven. Zo verkrijgt u als het ware een 'plankentrap' in de kast. Voorzie zo'n diepe kast van verlichting. Om te voorkomen dat u het licht per ongeluk aanlaat, kunt u een automatische lichtknop aanbrengen (zoals bij de koelkast) of een lichtschakelaar met verklikkerslampje buiten de kast aanbrengen. Bedenk dat gloeilampen flink wat warmte produceren; houd ze dus op voldoende afstand van brandbare spullen. Gebruik ook daarom liefst geen kale peer, maar een armatuur met kap van glas of kunststof. De lamp wordt via een stekker op het stopcontact aangesloten.

Vaak is een kast onder een trap (de 'trapkast') groot en diep, en is hij rommelig volgestouwd. Als u de vorm van de kast niet wilt veranderen, kunt u de ruimte hoogstwaarschijnlijk efficiënter gebruiken door rondom de wanden planken aan te brengen. Zo kunt u er nog tussen staan of hurken om overal bij te komen. Bewaar de dingen die u het minst vaak nodig heeft op de diepste en hoogste plaatsen in de kast. En bedenk dat ook de binnenzijde van de deur bergmogelijkheden heeft (zie par. 3.2.9).

Verlaagd plafond in de gang. Als de gang hoog is, zit er bovenin potentiële bergruimte. De gang is een doorgangsruimte, zo hoog hoeft die dus niet te zijn. Dus met een compleet verlaagd plafond kan er de nodige bergruimte worden gewonnen (zie par. 2.7.1). Waar u de toegang tot die bergruimte maakt, hangt af van de constructie van het huis en uw wensen. U kunt denken aan een toegangsluik aan de onderzijde, zoals bij een zolder of vliering, maar ook aan een toegang van opzij. Die moet dan komen in een van de aangrenzende ruimten, waar dan een opening in een muur (ga hiervoor eerst te rade bij een bouwkundige) moet komen, afgesloten door een deur. In beide gevallen heeft u een trap of ladder nodig om in de bergruimte te kunnen klauteren. Bedenk dat u zich met één hand moet kunnen vasthouden als u met iets in de andere hand de trap op en af gaat.

Of u verlaagt slechts een deel van het plafond, zodat u in de gang zelf van opzij de bergruimte in kunt komen. Het hoeft uiteraard niet per se een gesloten bergruimte te zijn, maar het kan zelfs alleen om een 'vloertje' gaan, waar u wat op kunt schuiven. U kunt met zo'n hoge gang alle kanten op. Als u op deze vloer wilt kunnen lopen of kruipen, moet hij solide worden uitgevoerd; zie daarvoor paragraaf 2.7.3.

Vliering in trappenhuis. Het trappenhuis eindigt soms in een hoge 'loze' ruimte. Ook als daar een daklicht is aangebracht, kunt u hiervan bergruimte maken; u zult dan misschien meer kunstlicht in het trappenhuis moeten aanbrengen. Door een extra vloer te maken boven de trap, is er wellicht een acceptabele vliering te bouwen; zo'n vloer kunt u op dezelfde manier maken als de tussenvloer in paragraaf 2.7.3. Denk ook aan een veilige trap of ladder naar die vliering. Zet hem bijvoorbeeld zodanig vast dat hij makkelijk te verwijderen is. Denk ook aan voldoende doorlooruimte bovenaan de trap, zodat u zich niet kunt stoten. Als u de extra tussenvloer schuin boven de trap laat weglopen, behoudt u die doorlooruimte.

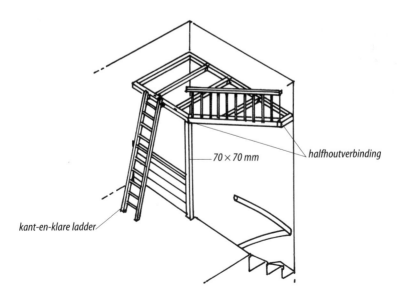

70 × 70 mm halfhoutverbinding

kant-en-klare ladder

Een extra vloer maken boven de trap (zie voor constructiedetails par. 2.7.3)

117

Kast of planken langs de trap. Langs een voldoende brede trap kunt u een (on-diepe) kast maken of alleen planken aan de muur hangen. U moet wel makkelijk overal bij kunnen, omdat u op een trap niet nog eens op een verhoging mag gaan staan. Houd er rekening mee dat u op de trap niet alleen ruimte nodig heeft om zelf naar boven en beneden te lopen, maar ook om dingen over de trap te versjouwen. En bedenk ook dat een trap voor de veiligheid aan zeker één kant een leuning nodig heeft. Aan de kant waar de kast komt, is deze niet eenvoudig aan te brengen, zeker niet als het een gesloten kast is.

Als u losse planken aanbrengt (zie voor railsystemen par. 10.9), is het mooi de bovenkant daarvan op gelijke hoogte met de bovenkant van de treden aan te brengen. Het hoeft niet per se bij elke trede, maar kan bijvoorbeeld ook om de trede (u kunt wellicht onder de trede een klos aanbrengen waarop de plank rust). Of u kunt de planken aan een uiteinde op een trede laten rusten.

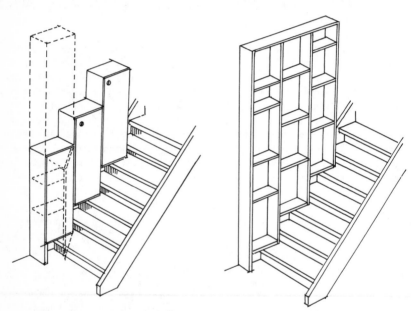

Maak gesloten kastjes langs de trap bijvoorbeeld in een standaardformaat en varieer de hoogte voor een speels effect; desgewenst kunt u de openingen tot de trap aftimmeren (iets ingesprongen)

Plankenkast langs de trap

Als u kasten met deurtjes wilt, is het waarschijnlijk het handigst een aantal even grote kastjes te maken, die u verspringend aanbrengt. Voor het uiterlijk is het fraaier als u de kastjes niet breder maakt dan twee traptreden diep (gemeten van stootbord tot stootbord), zodat het ritme van de trap behouden blijft. Zie paragraaf 10.2 voor het construeren van kasten, paragraaf 10.4 voor de constructie van kastdeuren en paragraaf 10.8 voor het ophangen van kasten.

4.9 Zolder

Veel mensen gebruiken hun zolder als een veredeld rommelhok. Dat is jammer, want u kunt de ruimte in principe heel nuttig gebruiken. Zeker als u op de andere verdiepingen van uw huis met ruimtegebrek kampt.

4.9.1 Woonzolder

Steeds meer zolders worden omgebouwd tot woonruimte. Als u een bergzolder in woonruimte wilt veranderen, zijn er enkele zaken waar u goed op moet letten, zoals de toegankelijkheid (trapgatformaat), het oppervlak met stahoogte, de constructie (zoals in de weg zittende balken), het draagvermogen van de vloer, de warmte- en geluidsisolatie, de afwerking (in verband met tocht), de ventilatie- en verwarmingsmogelijkheden, en de aanwezigheid van voldoende daglicht.

De trap en de trapgatgrootte moeten zijn aangepast aan de voorwerpen die u over de trap wilt kunnen vervoeren. Een vlizotrap is voor het bereiken van woonruimte niet voldoende, want hij is niet comfortabel genoeg en eigenlijk te gevaarlijk voor constant gebruik. Voor het bereiken van alleen bergruimte kan de vlizotrap prima voldoen; let echter op wat u koopt, want uit een test van de Consumentenbond is gebleken dat er nogal wat vlizotrappen zijn die veel te wensen overlaten.

Een vaste trap neemt nogal wat plaats in: hoeveel dat is, hangt af van de trapbreedte, de hoek waaronder hij omhoog loopt en de hoogte. Over een wentel- of spiltrap kunt u moeilijk grote voorwerpen vervoeren. Zelf een trap ontwerpen en maken is nogal ingewikkeld en veel werk; er zijn leveranciers die zijn gespecialiseerd in trappen – zie de Gouden Gids onder 'Trappen'. Sommigen leveren ook bouwpakketten.

De gewenste stahoogte is afhankelijk van de lengte van de gebruikers van de ruimte. Het is wel prettig om minimaal 10 cm vrije ruimte tussen plafond en hoofd te houden. Is het deel van de ruimte met stahoogte groot genoeg? Met behulp van een dakkapel is over een groter deel van de ruimte stahoogte te maken.

Een andere mogelijkheid in sommige woningen is het laten zakken van een deel van de vloer. Dat kan alleen bij houten vloeren, en als de eronder gelegen overloop of gang hoog genoeg is. U krijgt dan een zoldervloer met niveauverschillen, maar dit kan de zolder net een stuk beter bruikbaar maken. Ga voor deze ingreep wel te rade bij een bouwkundige; er is waarschijnlijk een bouwvergunning voor vereist.

Verder moet de vloer geschikt zijn voor het nieuwe gebruik. Bij een betonnen vloer is de kans op problemen nihil, maar bij een houten vloer kan het verstandig zijn de sterkte van de vloerbalken te (laten) controleren. Voor vloeren in woonruimten wordt een draagvermogen van 230 kg/m^2 aangehouden. Om daaraan te kunnen voldoen gaat men uit van balken die hart-op-hart om de 60 cm liggen, waarbij de balkhoogte een twintigste van de balklengte tussen de steunpunten is. Houd voor de balkbreedte minimaal 6 cm aan (zie par. 2.7.3). Voor de vloer gaat u dan uit van vloerdelen van minimaal 18 mm dik of u gebruikt multiplex vloerplaten met messing en groef ('underlayment').

Als de balken van uw zolder daaraan niet voldoen, kunt u ze versterken. Dat

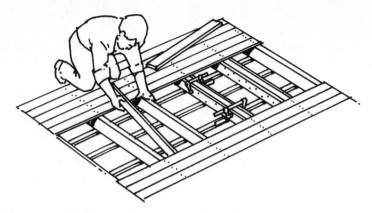

Klem de klampen vast met lijmklemmen en zet ze vast met spijkers of schroeven

kan op verschillende manieren: door een extra steunpunt te maken onder de balken (een 'onderslagbalk', dwars onder de balken), waardoor de overspanning wordt verkleind. Of door de balken te verstevigen met 'klampen'. Als klamp kunnen planken dienen die 1 cm minder breed zijn dan de balk hoog; er komt aan beide zijden van de balk een klamp, van minimaal 2 cm dik. Klem de klampen tijdelijk vast met lijmklemmen en zet ze om de 5 cm vast met spijkers of schroeven die tot het midden van de balk reiken.

Ten slotte moet voor een woonruimte het dak geïsoleerd zijn en aan de binnenkant van beschot zijn voorzien, zowel voor uw comfort als voor energiebesparing. Een dak mag niet aan de binnenzijde worden geïsoleerd, tenzij de ruimte achter het isolatiemateriaal wordt geventileerd met buitenlucht. Anders loopt het dakhout gevaar door condensvocht te gaan rotten. Aan de warme kant van het isolatiemateriaal moet altijd een goed afsluitend dampscherm zitten.

4.9.2 Bergzolder

Voor zolders die alleen als de traditionele berging worden gebruikt, zijn ook de nodige tips te geven. Het eenvoudigst en goedkoopst is het alles gewoon op de vloer te zetten, maar op die manier maakt u natuurlijk niet optimaal gebruik van de aanwezige ruimte. Verder speelt nog een rol dat dingen op zolder over het algemeen nogal lang worden bewaard, zodat ze de tijd hebben stof te verzamelen. De spullen tegen stof beschermd wegbergen is dus aan te raden. Zorg voor voldoende ventilatie, om te voorkomen dat het muf gaat ruiken, maar bedenk dat met lucht ook stof binnenkomt. Maak daarom de zolder kierdicht en zorg voor een regelbare ventilatie. De ventilatie-opening(en) kunt u het beste voorzien van horregaas en een stoffilter, bijvoorbeeld zoals gebruikt voor een afzuigkap in de keuken.

Voorkom ook dat er problemen ontstaan door condensatie achter kasten en andere opbergsystemen; zie paragraaf 3.3.

Verder is het zaak te voorkomen dat uw spullen worden aangetast door onder meer houtworm en mot. Het beste kunt u de daarvoor gevoelige spullen daarom luchtdicht in plastic zakken verpakken. Ze moeten dan wel geheel droog zijn, om te voorkomen dat schimmel toeslaat.

Zolder onder schuin dak. Een dak dat schuin toeloopt naar de zoldervloer, maakt de zolderverdieping minder efficiënt bruikbaar. Waar het plafond te laag wordt, kunt u niet meer staan maar soms nog wel zitten of liggen. Het gebruik van de ruimte kan daar soms aan worden aangepast: bijvoorbeeld voor een bureau, bed of zelfs ligbad onder het schuine dak. Zittende en liggende activiteiten kunnen immers plaatsvinden bij een geringere plafondhoogte dan staande activiteiten.

Soms loopt het schuine dak niet door tot de vloer, maar is er nog een stukje wand. Daar kunnen kasten tegenaan worden gezet. Als het dak schuin loopt tot de vloer, of als u het stukje wand boven de vloer niet hoog genoeg vindt om efficiënt te gebruiken, kunt u een bergmeubel op maat maken dat precies meeloopt met de schuinte van het dak.

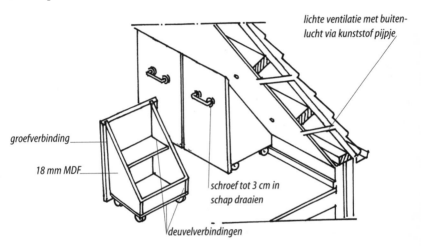

Verrijdbare kastjes onder een schuin dak

Voor dichte bergruimte zijn er de gebruikelijke mogelijkheden: met deurtjes en laden. Voor de diepste hoek – op de vloer – is er bovendien een extra handige mogelijkheid: op wieltjes. Het principe is hetzelfde als bij verrijdbare kasten (zie par. 3.2.2). Maar hier komt weer het probleem van mogelijke problemen als gevolg van vocht door condensatie achter en in de bergruimte om de hoek kijken; zie ook paragraaf 3.3. Maak daarom achter de bergruimte (die u zo goed mogelijk afsluit van de zolderruimte) in het dakbeschot wat gaten, om de bergruimte licht te ventileren met buitenlucht. De gaten hoeven maar een middellijn van 2 cm te hebben (één gat per strekkende meter) en moeten tot onder de dakpannen reiken. Als u ze iets schuin naar buiten toe laat aflopen, kan er geen smeltwater van stuifsneeuw in lopen. U kunt bijvoorbeeld een stukje elektrapijp in het gat steken. Aan de binnenzijde kunt u een stukje horregaas vastmaken, tegen insecten.

Bij een schuin dak dat tot de vloer doorloopt kunt u een smalle boekenkast maken waarvan de zijkant met de daklijn meeloopt; zie voor de constructie de volgende bladzijde. Laat de zijkant van de kast tot de vloer doorlopen of steun

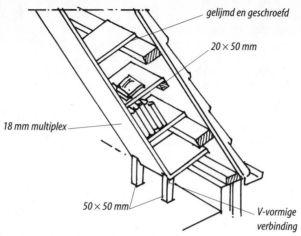

gelijmd en geschroefd

20 × 50 mm

18 mm multiplex

50 × 50 mm

V-vormige
verbinding

Schuingeplaatst boekenkastje, van beide zijden toegankelijk

hem op twee houten pootjes, zoals in de tekening. U kunt de V-vorm daarvoor aftekenen door de lat waaruit u de pootjes maakt verticaal op de vloer te zetten, tegen de zijkant van de kast.
Om de kopgevelkant van een zolder met schuin dak optimaal te gebruiken, kunt u hem voorzien van op maat gemaakte bergruimte. Zie paragraaf 3.3 voor

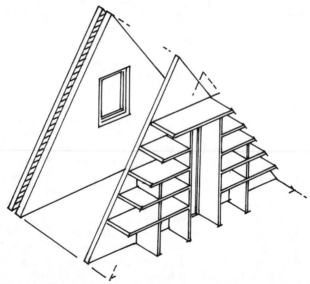

U kunt een schuin weglopende verticale wand voorzien van op maat gemaakte schappen, die echter niet verstelbaar te maken zijn. Laat de stevigheid van de kast afhangen van wat u wilt bewaren. Bij boeken gaat u uit van 18 mm multiplex; voor lichtere spullen kunt u 18 mm MDF gebruiken. Zet de onderdelen aan elkaar met deuvel; of groefverbindingen en zet de staanders vast aan de achterwand. Steun de uiteinden van de planken ook op een lat die u aan het dakbeschot vastzet; de hoek waaronder u hem zaagt, hangt af van de dakhelling

mogelijke problemen als gevolg van vocht. Het heeft op deze muur geen zin de schappen verstelbaar aan te brengen (tenzij u de ruimte verticaal onderverdeelt, waardoor even lange planken ontstaan, zoals op de tekening). Maar ook bij planken van ongelijke lengte kunnen rails voor verplaatsbare plankdragers een prima steunmogelijkheid vormen. In paragraaf 7.6 vindt u de diverse mogelijkheden om planken op te hangen en in paragraaf 2.7.4 onder 'Nissen' diverse andere mogelijkheden. U kunt desgewenst twee draagsystemen combineren, als u bijvoorbeeld tussenwandjes gebruikt. De uiteinden van de planken kunt u steunen op een latje dat u aan het dakbeschot vastzet.

Een hoge ruimte onder een schuin dak kunt u ook gebruiken om dingen hangend weg te bergen. Zie voor tips paragraaf 4.11 en paragraaf 2.7.5.

In sommige situaties kan het handig zijn een werkblad te maken dat u na gebruik kunt wegklappen, parallel aan het dakbeschot. Een ontwerp vindt u hieronder.

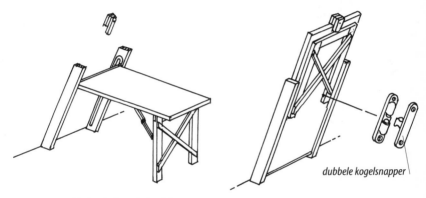

dubbele kogelsnapper

Inklapbaar werkblad onder het schuine dak

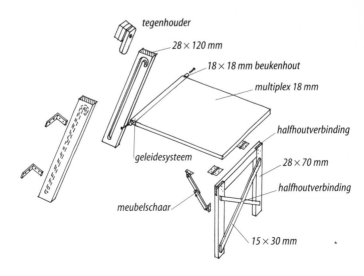

tegenhouder

28 × 120 mm

18 × 18 mm beukenhout

multiplex 18 mm

halfhoutverbinding

geleidesysteem

28 × 70 mm

halfhoutverbinding

meubelschaar

15 × 30 mm

123

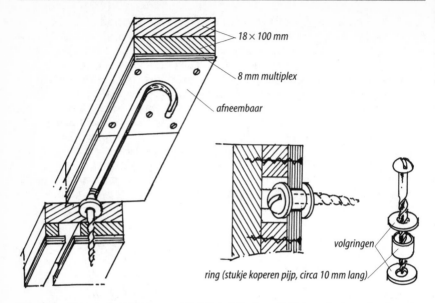

Het geleidesysteem van het inklapbare werkblad. De 'rails' bestaan uit drie lagen hout: een drager, een tussenlaag waarin een bredere gleuf is uitgezaagd en een multiplex toplaag waarin een smallere gleuf is uitgezaagd. Het bovenste (of onderste) deel daarvan is los, om de geleideschroeven aan het rondhout van het tafelblad te kunnen vastzetten

Vliering. Is de zolder erg hoog, dan zitten er bovenin extra mogelijkheden. Misschien zelfs om een vliering te maken of anders misschien voor het hangend wegbergen van wat grotere voorwerpen (zie ook par. 4.11). Een vliering is een vloer onder de nok van het dak. U kunt deze op dezelfde manier construeren als een tussenvloer; zie paragraaf 2.7.3. De draagbalken van de vlieringvloer worden echter niet aan een muur vastgezet, maar aan de dakconstructie (we gaan hier uit van een schuin dak). Omdat er zoveel dakconstructies zijn, kunnen we daar geen algemene informatie over verstrekken. Zie voor de vloerbalken paragraaf 2.7.3.

4.10 Kelder en kruipruimte

Een kelder kan een prima bergruimte zijn, mits hij droog is. Vooral alcoholische dranken (wijn) kunt u heel goed in de kelder bewaren, evenals conserven, jam, honing en verse voedingsmiddelen die wat langer kunnen worden bewaard, zoals aardappelen, appelen, uien en sommige soorten kool. Wijnflessen met een kurk moeten liggend worden bewaard om te voorkomen dat de kurk uitdroogt (zie voor de constructie van een wijnrek verderop). Bedenk echter dat niet alle wijn geschikt is om langer te bewaren. De ideale bewaaromstandigheden voor wijn zijn verder een constante temperatuur van 12 °C en een constante relatieve luchtvochtigheid van circa 60%, in een donkere trillingsvrije ruimte (dus geen trillingen van bijvoorbeeld een wasmachine). Dit soort omstandigheden treffen we vooral in diepe kelders aan.

Helaas is vocht een probleem bij veel kelders, ook al doordat ze lager liggen dan het maaiveld en het niet denkbeeldig is dat ze overstromen. Problemen met vocht kunnen verschillende oorzaken hebben, zoals een doorlatende vloer en poreuze muren waardoor er vocht aan het oppervlak verdampt. Dit is bijvoorbeeld te zien aan een pluizige uitslag. Met een betere ventilatie van de kelder of door gebruik van een 'vochtvreter' is door deze oorzaken ontstane te hoge luchtvochtigheid vaak niet voldoende te verminderen. Ook is er niet zelden lekkage, vooral op de aansluiting van de wand aan de vloer (de 'kim'). Zulke problemen moeten bouwtechnisch worden verholpen.

Een ander veel voorkomend probleem in kelders is condens. Dat komt zo: warme lucht kan meer vocht bevatten dan koude. De keldermuren grenzen meestal aan de (koude) bodem en zijn daardoor relatief koud. Als nu warme (buiten)lucht de kelder binnenkomt, zal het vocht daaruit op de muren condenseren. Dit kan soms zelfs plassen op de vloer vormen, waardoor het lijkt alsof er lekkage is. Een mogelijke oplossing is het aan de buitenzijde isoleren van de muren, maar in de praktijk zal het daar niet snel van komen. In veel gevallen helpt toch een betere ventilatie met buitenlucht, omdat de buitenlucht niet altijd zo vochtig is, en de keldermuren niet altijd zo koud dat er vocht condenseert. Zorg ervoor dat de lucht goed door de kelder kan stromen.

Als het te droog is in een kleine kelder kunt u er een emmer water neerzetten; ververs het eens per week. Dat kan genoeg vocht in de lucht brengen.

Er zijn maar weinig woningen met een echte wijnkelder. Het zelf maken van een wijnkelder, die van beton wordt gemaakt en/of gemetseld, valt buiten het bestek van dit boek (zie voor deze technieken het boek 'Zelf klussen: Uw huis van buiten opknappen').

Wijnrek. Voor het handig opslaan van wijn zijn allerlei soorten wijnrekken in de handel, gemaakt van erg veel materialen, zoals hout, kunststof, metaal en zelfs keramiek. Sommige hebben een vast formaat, andere zijn modulair, dat wil zeggen uit te bouwen. En u kunt ook nog uw eigen wijnrek op maat maken (zie verderop). Gebruik liefst dunne materialen, want die nemen de minste ruimte in beslag. Tussen de flessen is enige ventilatie nodig.

Er zijn veel manieren om een wijnrek te maken. Een grotendeels gesloten constructie heeft als voordeel dat temperatuurschommelingen langzamer verlopen; bij een open constructie heeft u beter zicht op de flessen en kost het u minder materiaal. Hier vindt u een paar alternatieven.

Tapijt wordt bij de fabricage vaak op kartonnen kokers gewikkeld; zoals grote wc-rolletjes. Tapijtwinkels gooien die vaak weg. Als u er de hand op weet te leggen, kunt u zo'n rol met een zo fijn mogelijke zaag in stukken van gelijke lengte zagen (ongeveer ter lengte van de wijnflessen). Gebruik bij voorkeur een metaalzaag in een verstekzaagmachine. U kunt de kartonnen kokers met montagekit aan elkaar plakken. Steun de onderste rij rollen bij dit werk aan weerszijden – opdat ze niet wegrollen – en plak ze met de zijkanten aaneen. De tweede rij legt u in de ontstane holte tussen twee rollen. Zo ontstaat een piramidevormige bergplaats. Als u een rechthoekige stapeling wilt, kunt u een kastvormige ombouw maken; desgewenst zonder achterwand (schraag hem echter wel). U hoeft een en ander niet mooi af te werken; per slot van rekening komt hij in de kelder.

Zo'n wijnrek wordt ook wel van PVC afvoerbuizen gemaakt. Buizen van de geschikte middellijn zijn echter niet goedkoop; regenpijp is meestal dunwandiger en daardoor goedkoper. Gebruik buis van 10 cm middellijn. Zaag de buizen met een metaalzaag, bij voorkeur in een verstekzaagmachine – haal de bramen van het zagen er met fijn schuurpapier af – en plak de stukken met montagekit aan elkaar, op dezelfde manier als hierboven aangegeven.

Een wijnrek hoeft niet per se een vakje voor elke fles te hebben. U kunt de wijnflessen ook leggen op schappen in een kast. De schappen zijn bij voorkeur niet breder dan vier flessen; stapel niet meer dan vier of vijf flessen op elkaar, want anders is het zo'n toer om de onderste fles te pakken. Omdat bij dit bewaarsysteem de etiketten moeilijk te lezen zijn, vergt het een goede administratie.

Kruipruimte. Ook de kruipruimte onder een begane-grondvloer kan geschikt zijn om bijvoorbeeld wijn op te slaan, maar het is wel de bedoeling dat de ruimte goed geventileerd blijft. Daardoor is er een permanente stroom van buitenlucht die sterk in temperatuur kan wisselen, zoals bij de dagelijkse verschillen tussen dag en nacht. In veel kruipruimten heerst verder een hoge luchtvochtigheid. Zeker bij een houten begane-grondvloer mag u de ventilatie van de kruipruimte niet aantasten, omdat dan de vloer het gevaar van houtrot kan lopen. Sommige kruipruimten – vooral diepe, droge – zijn wel geschikt of geschikt te maken voor het opslaan van wijn; maar het mag natuurlijk niet steeds een hele toer zijn om erbij te komen. Misschien is (een deel van) de kruipruimte uit te diepen en kan de wijn beschermd worden tegen de luchtstroom. Een dikke of geïsoleerde muur helpt om de temperatuurschommelingen te verkleinen. Het is niet erg als de temperatuur langzaam in de loop van maanden wat fluctueert.

Voor het uitdiepen van de kruipruimte moet u bedenken dat de fundering van het huis door de bodem moet worden beschermd tegen vorst. De fundering is daarom aangelegd op vorstvrije diepte, in Nederland op circa 80 cm onder het maaiveld. Raadpleeg voor het uitdiepen van de kruipruimte een bouwkundige.

Sommige woningeigenaren hebben een reservevoorraadje van de voor hun huis gebruikte bakstenen en dakpannen, voor reparatie. Deze steenachtige materialen zijn prima te bewaren in een – voldoende goed toegankelijke – kruipruimte. Er mag uiteraard geen water in staan, maar een vochtige bodem is geen probleem; leg dan wel eerst een vel stevig plasticfolie op de bodem. Voorkom dat de luchtstroming in de kruipruimte erg wordt belemmerd; houd tussen de stapels stenen en de bovenliggende woningvloer minimaal 30 cm ruimte voor de ventilatie. En zet ook geen voorwerpen voor de opening van een ventilatiekanaal; houd hier minimaal 1 m afstand.

In de kruipruimte kunt u ook andere steenachtige dingen bergen, zoals keramische en natuurstenen tegels, plavuizen en tuintegels.

4.11 Garage

Behalve een auto kan de garage meestal ook nog andere spullen bevatten. Zelfs in een krappe garage zijn met slimme opbergsystemen ook nog wel andere dingen te bewaren. Houd er wel rekening mee dat als u in de garage ook aan de auto klust, u daar voldoende ruimte voor overhoudt.

In sommige garages is er voldoende vloerruimte om kasten neer te zetten. Als er op de vloer geen plaats is, kunt u misschien kasten aan de muren hangen, op een hoogte waar ze de auto en het in- en uitstappen niet in de weg zitten.

In garages wordt niet zelden een rek aan het plafond gehangen, waarop vervolgens lange voorwerpen worden gestald, zoals buizen, een ladder, ski's, bootmast of surfplank. Als rek is goed bruikbaar een afgedankte bedbodem, liefst van metaal met een spiraal. Voor allerlei niet te zware, maar wel grote voorwerpen (zoals een grote bal, lege jerrycan, slede en opgerolde slaapmatjes), kunt u wellicht een afgedankte hangmat aan het plafond van de garage hangen.

Voor een garage bij een woonhuis geldt de ventilatienorm van 3 liter per seconde per m² vloeroppervlak. Dat is flink wat, omdat benzinedamp moet worden afgevoerd en omdat natte voorwerpen zo snel mogelijk moeten kunnen drogen. Voor de ventilatie moeten er twee openingen in de gevel zitten: eentje laag bij de grond en liefst diametraal daartegenover bij het plafond. U mag deze openingen niet afsluiten.

Als het bij het oplossen van uw ruimtetekort niet anders kan, moet u elders voor vergelijkbare nieuwe openingen zorgen. Desondanks kan de luchtvochtigheid in een garage vaak erg hoog zijn, vooral als er een natte auto of natte fietsen in worden gestald. De andere op te bergen voorwerpen moeten daartegen bestand zijn of beschermd worden.

Fietsen opbergen. De garage is ook een goede plek om fietsen te stallen. Fietsen zijn, als het om opbergen gaat, onhandige, ruimtevretende dingen. Dat komt door de naar opzij uitstekende delen als trappers en stuur. Fabrikanten van vouwfietsen hebben daar allerlei oplossingen voor bedacht. Sommige daarvan kunt u ook toepassen op een gewone fiets. Het komt er meestal op neer dat u deze onderdelen (trappers, stuur) kunt in- of omklappen.

Bergt u een gewone fiets voor langere tijd op, dan kunt u door het stuur een kwartslag te draaien ruimte besparen. Draai de stuurpen een slag of 7 uit en tik hem met een hamer naar beneden; dan kunt u het stuur makkelijk draaien.

Een fiets die op de gebruikelijke zijstandaard staat, staat schuin en/of het voorwiel staat onder een hoek met het frame. Daardoor neemt de fiets meer vloerruimte in beslag dan wanneer hij met het voorwiel in een rek of andere uitsparing (zoals een tegel met een gleuf erin, die overigens goed om de fietsband moet aansluiten, want anders is het een potentiële wielvernieler) staat. Daar is een fiets ook weer makkelijk uit te nemen. Een alternatief is een fietsstandaard waarmee de fiets rechtop blijft staan, al zal het voorwiel in de meeste gevallen toch naar opzij vallen, maar dit kost niet meer ruimte.

Er zijn fietsrekken waarin u de fiets nogal schuin-verticaal (het voorwiel hoger dan het achterwiel) kunt wegzetten; het kost dan meer ruimte in de hoogte en minder vloeroppervlak. En er zijn verder allerlei hulpmiddelen om fietsen aan

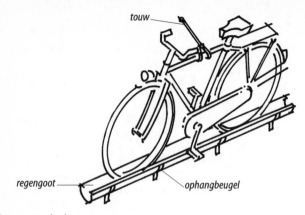

touw

regengoot

ophangbeugel

Fiets aan wand ophangen

een muur of aan het plafond te hangen. Voor dat laatste zijn er speciale hijs-inrichtingen met katrolletjes (zogeheten fietstakels) te koop (zie ook par. 2.7.5). Aan de garagemuur kan een fiets ook nog in een gootje staan; zie tekening. U kunt een herenfiets ook aan de muur hangen, waarbij de fiets op zijn hori-zontale stang op haken rust. Daarvoor zijn universele ophanghaken te koop, maar u kunt bijvoorbeeld ook plankdragers gebruiken (zie par. 10.9). U kunt ook twee fietsen boven elkaar stallen; de ene op de vloer en de andere op een schap dat u daarboven aanbrengt. Zo'n plank kunt u met flinke plankdragers aan de wand ophangen (zie ook par. 4.3.1).

Verder kan er in de garage vaak hetzelfde als in de schuur (zie par. 4.12 en 7.6) en de hobbyruimte (zie par. 4.13) worden bewaard. Pas zo nodig de verlichting aan om voldoende licht te hebben bij opbergen en terugzoeken. Al naar gelang wat u in de garage bewaart, brengt u de beveiliging tegen inbraak op peil.

4.12 Schuur, tuinhuis

Wat u in de schuur kwijt kunt, hangt natuurlijk van de inhoud van de schuur af. Als u veel dingen bewaart die niet zo hoog zijn en die nu op de vloer staan, kunt u in de schuur een diepe stellingkast zetten, van bijvoorbeeld 70 cm diep of dieper. Op dit soort kasten of bedrijfsstellingen, die ook tweedehands te koop zijn, kunt u ook zware dingen kwijt.

Pas zo nodig de verlichting aan om voldoende licht te hebben bij opbergen en terugzoeken. Afhankelijk van wat u in schuur of tuinhuis bewaart, brengt u de beveiliging tegen inbraak op peil. Zie voor opbergtips ook paragraaf 4.11 en paragraaf 4.13.

• Er zijn diverse systemen om tuingereedschap met een steel aan de muur te hangen. Die kunnen erg handig zijn, maar tegelijkertijd muurruimte vre-ten. Een schep of hark kunt u ook eenvoudig ophangen tussen twee flinke spij-kers die u in de houten wand van de schuur slaat.

Deze tuingereedschappen samen in een hoek van de schuur op de vloer zetten kost minder ruimte. Om te voorkomen dat onder meer scheppen op een stenen vloer bot worden, kunt u ze het beste op een stuk plaatmateriaal zetten. En om tegen te gaan dat ze daar vanaf glijden, kunt u daar een opstaande rand op maken. Het kan dan ook handig zijn ze gewoon in een houten kist die in een hoek van de ruimte staat te zetten. Klein tuingereedschap kunt u bijvoorbeeld in een emmer zetten.

• Wordt de schuur gebruikt voor het stallen van fietsen, dan kunt u de ruimte boven de fietsen ook nog nuttig gebruiken: u kunt daar een rek of planken aanbrengen. Doe dat op zo'n manier dat u de fietsen nog makkelijk kunt stallen. En als u bij de spullen in deze bergruimte wilt komen, rijdt u de fiets(en) even naar buiten.

• Een verplaatsbare ladder kunt u het beste droog bewaren, of hij nu is gemaakt van hout of van aluminium. Als een aluminium ladder buiten wordt bewaard en steeds aan weer en wind wordt blootgesteld, kan het materiaal op den duur verzwakken.

Bewaar een houten ladder in een droge, goed geventileerde ruimte. Schilder hem niet met een dekkende verf om hem toch in weer en wind te kunnen opslaan, omdat de conditie van het hout dan niet meer te beoordelen is. Met een dampdichte verf wordt bovendien de 'vochthuishouding' van het hout verstoord, zodat de sporten kunnen gaan loszitten. U kunt de ladder eventueel voorzien van een dunne laag dampdoorlatende transparante lak of beits. Maar sla hem toch droog op.

U kunt een ladder – verticaal of horizontaal – aan de muur hangen, bijvoorbeeld op plankdragers (als u hem buiten onder een afdak bewaart, zet hem dan goed vast aan de muur, opdat inbrekers er geen misbruik van kunnen maken). Of u kunt hem aan het plafond hangen, bijvoorbeeld met een fietstakel of op een aan het plafond aangebracht rek (zie par. 4.11).

• Hout voor de open haard of houtkachel moet droog worden opgeborgen, maar niet per se binnen. Als het kostbare ruimte in bijvoorbeeld een schuur of garage inneemt, kunt u eraan denken er buitenshuis een afdak voor te maken. Houd het hout vrij van de bodem door daar bijvoorbeeld betonnen paaltjes onder te leggen, zodat er lucht onder kan circuleren. En bescherm het hout tegen opspattend water door het dakje ver genoeg te laten oversteken.

Als u het brandhout binnenshuis opbergt, bedenk dan dat dood hout een natuurlijke voedselbron is voor allerlei houtaantastende organismen, of dat nu insecten of schimmels zijn. Die kunt u dus met het hout het huis in brengen. Probeer het hout zo schoon mogelijk in huis te krijgen, dus zonder zaagsel en ander afval.

4.13   Hobbyruimte

Hobbyruimten verschillen uiteraard al naar gelang de soort hobby of hobby's die erin worden beoefend. Sommige hobby's vereisen veel gereedschappen en hulpmiddelen. In onderstaande tekst vindt u vooral ideeën voor technische hobby's. In veel gevallen zijn deze ideeën ook bruikbaar in de garage of schuur, afhankelijk waar u de meeste activiteiten ontplooit.

• Bewaar onderdelen en hulpmiddelen zoveel mogelijk in transparante laatjes, potjes en bakjes, zodat u de inhoud kunt zien. Of etiketteer de dichte bewaarverpakkingen duidelijk. Als u een hobby heeft die veel stof veroorzaakt, berg uw spullen dan zoveel mogelijk beschermd tegen stof op.

• Gereedschap aan de wand hangen maakt dat het makkelijk te pakken is. Deze methode vreet echter muurruimte, zodat het aan te raden is hem alleen toe te passen voor de gereedschappen die u het meest gebruikt. Berg de andere op in bijvoorbeeld een ladekast.

Gereedschap wordt vaak aan de wand gehangen aan een stuk plaatmateriaal (zoals spaanplaat), waaraan haakjes en beugels zijn bevestigd. Een flexibel en veel gebruikt systeem is gaatjesboard. Houd achter het gaatjesboard een spouw van zo'n 2,5 cm vrij om de ophanghaken te kunnen aanbrengen. Daartoe wordt het board met afstandhouders aangebracht. Gebruik een volgring onder de koppen van de schroeven waarmee u het board vastzet. Tussen board en ondergrond kunt u als afstandhouder bijvoorbeeld kurken, stukjes (plastic) buis of blokjes hout gebruiken. Aan de boven- en zijkanten van het board zet u om de 30 à 40 cm een schroef. Is het oppervlak groter dan circa 1 m^2, dan zet u het board in het midden ook met één of meer schroeven vast. Bij sommige ijzerwarenwinkels zijn speciale ophanghulpstukken voor gebruik op gaatjesboard te koop; hetzelfde geldt voor sommige bedrijven die opberg- en ophangsystemen voor winkels verkopen. Teken de contouren van het gereedschap op de wand, zodat u snel ziet waar u het moet terughangen.

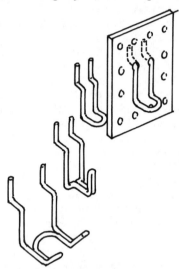

Ophangbeugels voor gaatjesboard

Schroevendraaiers en hamers kunt u ook aan de wand hangen, door in een plank per stuk gereedschap een passend gat te maken.

• Er zijn allerlei doosjes voor het opbergen van boortjes te koop, maar u kunt een boorhouder ook eenvoudig zelf maken van een blok(je) hout. Laat elk boortje zijn eigen gat boren en maak het een fractie wijder door met het in de boormachine draaiende boortje voorzichtig 'heen en weer' te bewegen. Let op bij dunne boortjes, want die breken snel. Schrijf de maat van het boortje bij het gat.

• Schroeven, bouten, moeren en dergelijke kleine ijzerwaren kunt u makkelijk bewaren in lege glazen potjes met deksel – zoals jampotjes. Schroef (met een bolkopschroef en volgring) het metalen deksel tegen de onderkant van een plank van een houten bergmeubel. Dan zijn de potjes makkelijk aan te brengen en af te halen.

• Latten, rondhout en dunne buizen kunt u op verschillende manieren bewaren, afhankelijk van de lengte en hoeveelheid van de stukken. U kunt ze natuurlijk in een hoek rechtop zetten, al of niet in een smalle, hoge kartonnen doos, tegen het omvallen. In zo'n doos kunt u eventueel een onderverdeling maken met behulp van bijvoorbeeld kokers (van posters). Versterk zo nodig met stevig (bruin) plakband de bovenrand van de doos, tegen uitscheuren. Een andere mogelijkheid is een horizontaal bewaarsysteem tegen de muur, bijvoorbeeld van regengoten die u boven elkaar in de bijbehorende beugels hangt. Koop daarvoor beugels die aan een verticaal vlak kunnen worden bevestigd.

- Een stevige tafel of werkbank vormt een heerlijke werkplek. Maar de werkbank kan ook in de weg staan, zeker in een kleine hobbyruimte. Een opvouwbare, makkelijk te verplaatsen hobbytafel kan dan een uitkomst zijn. Als u een extra werkblad nodig heeft, kunnen wellicht een paar schragen en een afgedankte deur uitkomst bieden.
- Bij bewaren van verf loopt de kwaliteit langzaam terug. Onaangebroken blikken kunnen zeker twee tot drie jaar (vaak veel langer) worden bewaard. Dank oude verf waarbij op de bodem van het blik een nauwelijks nog door te roeren laag is uitgezakt af als klein chemisch afval. Alkydverf droogt in het blik als er te veel lucht boven staat of als er zuurstof in het blik kan komen (slecht afgesloten). Als er nog een kleine hoeveelheid in het blik zit om te bewaren, doe het dan over in bijvoorbeeld een oud jampotje met goede sluiting. Veeg de rand van het potje zorgvuldig schoon voordat u het deksel vastdraait, anders krijgt u het er later niet meer af.

Berg verf, oplosmiddelen, olie, lijmen, gastank(je)s en andere producten die ongezonde dampen kunnen afgeven altijd op in een goed geventileerde ruimte.

4.14 Studeerkamer

Een pc met beeldscherm, systeemkast, toetsenbord en muis neemt nogal wat plaats in. Er is nóg meer ruimte nodig als u er luidsprekers en een printer bij neemt. Laptops en notebooks kunnen bijna hetzelfde als een (desktop) pc, maar zijn aanzienlijk compacter. U levert dan vaak wel (wat) comfort in voor wat betreft het beeldscherm, toetsenbord en soms de muis. Een belangrijk nadeel is verder de hogere prijs voor dezelfde prestaties.

Pc-meubel. Er zijn allerlei speciale pc-meubelen te koop, die handig kunnen zijn. Als u een gewoon (schrijf)bureau gebruikt voor uw pc, kan het blad daarvan eigenlijk te hoog zijn voor een toetsenbord. U kunt dan last krijgen van uw armen. Verder kan het bureau te ondiep zijn, waardoor u te dicht op het beeldscherm zit. Wellicht is het mogelijk onder het tafelblad een uittrekblad te maken op de juiste tikhoogte. Daarmee vangt u drie vliegen in één klap: de tikhoogte is beter, u komt iets verder van het beeldscherm te zitten en ten slotte kunt u het blad met toetsenbord na het werk inschuiven. Het uitschuifplateau moet u genoeg ruimte laten om uw benen er onder te kunnen zetten. Gebruik voor het uittrekbare werkblad 18 mm MDF of multiplex. U kunt het blad laten lopen tussen twee latten van beukenhout. In dat geval kunt u op de glijrand van het plaatmateriaal latjes van beukenhout vastmaken (lijmen en schroeven), zodat het een beukenhouten glijconstructie wordt. Het plateau moet zeker voor een kwart van de lengte in de gleuf blijven zitten in de verst uitgetrokken stand, om voldoende steun te vinden. Een alternatief voor de beukenlatten op het werkblad is aluminium hoekstrip. Of u kunt telescopische la-

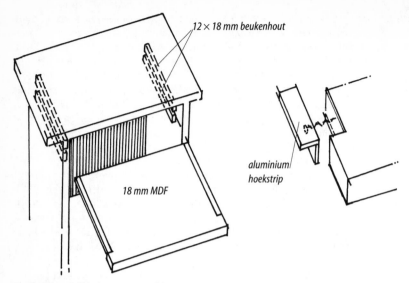

Uitschuifbaar werkblad voor een pc-tafel

de-uitzetters toepassen: een klein nadeel daarvan is dat deze zó soepel glijden dat het plateau te beweeglijk kan zijn bij het gebruik.

Door de monitor op de systeemkast te zetten, kunt u ruimte winnen. Een andere ruimtewinner in uw situatie kan een systeemkast onder het bureau zijn in plaats van erop. Daarvoor kunt u het zogeheten 'tower'model kopen: een rechtopstaande systeemkast.

Een printer hoeft niet per se open en bloot te staan. Als het u beter uitkomt, kunt u hem ook in een kast zetten. Maar u moet er wel makkelijk bij kunnen voor het inleggen en uitnemen van papier en af en toe voor het verwisselen van een inktpatroon. Het kan dan handig zijn als u hem op een plateau uit de kast kunt trekken. Hiervoor kunt u gebruik maken van een uittrekbaar plateau, zoals dat voor bijvoorbeeld een tv-toestel wel wordt gebruikt. Het is wel belangrijk dat de printer zijn warmte goed kwijt kan, omdat hij nogal warm kan worden. Zorg dus voor voldoende ventilatie.

Ten slotte kunt u mogelijk ruimte winnen door geen omvangrijke boeken te kopen, maar cd-roms, zoals het telefoonboek, een encyclopedie en woordenboeken.

Tijdschriften. U kunt tijdschriften gewoon los bewaren, in een verzamelband van de uitgever, in een speciale tijdschriftendoos (vaak met open bovenzijde) of de jaargangen (door een boekbinder) ingebonden. Die laatste methode is het compactst, maar wordt in verband met de hoge kosten nog maar zelden toegepast. Bij tijdschriften die zijn gehecht met een nietje of garen gaan grotere stapels al gauw schuiven, doordat ze aan de rugkant dikker zijn dan aan de voorzijde. Maak stapels dus niet zo hoog. U kunt ze ook staand bewaren, maar slappe tijdschriften glijden snel onderuit. Zet ze dan klem, bijvoorbeeld met een boekenstandaard. Er zijn ook tijdschriftenbakken te koop.

Als u slechts een paar pagina's per tijdschrift wilt bewaren, kunt u ze beter uitscheuren en in een map of ordner opbergen.

Voor het staand bewaren van veel tijdschriften kunt u een stuk van een kast
voorzien van verticale tussenschotjes tussen twee legplanken, met een afstand
tussen de schotjes van een centimeter of tien. U kunt voor die schotjes triplex
gebruiken, waarvoor u in de plank eronder en erboven een precies passend
gleufje zaagt, van zo'n 5 mm diep. Als het klemmend past, hoeft u geen lijm
te gebruiken. Het is mooi die schotjes niet helemaal tot de voorkant van de
plank te laten doorlopen, maar ze tot een centimeter of twee vanaf de voorkant te maken.

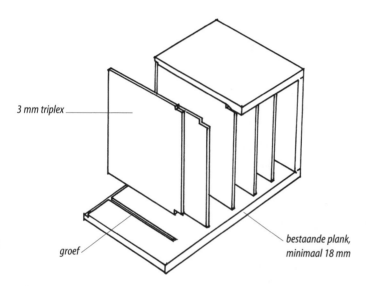

3 mm triplex

bestaande plank,
minimaal 18 mm

groef

Schotjes voorkomen dat staande tijdschriften kunnen wegglijden

133

5 Materialen

In dit hoofdstuk vindt u informatie over de eigenschappen van materialen die u bij de klussen in dit boek kunt gebruiken.

5.1 Massief hout

In essentie gaat het er bij de keuze van hout en plaatmateriaal om dat u voor de klus die u in gedachten heeft het juiste materiaal kiest, zonder daarmee het milieu onnodig te belasten. Gebruik dus bij voorkeur geen tropisch hout, maar Europese houtsoorten. Let verder op de kwaliteit van het hout. Met betrekking tot de sterkte van het hout heeft een gelijkmatige, rechte 'draad' de voorkeur (onder 'draad' verstaan we de lijnen die ontstaan door de groeirichting van de houtvezels). Hout met jaarringen van gelijke dikte is in principe van betere kwaliteit dan hout met groeiringen van verschillende dikte.
Noesten oftewel kwasten zijn plekken in het hout waar een tak heeft gezeten. Als de noest vrij klein is en stevig vastzit kan het hout prima bruikbaar zijn voor veel toepassingen. Vervang een loszittende kwast door een houtprop. Maar gebruik voor mooiere werkstukken liever kwastvrij hout. Bij dragende constructiedelen is hout met noesten vaak ontoelaatbaar, vanwege de verzwakking van het hout. Harszakken en -gangen vormen zwakke plekken in het hout; vervang die delen dan ook door ingelijmde stukken gezond hout.
Sommige houtsoorten, zoals eikenhout en notenhout, bevatten stoffen – zoals looizuur – die het hout doen verkleuren na contact met ijzer, koper en/of messing. Deze metalen kunnen worden aangetast door de genoemde 'inhoudsstoffen'; roestvaststalen bevestigingsmiddelen zijn daartegen bestand.
Lakwerk (verf, beits, vernis en dergelijke) kan heel duurzaam zijn, afhankelijk van de kwaliteit en laagdikte. Het mag nooit met een schurend middel worden schoongemaakt; sterk basische schoonmaakmiddelen (met ammonia of soda) kunnen het oppervlak aantasten.

5.2 Houtachtig plaatmateriaal

Massief hout heeft een aantal nadelen. Het is vrij duur, zeker als uitsluitend mooie stukken van een fraaie houtsoort nodig zijn. Verder werkt het relatief sterk, wat kan leiden tot klemmen, een grotere belasting van de bevestigingen en scheuren in het hout. Verder vergt het verwerken van massief hout vakmanschap. Een voordeel van massief hout ten opzichte van plaatmateriaal is bijvoorbeeld dat sommige beschadigingen niet kunnen optreden (zoals loslaten van fineer) en dat sommige beschadigingen (zoals kleine butsen) goed zijn weg te werken.
De genoemde nadelen zijn vaak te ondervangen door het gebruik van plaat-

materiaal, dat overigens weer andere nadelen heeft. Plaatmateriaal wordt voor-al samengesteld uit fineer, houtspaanders en -vezels.

Triplex. Door lagen fineer (massief hout van een halve millimeter tot enkele millimeters dik) met de nerfrichting steeds 90° gedraaid op elkaar te lijmen verkrijgt men 'triplex'. Door deze opbouw vangen de spanningen van de hout-laagjes elkaar op, en zal het triplex niet makkelijk vervormen. Het dunste tri-plex bevat drie lagen. Dikker triplex heeft meer lagen en is tot 24 mm dik. Het wordt ook multiplex genoemd. De toplaag kan van een fraaie houtsoort zijn.

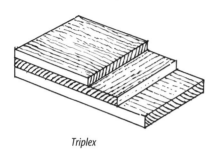
Triplex

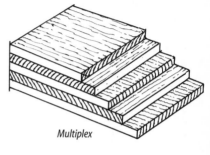
Multiplex

Let bij het kopen van een stuk of een plaat triplex op de vezelrichting van de buitenste lagen. De leverancier van hele platen hoort hierop te letten bij het opgeven van de maten: de eerste opgegeven afmeting is die van de ve-zelrichting. Een plaat van 122 × 244 cm ziet er dus anders uit dan een van 244 × 122 cm.

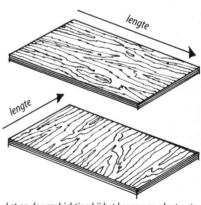
Let op de vezelrichting bij het kopen van plaatmate-riaal

Voor het verlijmen van triplex zijn er veel soorten lijm in gebruik. Dat heeft onder meer te maken met de toepas-singsmogelijkheden; de lijmsoorten zijn in klassen ingedeeld (soms met Romeinse cijfers aangegeven):

– interieur 3: uitsluitend voor droog gebruik binnenshuis;
– interieur 2 (oftewel 24-20): voor een overwegend droog gebruik binnenshuis, maar bestand tegen onderdom-peling in koud water gedurende enkele dagen;
– interieur 1 (oftewel 03-67): geschikt voor een vochtig binnenklimaat;
– exterieur 2 (oftewel 06-100): geschikt om beperkte tijd – 3 à 4 jaar – buiten te worden toegepast;
– exterieur 1 (oftewel 72-100): geschikt om onbeperkte tijd buiten te worden toegepast.

Er is ook triplex dat is afgewerkt met ander materiaal dan hout, zoals kunst-stof. Triplex kan formaldehydegas (zie verderop) afgeven.

135

Spaanplaat. Van houtspaanders en een bindmiddel wordt spaanplaat gemaakt. Het meest gebruikte bindmiddel is kunstharslijm. De stevigheid van de spaanplaat hangt onder meer samen met de hardheid van de persing: die loopt van circa 250 tot 1000 kg/m^3. Tussen 600 en 650 kg/m^3 is een gebruikelijk goede kwaliteit. Verder hebben

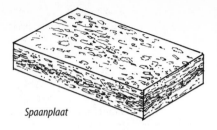

Spaanplaat

sommige soorten spaanplaat aan de buitenzijde een dichtere structuur dan aan de binnenzijde. Dat heeft onder meer consequenties voor de bevestigingsmethoden en de afwerking. Er is ook spaanplaat leverbaar met een afwerklaag, zoals fineer, kunststof of lak.

Spaanplaat heeft geen looprichting en werkt in alle richtingen even sterk.

Het gebruikte bindmiddel heeft grote invloed op de eigenschappen, zoals vochtgevoeligheid, afgifte van gassen en verwerkingsmogelijkheden. De meest gebruikte soort spaanplaat is gemaakt met een lijm die nogal vochtgevoelig is. Als deze soort spaanplaat nat wordt, zwelt hij op. Als dat vaker gebeurt, verliest de plaat zijn verband. Er worden ook lijmsoorten gebruikt die beter tegen vocht bestand zijn.

Een probleem bij veel soorten spaanplaat is de afgifte van formaldehydegas, ook wel spaanplaatgas genoemd. Dit gas kan hoofdpijn, huidirritaties en overgevoeligheidsreacties veroorzaken. De toegestane concentratie in woningen is tegenwoordig aan banden gelegd, maar ongezond blijft het. Bovendien geldt die concentratie voor in de bouw toegepaste materialen; er wordt geen rekening gehouden met later aangeschafte producten van spaanplaat en andere materialen die ook formaldehydegas kunnen afgeven, zoals sommige soorten vloerbedekking, verf, behang, gordijnen en tabaksrook. Er is spaanplaat met Komo-keur, waarvan de afgifte binnen zekere grenzen blijft. Maar voor wie overgevoelig is voor formaldehydegas, is ook dit te veel. Bovendien gaat men uit van voldoende ventilatie in de woning, en die laat nogal eens te wensen over. Er bestaan ook spaanplaten die nauwelijks formaldehydegas afgeven.

Houtvezelplaat. Vervezeld hout wordt gebruikt voor de productie van MDF, HDF, zachtboard, hardboard, masonite en vlasvezelplaat. Al deze platen, behalve zachtboard, worden gebruikt voor bijvoorbeeld meubelen.

Bij medium density fibreboard (MDF) en high density fibreboard (HDF) worden houtvezels met lijm geperst tot een plaat. De sterkte van de persing bepaalt of het MDF dan wel HDF wordt. De platen zijn homogener, maar ook een stuk duurder dan spaanplaat. MDF is echter veelzijdiger: zo kan er bijvoorbeeld randprofilering worden aangebracht en is het mooier af te werken. De nadelen bij de verwerking en de afgifte van gas kunnen echter dezelfde zijn als bij spaanplaat. MDF is verkrijgbaar van circa 3,2 tot 50 mm dik.

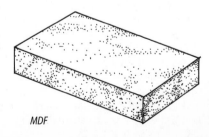

MDF

Bij de productie van zacht- en hardboard wordt niet veel bindmiddel toegevoegd. De platen worden vooral bijeengehouden door het natuurlijke bindmiddel van hout.

Hardboardplaat is tussen 2 en 6 mm dik, tot 122 cm breed en tot 420 cm lang. Hardboard is verkrijgbaar in verschillende persingen: halfhard (350 tot 800 kg/m^3), 'standaard-hardboard' (800 à 950 kg/m^3) en extra hard oftewel superhard (meer dan 950 kg/m^3). De laatste heeft een speciale nabehandeling ondergaan. In plaats van hardboard kunt u dun MDF gebruiken, dat geschikter is voor allerlei bewerkingen en zich ook beter laat schilderen dan hardboard. Door het toevoegen van bindmiddelen en olie kunnen de eigenschappen van het materiaal worden veranderd. Zo maakt men bijvoorbeeld masonite, een hard en watervast type board, ook superhardboard genoemd.

Vlasvezelplaat. Dit plaatmateriaal, ook vlasspaanplaat genoemd, wordt gemaakt van de scheven van vlas – die overblijven bij de productie van linnen – en kunstharslijm. Deze platen zijn minder sterk dan houtspaanplaat en worden soms als vulling gebruikt voor andere platen of voorzien van een afwerklaag, zoals fineer of een kunststoflaag met bijvoorbeeld een fotografisch opgebracht houtmotief (zogeheten 'printplaat').

Panelen. Stroken plaatmateriaal van circa 20 tot circa 80 cm breed die aan beide zijden en de langskanten zijn afgewerkt met fineer of een laag kunststof worden 'paneel' genoemd. Korte panelen zijn zelfs aan de zijkanten afgewerkt. Panelen worden bijvoorbeeld gebruikt als legplank of vensterbank. Voor vensterbanken zijn overigens panelen met een afgeronde langskant te koop.

5.3   Kunststof en glas

De kwaliteit van kunststoffen wordt steeds beter, al betekent dat niet dat elk voorwerp van een goede kunststof is gemaakt. Een goede kunststof is krasbestendig, stootvast, door-en-door gekleurd en bestand tegen de gebruikelijke schoonmaakmiddelen.

De meeste kunststoffen zijn wat elastisch, relatief licht van gewicht en isoleren goed, waardoor ze niet koud aanvoelen. Een mindere kwaliteit kunststof ziet er sneller uit als een lang gebruikt plastic afwasteiltje. Er zijn kunststoffen waar stukjes steen of paarlemoer doorheen worden gemengd voor een mooi effect.

Glas is heel duurzaam. Gehard glas heeft een mechanische sterkte die ongeveer vijfmaal groter is dan die van gewoon glas. Glas kan krassen en dof worden; maak het dan ook nooit schoon met een schurend reinigingsmiddel.

5.4   Hout kopen

Er is een bijzonder groot assortiment hout en houtachtige materialen te koop: massief hout, plaatmateriaal en profielen in alle soorten en maten. Al die materialen zijn leverbaar in standaardmaten ('handelsmaten') en op bestelling leverbaar in veel andere maten. Als het er precies op aankomt, is het aan te bevelen het hout voor de aankoop na te meten.

Massief hout wordt zowel ongeschaafd als geschaafd aangeboden. Ga bij ongeschaafd hout voor aankoop na of u met het gebruikelijke afschaven van 3 mm per kant uitkomt. Voor sommige toepassingen hoeft u het hout echter niet te schaven, zoals bij gebruik als vloerbalken en staanders in tussenwanden. Het is zelfs zo dat u het hout daarvoor beter ongeschaafd kunt laten, omdat dikker hout een grotere sterkte heeft.

De in advertenties opgegeven en op de schappen van de leverancier aangegeven maten betreffen vaak de handelsmaten. Een plank met een handelsmaat van 2 cm dik kan bij nameting maar 18 mm dik blijken te zijn, enzovoort. Als het nauw luistert, is dit beslist iets om op te letten. Ook als u hout laat zagen, moet u opgeven of het tot op de millimeter nauwkeurig moet.

Als het om grotere maten gaat of om grotere hoeveelheden, kunt u overwegen het te laten bezorgen. Dat is niet altijd gratis.

Bij speciale grote maten zal het hout speciaal voor u besteld moeten worden. Dat kan enige tijd duren. Geef de maten van het hout op in geschaafde of ongeschaafde toestand; dan kan daarover geen misverstand bestaan.

Als u voor één werk(stuk) wat meer stukken hout nodig heeft en het hout wordt transparant afgewerkt, is het zaak er goed op te letten dat er niet te grote verschillen optreden in kleur, tekening, nerf en draad.

Voor sommige klussen hoeft u niet per se nieuw hout te gebruiken, maar kan gebruikt hout even goed voldoen. Dit is een milieuvriendelijk alternatief. Een voordeel is bovendien dat het goedkoper is en al is 'uitgewerkt': als het niet is kromgetrokken, zal het dat ook niet meer doen, terwijl u dat bij nieuw hout nog moet zien. Adressen waar u tweedehands hout kunt kopen vindt u in de Gouden Gids onder 'Sloopwerken, Houtgroothandel en Bouwmaterialen'. In onder meer doe-het-zelftijdschriften en huis-aan-huisbladen kunt u advertenties van dergelijke bedrijven aantreffen. Het gaat vaak om constructiehout (balken) en om vloerplanken.

5.5 Prijspeiling materialen

Voor allerlei ruimtebesparende projecten kunt u kant-en-klare voorzieningen aanschaffen, of het nu gaat om kasten, losse ladenblokken of rekjes. Als u niet vindt wat u zoekt, kunt u een precies passende voorziening (laten) maken.

Bij houten meubelen is het echter heel nuttig om voor uw project – zeker als het wat groter is – een prijsvergelijking te maken tussen kant-en-klaar en zelf gemaakt, maar dan bij dezelfde maten en materialen. Grote meubelfabrieken en 'stuntwinkels' kunnen houten meubelen in veel gevallen goedkoper leveren dan u ze zelf kunt maken. Het gaat dan echter vaak wel om standaardmeubelen. Als u iets heel specifieks wilt, ontkomt u bijna niet aan zelf op maat maken.

Maak voor de projecten die u wilt uitvoeren zo gedetailleerd mogelijke tekeningen, met de maten (lengte, breedte, hoogte, en ook de verschillende maten van het hout en plaatmateriaal) erin aangegeven. Ga zo nodig eerst in de winkel(s) kijken in welke maten het materiaal dat u nodig heeft te koop is en wat

de stukken kosten, en zie ook de tabel op blz. 140 en 141. Zo kunt u het voordeligst ontwerpen en inkopen, opdat u zo weinig mogelijk materiaal overhoudt.
Vervolgens kunt u voor gelijksoortige dikten en typen hout en plaatmateriaal een 'plattegrond' maken. Dat wil zeggen: u zet de houten delen op een stuk (millimeter)papier naast en boven elkaar, om te bekijken hoe u ze het voordeligst uit bijvoorbeeld een hele MDF-plaat kunt halen. Houd daarbij rekening met zaagverlies en de benodigde extra's voor het glad schaven en schuren. Rondom elk stuk een paar millimeter extra dus. Houd bij massief hout en gefineerd hout ook rekening met de nerfrichting.

5.5.1 Houtleveranciers

De Consumentenbond heeft in april en mei 1997 een prijspeiling gedaan bij bouwmarkten, houthandels en -winkels voor allerlei materialen die ter sprake komen bij de in dit boek beschreven klussen. U vindt de resultaten in de tabel op blz. 140 en 141. Hier nog een korte toelichting.
Het gaat om landelijk werkende bouwmarkten, om houthandelaren die zowel aan aannemers, timmerlieden als aan particulieren leveren, en om timmerwinkels. Zoals u ook in paragraaf 5.4 heeft kunnen lezen, kunnen er bij massief hout en plaatmateriaal fikse maatverschillen bestaan tussen producten (bijvoorbeeld de dikte van latten, balken en multiplexplaten) van verschillende leveranciers. Het kan ook nuttig zijn om de door de leverancier opgegeven maten (in folders en op de schappen in de winkel) zelf na te meten.
Een ander punt van aandacht is de verkrijgbare lengte. Ook deze kan van winkel tot winkel verschillen. Voor sommige specifieke producten zult u alleen terecht kunnen bij de speciaal- of vakhandel; zo nodig kunt u daar hout en plaatmateriaal van grote of anderszins afwijkende afmetingen bestellen.
Verrassend is dat speciale houtwinkels – die overigens vaak ook allerlei aan de houtbewerking gelieerde producten verkopen, en soms zelfs meer dan dat – niet per se duurder zijn dan de grote, landelijk opererende bouwmarktketens. In de tabel zijn scherpe richtprijzen opgenomen waarvoor u – zo nodig na enig zoekwerk – moet kunnen slagen.
Bij veel bouwmarkten kunt u massief hout en plaatmateriaal in kleinere stukken laten zagen, waardoor het makkelijker te vervoeren is. Maar bij de kleinere houtwinkels kunt u hout desgewenst – soms tegen extra vergoeding – precies op maat laten zagen. Geef wel aan hoe precies de maten luisteren. Bij zo'n kleinere winkel kunt u bovendien eerder terecht voor een enkel stuk hout of een kleiner deel van bijvoorbeeld een plaat. Zo'n kleiner stuk is dan wel duurder per strekkende of vierkante meter, maar u houdt dan minder materiaal over dat u niet nodig heeft. Per saldo hoeft u dus minder geld uit te geven. Bij bouwmarkten kunt u daarentegen prima inkopen als het om grotere hoeveelheden van bijvoorbeeld planken en latten gaat. Deze worden soms verkocht als 'voordeelpakket'.
Ten slotte: let bij prijsvergelijking ook op de kwaliteit (zie par. 5.1).

Materialen: richtprijzen

Materiaal	Omschrijving/ verpakking	Eenheid	Prijs ca.
			f
VLOERBALKEN, VUREN	ca. 16 x 6 cm, geschaafd	meter	12
	15 x 6,3 cm, ongeschaafd	meter	6
VLOERPLANKEN, VUREN	werk.mt. 11,5 x 1,8 cm	meter	3
	werk.mt. ca. 9 x ca. 1,8 cm	meter	2,20
UNDERLAYMENT VLOERPLATEN MET MESSING EN GROEF	19 mm dik 122 x 244 cm	m²	20
		plaat	60
MULTIPLEX TOPLAAG MERANTI	9 mm dik 122 x 244 cm	m²	20
		plaat	60
MULTIPLEX TOPLAAG GRENEN	12 mm dik 122 x 244 cm	m²	13,50
		plaat	40
MULTIPLEX TOPLAAG MERANTI	12 mm dik 122 x 244 cm	m²	25
		plaat	75
MULTIPLEX TOPLAAG MERANTI	18 mm dik 122 x 244 cm	m²	36,50
		plaat	110
TRIPLEX	5,5 - 6 mm dik 122 x 244 cm	m²	12
		plaat	36
MEUBELPANELEN GEPLASTIFICEERDE SPAANPLAAT	10 mm dik 125 x 250 of 122 x 244 cm	m²	18
		plaat	56
	18 mm dik 125 x 250 of 122 x 244 cm	m²	20
		plaat	60
MDF	9 mm dik 122 x 244 cm	m²	11
		plaat	33
	10 mm dik 122 x 244 cm	m²	14
		plaat	42
	12 mm dik 122 x 244 cm	m²	16,50
		plaat	50
	18 mm dik 122 x 244 cm	m²	20
		plaat	60
KASTPLANKEN MASSIEF VURENHOUT N.B. LENGTEN IN WINKELS VERSCHILLEN	20 cm breed, 18 mm dik	meter	11,50
	25 cm breed, 18 mm dik	meter	13
	40 cm breed, 18 mm dik	meter	20,50
	50 cm breed, 18 mm dik	meter	25,50
	60 cm breed, 18 mm dik	meter	33

Materialen: richtprijzen (vervolg)

Materiaal	Omschrijving/verpakking	Eenheid	Prijs ca.
			f
BALKJES, VUREN (RUW) N.B. LENGTEN VERSCHILLEN	47 x 49 of 50 x 50 mm	meter	2,50
	idem, voordeelpakket	meter	2
	47 x 74 - 50 x 75 mm	meter	3,75
	idem, voordeelpakket	meter	3,40
RONDHOUT, BLANK GRENEN	23 mm middellijn	meter	4
LATTEN, GESCHAAFD VUREN	18 x 27 mm	meter	1,60
	12 x 94 mm	meter	3
	18 x 94 mm	meter	3,50
LATTEN, ONGESCHAAFD VUREN	ca. 16 x 48 mm	meter	1,20
	ca. 22 x 100 mm	meter	2,50
WITTE HOUTLIJM, NIET WATERVAST		250 g	6
WITTE HOUTLIJM, WATERVAST		250 g	8,25
CONSTRUCTIELIJM		250 g	16
SPIJKERS (DRAADNAGELS) VERZINKT STAAL	verloren kop, ca. 30 mm	450 g	5
	verloren kop, ca. 40 mm	450 g	5
	verloren kop, ca. 45 mm	450 g	5
	verloren kop, ca. 50 mm	450 g	5
	platte kop, 55 mm	450 g	5
SPAANPLAATSCHROEVEN VERZINKT STAAL	25 x 3,5 mm (los)	100 stuks	3,50
	idem, voordeelverpakking	100 stuks	1
	40 x 4,0 mm (los)	100 stuks	6,75
	idem, voordeelverpakking	100 stuks	2
	50 x 5,0 mm (los)	100 stuks	10,50
	idem, voordeelverpakking	100 stuks	4
	60 x 5,0 mm (los)	100 stuks	13

6 Gereedschappen en basistechnieken

In dit hoofdstuk vindt u informatie over hand- en draagbare elektrische gereedschappen voor de klussen in dit boek.

6.1 Hamers

Zie voor spijkers en spijkerverbindingen paragraaf 7.1.

Er zijn veel soorten hamers. De klauwhamer, met een kopgewicht van circa 300 tot 600 gram, wordt voor algemeen timmerwerk gebruikt. De achterzijde van de kop is gebogen en gespleten en dient als spijkertrekker. De houten hamer wordt gebruikt voor het aankloppen van houtverbindingen en voor timmeren op een beitelkop.

Houd bij het aankloppen van verbindingen altijd een plaatje of blokje hout tussen werkstuk en hamer om te voorkomen dat u het hout beschadigt.

Als u de kop van de spijker met de hamer geheel inslaat, kan de hamer het hout butsen. Sla het laatste stukje van een spijker daarom met een drevel in.

6.2 Zagen met de handzaag

De meeste handzagen zijn zowel geschikt om loodrecht op de nerf als met de nerf mee te zagen.

De kapzaag heeft een dunner blad dan een handzaag. Het blad is aan de bovenkant voorzien van een versterkte 'rug'. Een kleinere, fijnere uitvoering van de kapzaag is de toffelzaag.

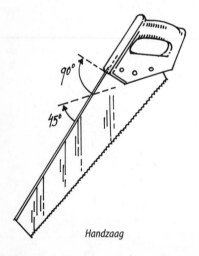

Handzaag

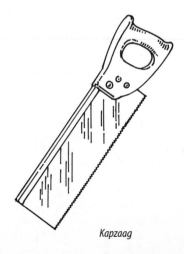

Kapzaag

Plaats het te zagen werkstuk altijd op een stevige, vlakke ondergrond en houd of klem het stevig vast. Laat het te zagen hout niet te veel uitsteken, maar steun het zo dicht mogelijk bij de zaagsnede. Ondersteun grote platen over een zo groot mogelijk oppervlak.

Houd de greep van de handzaag vast met uw duim aan de ene kant en aan de andere kant de overige vier vingers, waarvan de wijsvinger gestrekt, wijzend in de richting van het zaagblad. Maak bij het beginnen van de zaagsnede enkele keren een terughalende beweging, totdat er een groefje is ontstaan. Stuur de zaag met het kootje van uw duim of wijsvinger tegen het blad geplaatst en let er daarbij op dat het blad haaks ten opzichte van het materiaaloppervlak staat. Wanneer de zaagsnede zo diep is dat het zaagblad er steun in vindt, gaat u duwend zagen. Oefen kracht uit tijdens de neergaande beweging en trek de zaag enigszins 'luchtig' terug.

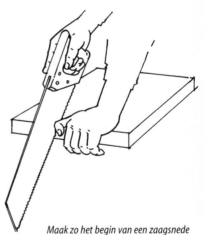

Toffelzaag

Maak zo het begin van een zaagsnede

• Schrijf zaaglijnen zó af, dat u erlangs en niet erop kunt zagen. Dit geeft een beter zicht op het werk. Zaag altijd aan de afvalzijde van het hout (tenzij u twee even grote stukken uit één stuk wilt halen, want dan zaagt u precies op de lijn).

• Teken bij balken en dikke latten op alle zijden af. Laat bij het zagen het materiaal dan telkens een slag kantelen zodra de zaag een volgend vlak heeft bereikt.

• Houd bij afkorten de handzaag onder een hoek van ongeveer 35° ten opzichte van het materiaal, zodat zoveel mogelijk tanden zich in de zaagsnede bevinden. Dit maakt het gemakkelijker om in een rechte lijn te zagen en het hout splintert ook minder dan wanneer u de zaag te steil houdt. Bij schulpen – met de houtdraad mee zagen – is een hoek van circa 45 à 60° te verkiezen.

• Maak de laatste slagen langzamer om uitsplinteren te voorkomen of draai het hout op het laatst een kwart of halve slag. Overigens splintert het hout het sterkst aan de onderzijde; iets om rekening mee te houden bij werk dat in het zicht komt. Houd daarom de zichtkant bij het zagen boven. Ook het plakken van een strook stevig plakband op de zaagsnede aan de kant waar de zaag uit het hout komt beperkt het uitsplinteren.

• Hulpmiddelen bij het zagen zijn de houten verstekbak (om nauwkeurig onder een hoek van 45° of 90° te zagen) en de verstekgeleider (om dikkere stuk-

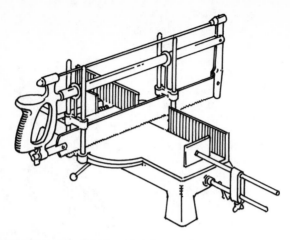

Verstekzaagmachine met kleminrichting en instelbare aanslag

ken hout onder de juiste hoek te zagen). Nóg nauwkeuriger gaan deze werkzaamheden met de verstekzaagmachine.

6.3 Machinaal zagen

Elektrisch zagen kost u minder zweetdruppels dan zagen met de handzaag, de
zaagsnede is eerder haaks en minder rafelig.
• De *(hand)cirkelzaag.* De cirkelzaag is er voor het zagen van rechte stukken
en om gleuven te maken. Het zaagblad steekt door de voetplaat heen en wordt
voor de veiligheid van de gebruiker afgeschermd met een scharnierende beschermkap. Zet de machine aan voordat u het zaagblad met het hout in aanraking brengt. Doordat u vanaf de rand van het hout met zagen begint, wordt
de beschermkap automatisch uit de weg geduwd. Op alle apparaten zit direct
achter het zaagblad een spouwmes, dat dient om de zaagsnede open te houden, zodat deze niet het zaagblad kan vastklemmen.
Voer het elektriciteitssnoer van de cirkelzaag zo weg, bij voorkeur over uw
schouder, dat u het niet per ongeluk kunt doorzagen. Houd de cirkelzaag met
beide handen vast, zet het werkstuk stevig vast en ondersteun het goed. Hout
dat u zaagt mag uiteraard geen spijkers en dergelijke bevatten.
De rand van de zaagsnede splintert het meest aan de kant waar de tanden van
het zaagblad uit het hout treden (aan de bovenzijde dus). Het kan daarom nodig zijn bij het zagen de kant van het hout die straks in het zicht komt aan de
onderzijde te houden. Geef de zaag altijd de tijd om het materiaal te 'verspa-
nen'.
De zaagdiepte is instelbaar. Voor uw veiligheid mag het blad niet ver door het
werkstuk uitsteken. Maar ook voor een zaagsnede met zo weinig mogelijk
splinters (denk ook aan plakband op de zaagsnede) is dat nodig. Laat het zaagblad daarom zo'n 5 mm door het werkstuk steken.
De cirkelzaag kan ook onder diverse hoeken zagen; de maximale zaagdiepte is

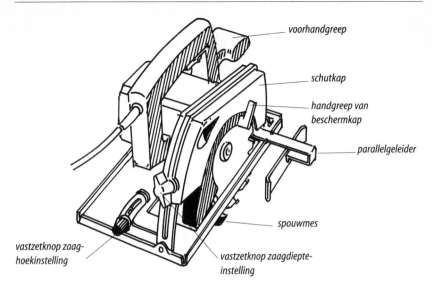

voorhandgreep

schutkap

handgreep van
beschermkap

parallelgeleider

spouwmes

vastzetknop zaag-
hoekinstelling

vastzetknop zaagdiepte-
instelling

Cirkelzaag

zo wel minder dan bij loodrecht zagen. De hoekinstelling van het apparaat is
echter niet altijd nauwkeurig; zaag altijd eerst een proefstukje.

Voor het zagen van lange, rechte stukken kan een parallelgeleider handig zijn.
Deze houdt de machine op vaste afstand van de rand van het hout. Op de meeste geleiders is een schaalverdeling aangebracht, maar als u op de millimeter
precies wilt zagen, is het zagen van een proefstukje aan te raden. Alternatief
voor het gebruik van een parallelgeleider is zagen langs een met lijmklemmen
vastgezette lat.

De cirkelzaag is een gevaarlijke machine. Lees altijd de gebruiksaanwijzing
goed door en volg de (veiligheids)aanwijzingen op.

• De *decoupeerzaag*. Deze zaag is vooral geschikt voor gebogen vormen. Hij
zaagt bij de opgaande slag, waardoor de rafeligste rand aan de bovenkant van
het hout komt. Door bij geplastificeerd materiaal tevoren met een scherp hobbymes een inkerving langs(!) de zaaglijn te maken, kan de zaagsnede gaver worden. Sommige decoupeerzagen hebben een hulpmiddel om het uitsplinteren
van het hout te verminderen. Ook op de zaagsnede een strook plakband aanbrengen beperkt uitsplinteren.

De machine kan ten opzichte van de voetplaat worden gekanteld, zodat hij ook
onder een hoek van tussen 45° en 90° kan zagen. Zaag altijd eerst een stukje
afvalhout op proef om na te gaan of de hoek juist is ingesteld. Maar let op, want
de hoek kan over de zaagsnede verlopen, omdat het zaagblad flexibel is.

Bij een decoupeerzaag met regelbare snelheid gebruikt u een lagere snelheid
voor een zachte houtsoort én bij het zagen van korte bochten. Geef het zaagje
de tijd zijn werk te doen.

Voor het kaarsrecht zagen is een cirkelzaag veel geschikter. Maar met behulp
van een langsgeleider of een met lijmklemmen vastgezette lat kunt u met de
decoupeerzaag een heel eind komen.

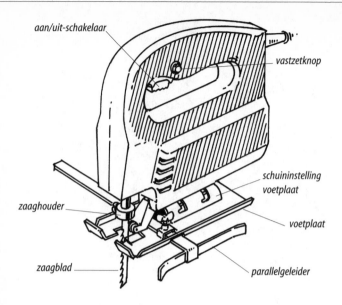

aan/uit-schakelaar

vastzetknop

schuininstelling
voetplaat

zaaghouder

voetplaat

zaagblad

parallelgeleider

Decoupeerzaag

6.4 Schaven

De schaaf is er voor het verwijderen en vlak maken van hout. Voor schaven met de hand is er naast de aloude houten (blok)schaaf de stalen schaaf. Bij die laatste is het op de juiste diepte en recht instellen van de schaafbeitel veel gemakkelijker en de instelling verloopt ook niet zo snel.

De houten schaaf wordt zo weinig gebruikt, dat we daar verder niet op ingaan. Bij aanschaf van slechts één exemplaar is een stalen *zoetschaaf* met een zoollengte van circa 24 cm een goede keus. Hoe langer de zool van de schaaf is, des te gemakkelijker het is om lange werkstukken te schaven zonder dat er ongelijkheden ontstaan.

De handschaaf bestaat uit een blok met vlakke zool, waarin een gleuf zit. Door die gleuf steekt de schaafbeitel. Op de schaafbeitel zit de keerbeitel geklemd, die de houtspaan doet omkrullen. De ingestelde beiteldiepte bepaalt de diepte van de snede. Voor zachte houtsoorten stelt u de keerbeitel circa 1,5 mm achter de snede van de schaafbeitel af; voor harde houtsoorten op een kleinere afstand. Voor een grotere schaafdiepte (dikkere houtkrul) moet de bekopening breder (in lengterichting van de schaaf gezien) zijn dan voor een kleinere schaafdiepte.

De breedte van de bekopening wordt ingesteld met de 'kikker'. Voor veel soorten werk zit de onderrand van de kikker gelijk met het bovenvlak van de bek, zo is de schaaf in de fabriek afgesteld. Hoe kleiner de ruimte tussen beitelvouw en voorkant van de bekopening is, des te fijner ('zoeter') u kunt schaven. Als u af en toe de krullen met de hand uit de bekopening moet verwijderen, staat de schaaf te fijn afgesteld. Verwijder voor het vergroten van de bekopening de

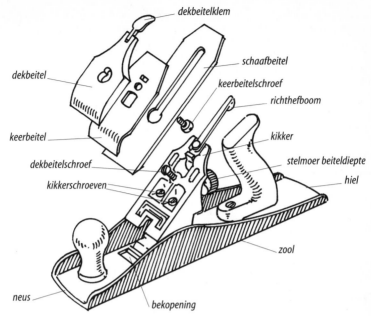

Stalen schaaf

beitel en keerbeitel, draai de bevestigingsschroeven van de kikker losser, draai met de
kikkerstelschroef de kikker wat naar achteren en zet de bevestigingsschroeven weer
vast. Het verstellen van de kikker voor een
kleinere opening is doorgaans alleen nodig
als u een harde houtsoort wilt gaan schaven.
Met de dieptestelmoer kunt u de beiteldiepte instellen: houd daarbij de schaaf ondersteboven en kijk vanaf de neus van de schaaf
in het verlengde van de zool over de zool. Met
de richthefboom kunt u de snijkant van de
schaafbeitel precies parallel aan de zool instellen.

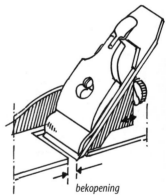

*De breedte van de bekopening instellen
met de kikker*

Goed schaven is een 'slag' die u te pakken
krijgt door ervaring. Blijven steken en happen van de beitel is overigens niet
altijd aan onhandigheid te wijten: het hout kan dwarsliggen door onregelmatig verlopende nerven of door noesten, of de beitel is niet scherp genoeg. Of
houtverbindingen goed passen, is echter sterk afhankelijk van goed schaafwerk, dus dat is niet onbelangrijk.

Stel de beiteldiepte niet te diep in, ook niet als er betrekkelijk veel moet worden afgeschaafd. U kunt beter een aantal 'gangen' extra maken, dan in één
streek een heel dikke krul afnemen. Controleer tijdens het schaven af en toe
of de beitel nog wel recht zit.

147

Houd de schaaf enigszins schuin ten opzichte van de richting waarin u schaaft. Dit heeft als voordeel dat de beitel gemakkelijker insnijdt.

Schaaf met de houtdraad mee. Wanneer de beitel enigszins stotend hapt, schaaf dan vanaf de andere kant. Een harde noest pakt u afzonderlijk aan met een schaafrasp of grove vijl. Of u hakt hem met een beitel uit.

Schaaf in licht overlappende banen. Controleer de vlakheid van het oppervlak geregeld met bijvoorbeeld een stalen liniaal, in diverse richtingen. Controleer ook met een schrijfhaak of het oppervlak haaks ten opzichte van de zijkant staat. Voor het schaven van kops hout stelt u de schaaf fijn in. Stel de bekopening fijn met behulp van de kikkerstelschroef. Het kopse hout moet in de richting waarin de schaaf van het hout afloopt worden ondersteund, om te voorkomen dat het uitsplintert. Klem daartoe een lat vast; die lat wordt dus meegeschaafd. Klem het materiaal dat u schaaft altijd stevig vast.

6.5 Frezen

Het aanbrengen van profielen in hout gaat het beste met de bovenfreesmachine. Ook kunt u met de bovenfrees diverse verbindingen maken, zoals messing- en groefverbindingen, tand- en zwaluwstaartverbindingen. Het apparaat heeft een motor met een hoog toerental, waardoor het werkstuk al direct een glad oppervlak krijgt. Een enkele machine heeft een instelbaar toerental: sneller voor zacht hout en een grotere middellijn frees; en langzamer voor hard hout en een grote middellijn frees.

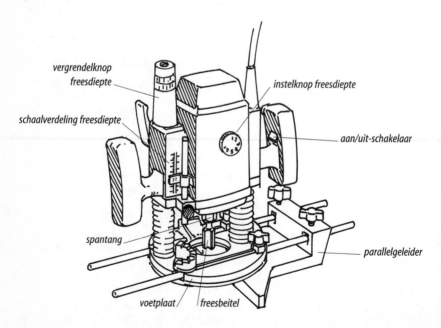

Bovenfreesmachine

Op de motoras zit een spantang waarin een freesbeitel kan worden ingespannen. De voetplaat kan ten opzichte van het motorhuis hoger of lager worden gesteld (en in die stand met een knop of hendel vastgezet), waardoor de freesdiepte wordt ingesteld. De voetplaat wordt door spiraalveren van het motorhuis af gedrukt, zodat als u de machine van het werkstuk af tilt en de 'vastzetknop' bedient, de freesbeitel binnen de voetplaat wordt teruggetrokken.

Alle machines hebben een traploze diepte-instelling. Met die diepte-instelling zorgt u ervoor dat de freesbeitel tot een bepaalde lengte onder de voetplaat kan uitkomen.

Er zijn veel verschillende freesbeitels, die overigens best kostbaar kunnen zijn. Niet alle freesbeitels kunnen in alle machines worden gebruikt. Onder meer de lengte en schachtdiameter kunnen verschillen. Een freesbeitel voor invalfrezen (u begint dan middenin de rand of middenin een werkstuk) mag in de uiterste stand van de machine (motorhuis en voetplaat zover mogelijk uit elkaar) niet onder de voetplaat uitsteken.

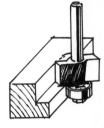

Freesbeitels kunnen nog worden onderverdeeld in niet-geleidende en zelfgeleidende beitels. De laatste hebben aan het uiteinde een rollager of stift, die de freesbeitel lángs het hout geleiden; ze zijn alleen geschikt voor werken aan de rand van het materiaal. Als u met een niet-geleidende frees werkt aan de rand van het materiaal, moet u zelf voor geleiding van de machine zorgen, bijvoorbeeld met een op het werkstuk geklemde lat. Zet het werkstuk altijd goed vast en houd de machine met twee handen vast. Per 'gang' freest u maar enkele millimeters diep.

Sponningfrees met rollager

Zet de voetplaat op de rand van het werkstuk, schakel de machine in en laat hem op volle snelheid komen voordat u de machine-as naar beneden drukt en de freesbeitel langzaam met het hout in contact laat komen; dan pas gebruikt u de vastzetknop of -hendel. Na het frezen deblokkeert u die,

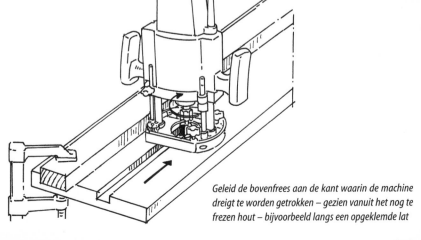

Geleid de bovenfrees aan de kant waarin de machine dreigt te worden getrokken – gezien vanuit het nog te frezen hout – bijvoorbeeld langs een opgeklemde lat

149

waardoor de beitel weer boven de zool komt. Ten slotte schakelt u de machine uit.

De freesbeitels draaien met de klok mee en hebben de neiging zich in het hout te vreten, dus de machine in de draairichting (van de beitels) te trekken. Bij het frezen van groeven moet u daarom aan de kant waarin de machine dreigt te worden getrokken (de linkerkant van de machine) de machine geleiden langs een lat of mal.

Om dezelfde reden moet u bij het frezen aan de rand van materiaal ('kant- en sponningfrezen') de machine tegen de draairichting van de beitel in voeren. De draaiende freesbeitel moet bij randbewerkingen vanuit het hout naar buiten draaien. Voer de machine rustig langs het hout, om uitsplinteren zoveel mogelijk te voorkomen.

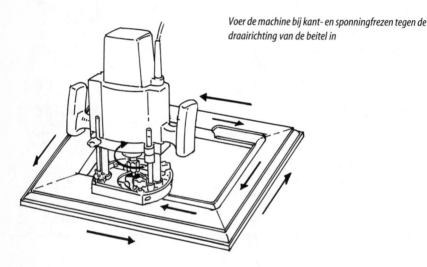

Voer de machine bij kant- en sponningfrezen tegen de draairichting van de beitel in

Trek altijd de stekker uit het stopcontact voordat u wat aan de machine verstelt, een beitel verwisselt of hulpstukken (de)monteert. Controleer voordat u de stekker weer in het stopcontact steekt of het freesje vrijloopt en of de aan/uitschakelaar op 'uit' staat.

Voorkom dat er metalen onderdelen van het werkstuk met de draaiende freesbeitel in aanraking komen. Behalve dat de beitel onherstelbaar zal worden beschadigd, kan de machine ook weggeslagen worden.

6.6 Schroeven

Zie voor informatie over schroeven en schroefverbindingen ook paragraaf 7.2. De schroevendraaier moet precies bij de schroef passen. In grote trekken zijn schroeven te verdelen in die met een gleuf en met een kruisvormige inkeping. In de laatste categorie onderscheiden we Phillips-schroevendraaiers met alleen een kruis en Pozidriv-schroevendraaiers met aan het kruis nog vier fijnere gleufjes.

Houd het werkstuk nooit in de hand, omdat de schroevendraaier kan uit-
schieten.
Als u veel moet schroeven, kunt u uw toevlucht nemen tot een elektrische
schroevendraaier of een boormachine met traploos regelbaar toerental. Hier-
in kunt u zogeheten schroefbits vastzetten. Een momentinstelling ('torque con-
trol'), instelbare slipkoppeling of diepte-aanslag op de machine voorkomt dat
de schroef bij een hoog toerental te diep in het hout draait.
Begin bij machinaal schroeven altijd op een lage snelheid, want dan is de kans
groter dat de schroef er recht ingaat. Elektrische schroevendraaiers met een
momentinstelling of instelbare slipkoppeling kunt u het beste eerst op een lage stand instellen, om te voorkomen dat de schroef er te diep in wordt gedraaid
of breekt.

6.7   Beitelen

Er zijn steek- en hakbeitels: het handvat
van de hakbeitel moet bestand zijn tegen
hamertikken, bij voorkeur van een houten
hamer. Hoe u de beitel vasthoudt, verschilt
per klus. Bij het hakken omvat u het handvat met de hele hand; geef liever wat vaker
zachte klapjes met een hamer dan een kleiner aantal harde tikken. Rechtshandige
vakmensen houden vaak hun rechter-
schouder boven de plek waar het hout
moet worden weggestoken en drukken
met hun schouder op het beitelheft; op die
manier is uw kracht efficiënter over te
brengen. De werkbank mag dan niet te laag
zijn. Zet het werkstuk altijd vast.
Of u de beitel met de vouw of platte kant
naar het afvalgedeelte houdt, verschilt per
klus. Als u de beitel in het hout drijft,
wordt het 't meest aan de schuine beitel-
kant ingedrukt. Maar ook aan de rechte bei-
telkant wordt het hout iets ingedrukt en
heeft de beitel daar de neiging schuin on-

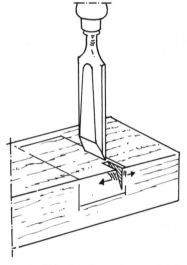

*Houd er bij het in het hout drijven van de bei-
tel rekening mee dat het hout wordt weggedrukt*

der de lijn door te duiken. Zet daarom de beitel niet direct op de juiste plaats
op de lijn, maar een fractie ervandaan op het afvalhout. U steekt om te beginnen aan de afvalkant materiaal weg, om te voorkomen dat de beitel het werkstuk kan beschadigen. Vervolgens steekt u precies langs de afgetekende lijn.
Zet de vouw over zijn volle breedte op het materiaal en geef met de hamer lichte tikken. Steken doet u zoveel mogelijk met de vezelrichting van het hout mee;
houd de beitel ietsje schuin, zoals bij schaven. Als u tegen de draad in werkt,
grijpt de beitel onder de vezellagen, waardoor ze afbreken.

6.8   Boren

De klopboormachine is vooral geschikt voor boren in hout, metaal en steen, maar in beton doet hij het meestal minder goed; hard beton kan echt een probleem vormen. De elektropneumatische en elektromechanische boormachine zijn speciaal gemaakt voor boren in beton; voor boren in hout en metaal zijn ze minder geschikt.

De accuboormachine kan ook prima geschikt zijn voor boren en schroeven in hout en metaal. De accuboormachine kan meestal niet zo snel draaien als de boormachine met snoer.

• *Boren in hout.* Voor het boren in hout wordt vaak een (metaal)spiraalboor gebruikt. Een machinehoutboor heeft een centreerpunt, waarmee het boorgat wat exacter op de juiste plek is te maken. Voor gaten van 6 tot circa 40 mm is er ook nog de speedboor, die ook een centreerpunt heeft. Op de speedboor moet stevige druk worden uitgeoefend. Hij geeft een minder strak gat dan een houtspiraalboor.

Boren met een centreerpunt zijn niet geschikt om een gat groter te maken. Daarbij is voorboren dus niet mogelijk.

Een schroefgat kunt u voorboren. Om het uiteinde van een platkopschroef op gelijke hoogte met het houtoppervlak te krijgen, kunt u na het boren van het gat een verzinkboor gebruiken, die het geboorde gat een conisch begin geeft.

Hoe harder het hout en dikker de boor, des te langzamer hij moet draaien om verbranding van het hout te voorkomen. Druk niet te hard op de boor, maar laat de boor rustig zijn werk doen en verwijder zo nodig regelmatig het boormeel.

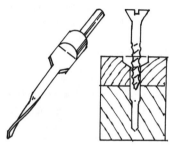

Schroefverzinkboor en het gemaakte gat voor de te verzinken schroef

Als u aan de kant waar de boor het hout verlaat een gat zonder rafelige randen wilt, is het aan te bevelen aan die kant een plankje te klemmen. Als u een reeks gaten op gelijke diepte wilt boren, gebruik dan een aanslag en maak zo nodig een proefboring om de precieze diepte te controleren.

• *Boren in wand en plafond.* Voor het boren in wand of plafond komen drie typen boor in aanmerking: de spiraalboor (een metaalboor), de steenboor en de betonboor. Het verschil tussen de twee laatstgenoemde zit in de vorm van de punt: een steenboor verspaant (snijdt) het materiaal; een betonboor vergruist hard materiaal door de combinatie van draaien (slijpen) en kloppen. Een steenboor wordt gebruikt zonder de boormachine in de klopstand te zetten en een betonboor juist wel in de klopstand.

Een spiraalboor (voor metaal en hout) wordt heel snel bot in een steenachtige ondergrond. Als u niet weet waarmee u te maken heeft, kunt u het veiligst een betonboor gebruiken zonder de boormachine in de klopstand te zetten. Dan kijkt u wat voor gruis er uit het boorgat komt, voordat u besluit hoe u verder boort of de overige gaten boort.

Bedenk dat wanneer u alleen voorboort om een schroef in hout te kunnen draai-

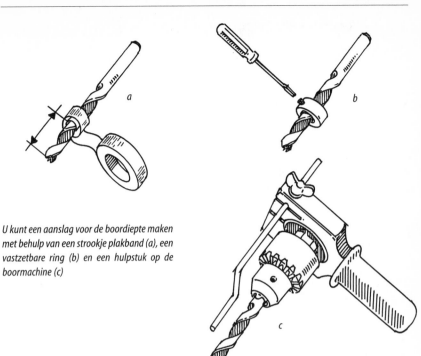

U kunt een aanslag voor de boordiepte maken met behulp van een strookje plakband (a), een vastzetbare ring (b) en een hulpstuk op de boormachine (c)

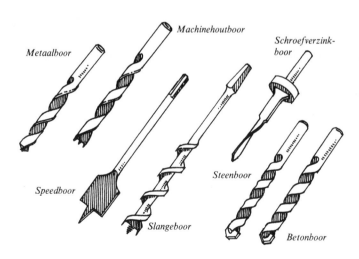

en, het gat een stuk kleiner moet zijn dan wanneer u er eerst een plug in moet steken. Als u niet weet of de ondergrond van hout of steen is, begin dan met een dun steenboortje, bijvoorbeeld 3,5 mm.

6.9 Meet- en afschrijfgereedschap

• *Rolbandmaat.* De rolbandmaat en duimstok zijn prima meetinstrumenten. Haak het schuifhaakje van de rolbandmaat om de rand van het werk en trek er iets aan; schuif dat haakje echter in bij het meten van een binnenwerkse maat. Bij de duimstok kan de dikte van het materiaal gemakkelijk een onnauwkeurige meting veroorzaken; houd hem daarom op zijn kant.

• *Schrijfhaak.* De schrijfhaak dient om hoeken van 90° af te schrijven en om de haaksheid van het werk te controleren. Van de zweihaak kunnen blok en blad onder elke gewenste hoek worden ingesteld. Om dit gereedschap nauwkeurig af te stellen is een gradenboog nodig, maar u kunt er ook een willekeurige hoek mee kopiëren.

• *Kruishout.* Met het kruishout kunt u een lijn exact parallel aan de rand van het werkstuk afschrijven. Voor de duidelijkheid kunt u deze met een potlood natrekken. Een dubbel kruishout heeft twee instelbare kraspennen. Kerf de lijn niet te diep in het hout, want dan loopt u de kans dat de naald de houtnerf gaat volgen.

• *Waterpas.* In principe: hoe langer de waterpas is, des te zuiverder. Door de waterpas tegen een schone, echt rechte lat te houden, wordt hij als het ware verlengd. Een slangwaterpas kan een dure lange waterpas goed vervangen.

6.10 Klemgereedschap

Nagenoeg alle verlijmde verbindingen moeten tijdelijk worden vastgeklemd of -geperst, tenzij ze ook met schroeven of spijkers worden vastgezet. Voor het klemmen is er speciaal gereedschap.

Als u een gelijmde verbinding ook wilt vastschroeven, kunt u dat doen als de lijm is uitgehard, dan wel vlak na het lijmen, nadat u de verbinding heeft aangeklemd. Klem hem aan tot na het schroeven.

Lijmklemmen zijn er in talrijke soorten en afmetingen. Daarnaast kunt u op allerlei manieren improviseren om verbindingen aan te klemmen. Zorg er wel voor dat u zo'n geïmproviseerde methode en de hulpstukken daarvoor gereed en geprobeerd heeft voordat u lijm aanbrengt. Controleer voor het lijmen of de te verbinden oppervlakken vlak zijn. En na het lijmen controleert u het werkstuk

Lijmklem

op haaksheid of andere hoek. Zorg ervoor dat over de hele verbinding een even grote klemkracht wordt uitgeoefend. Bescherm uw werkstuk tegen beschadigingen als gevolg van het klemmen.

6.11 Persoonlijke bescherming

• *Luchtwegen.* Bescherm uw luchtwegen bij klussen die stof veroorzaken met een goed stofmasker. De gebruikelijke chirurgische en simpele vezelachtige mondkapjes houden bij de meest voorkomende klussen maar zo'n 20% van het ontstane stof tegen, vooral de grovere bestanddelen. Maar bijvoorbeeld bij schuurstof wordt slechts zo'n 7% tegengehouden. Ook kan stof door de ademhaling langs de randen van het masker naar binnen gezogen worden. U kunt dit bij een masker met filterelement zelf testen door de filteropening met de hand dicht te houden en te proberen in te ademen. Als dit niet lukt, sluit het masker luchtdicht af. Komt er wél lucht in het masker, probeer dan of het beter afsluit als u de hoofdband(en) verstelt.

Wannéér u het masker of filter moet vervangen, hangt af van de poriëngrootte van het filtermateriaal, van de hoeveelheid stof en de luchtvochtigheid. Zodra u moeilijkheden krijgt met ademhalen, kunt u beter een ander masker nemen of het filter vervangen.

• *Gehoor.* Bescherm uw gehoor tegen beschadiging door lawaai. Er zijn gehoorbeschermers in de vorm van een hoofdtelefoonmodel ('kleppen') en oordoppen.

• *Handen.* Bescherm waar nodig ook uw handen; pas de soort handschoen aan de klus aan.

• *Ogen.* Bescherm uw ogen met een veiligheidsbril tegen rondvliegende deeltjes bij bijvoorbeeld hakken, slijpen en werken met apparaten die spaanders of stof met vaart uitstoten.

• *Werkkleding.* Werkkleding mag niet te wijd zijn of loshangende delen hebben die door draaiende machines kunnen worden gegrepen. Pas ook op met ringen, polshorloges en armbanden, waarachter u kunt blijven haken. Schoenen moeten goed passen en stevig aan de voet zitten. De zolen moeten gaaf zijn.

• *Gereedschap.* Gebruik het gereedschap niet voor een ander doel dan waarvoor het is gemaakt en gebruik het op de juiste manier. Houd het in goede conditie en schoon. Beschadigd gereedschap leidt makkelijk tot verwondingen. Steek nooit een stuk scherp gereedschap, zoals een schroevendraaier of beitel in uw zak; vooral als u valt kan dit verwondingen opleveren. Berg gereedschap veilig op. Vervang een beschadigd netsnoer van elektrisch gereedschap in zijn geheel; repareer het niet. Houd machines en andere (scherpe) gereedschappen buiten bereik van kinderen.

Werkzaamheden waarbij u gevaar loopt, zijn onderhoud, afstellen, smeren en schoonmaken. Bedien elektrisch gereedschap niet als u medicijnen gebruikt die de coördinatie en reactiesnelheid nadelig beïnvloeden.

• *Opstapjes.* Soms heeft u voldoende aan een opstapje. Daarvoor worden in de praktijk vaak krukjes, stoelen en dergelijke gebruikt. Het gaat dan meestal om zitmeubelen, die er in principe niet op zijn gemaakt om als opstapje te dienen; deze zijn dan ook een bron van ongelukken. Soms staat u onstabiel doordat de zitting doorveert, een andere keer kunt u zelfs door een zitting heen zakken als u uw volle gewicht op een klein oppervlak – zoals de voorvoeten – laat rusten. Weer een andere keer kan het meubeltje kiepen doordat u met uw volle gewicht op de rand staat.

En u vraagt natuurlijk helemaal om ongelukken als u een krukje op een tafel zet.

Er zijn speciale opstapjes op de markt. Let er voor aankoop op dat het niet makkelijk kan wegglijden en dat het een stevige constructie heeft. Er zijn opstapjes met wieltjes eronder, zodat ze verrijdbaar zijn; de wieltjes worden automatisch weggeklapt zodra u erop stapt.

• *Trappen.* Losse trappen krijgen in tests van de Consumentenbond vaak een onvoldoende voor veiligheid. Zo'n trap gebruiken kan gevaarlijk zijn. Maar ook een goede trap is alleen veilig als u hem op de juiste manier gebruikt. Zet de trap neer op een stabiele, vlakke ondergrond en leun op de trap niet te ver opzij, voor- of achterover. Verder is het plateau niet altijd bedoeld om op te staan en moet u zich aan de trap kunnen vasthouden. Draag goed vastzittende schoenen (bijvoorbeeld geen slippers, schoenen met hoge hakken) en blijf met beide voeten op de trap staan (niet met bijvoorbeeld één voet op een vensterbank). Zet een trap niet voor een dichte deur.

Bij het werken op een trap moeten uw benen steeds even boven de knie steun vinden tegen een steunbeugel of trede. Gebruik geen trap met doorgebogen trede of ingescheurde aluminium buis; kijk hem af en toe na. Als de trap permanent aan weer en wind wordt blootgesteld (doordat u hem in de openlucht bewaart), kan het materiaal op den duur verzwakken. Kunststof onderdelen kunnen onder alle omstandigheden – maar vooral in zonlicht – langzaam verouderen (brosser worden).

Een houten trap heeft af en toe onderhoud nodig, zoals de verbindingen vastdraaien. Schilder hem niet met verf, omdat de conditie van het hout dan niet meer te beoordelen is. Ook wordt de 'vochthuishouding' van de trap dan verstoord, zodat de sporten kunnen gaan loszitten. U kunt hem wel behandelen met kleurloze lak of beits. Bewaar een houten trap in een droge, goed geventileerde ruimte. Let op dat kinderen niet met de trap kunnen spelen.

• *Ladders.* In sommige omstandigheden kan een ladder de voorkeur hebben boven een trap. Maar bedenk wel dat losstaande ladders een bron van ongevallen zijn. U heeft de keus tussen houten en aluminium ladders, die in veel lengten te koop zijn. Voor hout pleit dat het een vriendelijker materiaal is, dat minder geluid maakt en minder koud aanvoelt. Zie voor het bewaren en onderhouden van ladders hierboven, bij *Trappen.*

Zet een ladder alleen op een stevige, stabiele ondergrond die niet glad is. Zet hem niet ondersteboven, achterstevoren of tegen ronde of smalle zuilen, hoeken en dergelijke. Zet de ladder onder een hoek van 70 tot 75°, op zo'n manier dat beide stijlen een goede steun vinden. De afstand van de voet van de ladder tot de muur is dan ongeveer gelijk aan een kwart van de ladderlengte. U kunt die hoek ook controleren door met de punten van uw schoenen tegen de ondereinden van de stijlen van de ladder te gaan staan en uw armen recht vooruit te steken. Als u de laddersport op die hoogte gemakkelijk kunt vastpakken, staat de ladder goed.

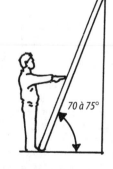

De zekerste manier om te voorkomen dat de ladder onderuit kan glijden, is hem aan de bovenkant te laten grijpen rond een rail of stang, waar hij ook tegen kan steunen. Er zijn verschillende mogelijkheden, die alle maatwerk vereisen, bijvoorbeeld omdat de ladder precies op lengte moet worden gemaakt. Er zijn niet veel winkels waar u dit soort ladders kunt kopen.

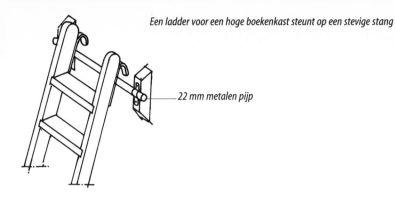

Een ladder voor een hoge boekenkast steunt op een stevige stang

22 mm metalen pijp

Neem voorzorgsmaatregelen als u een ladder voor een deur(opening) of in een passage moet plaatsen. Als u zich ook aan de ondergrond van de ladder wilt kunnen vasthouden of met één voet op de ladder staan en de andere ergens anders op, moet u de ladder goed aan de ondergrond vastzetten.

Beklim de ladder met het gezicht ernaartoe en houd u met minstens één hand vast. Draag goed vastzittende schoenen, met stroeve zolen, en sta bij werkzaamheden met beide voeten op de ladder. Reik niet verder zijwaarts dan armlengte. Beklim nooit de bovenste vier sporten, omdat dan uw zwaartepunt te ver naar achteren komt te liggen.

7 Verbindingsmaterialen

Voor het aan elkaar bevestigen van hout en plaatmateriaal zijn er allerlei hulpmiddelen. De bekendste daarvan zijn spijkers, schroeven en lijm, maar er zijn er meer.

De meeste bevestigingsmiddelen zijn van staal ('ijzer'), maar dat is roestgevoelig. Daarom krijgen ze een roestwerende behandeling. De meest toegepaste is verzinken. Heel vaak wordt slechts een dun laagje zink aangebracht, dat zelfs binnenshuis niet langdurig tegen roest beschermt. Roestend staal zet uit, waardoor het hout kan scheuren. Als het hout wordt geschilderd of gebeitst, beschermt dit ook het zichtbare deel van de verbindingsmaterialen. Op de lange termijn biedt dat echter toch onvoldoende soelaas, doordat hout altijd iets vochtig is en het in het hout zittende deel wordt aangetast. Behalve door vocht kan het metaal ook worden aangetast door stoffen die in sommige houtsoorten, zoals eikenhout, aanwezig zijn.

Een bijkomend probleem van verzinkt staal is dat bij het spijkeren of aandraaien van schroeven de zinklaag wordt beschadigd.

Beter tegen corrosie bestand zijn messing en roestvast staal; in sommige omstandigheden voldoet ook aluminium. Aluminium en messing zijn aan de zachte kant, waardoor ze bij het verwerken en belasten problemen kunnen geven. Roestvast stalen bevestigingsmaterialen zijn het duurzaamst, maar vrij kostbaar.

7.1 Spijkers

De meest gebruikte spijker (officieel 'draadnagel') heeft een platte kop, die van een geruite structuur is voorzien. De spijker met verloren kop is makkelijker in het hout te verzinken, waarna het gaatje met een vulmiddel kan worden dichtgemaakt.

De boardnagel met diamantvormige kop en vierkante schacht is er speciaal voor het vastzetten van hardboard; de kop kan daarin worden ingeslagen.

De kruisstift heeft geen kop, maar wel een punt. Door zijn vorm zal hout wat minder snel splijten dan bij een spijker van dezelfde diameter. Hij kan bijvoorbeeld worden gebruikt voor het extra vastzetten van pen-en-gatverbindingen, in plaats van deuvels.

Over het algemeen zijn lange, dunne draadnagels beter dan dikke, korte.

Nagel nooit dik hout op dun. Bij twee houtdelen van verschillende dikte moeten de spijkers in het dunste deel worden ingeslagen. De lengte van spijkers waarmee twee stukken hout worden verbonden, moet zodanig zijn dat tweederde tot driekwart ervan in het onderliggende hout reikt.

Drevel spijkers slechts enkele millimeters in.

Sla spijkers niet te dicht bij een kops einde en ook niet te dicht aan de rand van het hout. Wanneer er wegens de geringe afmetingen van het hout weinig

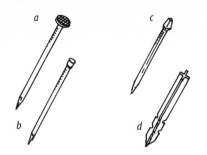

a Gewone spijker (draadnagel)
b Spijker met verloren kop
c Boardnagel
d Kruisstift

uitwijkmogelijkheid is, gebruik dan dunne spijkers, om splijten zoveel mogelijk te voorkomen en boor het gat voor met een iets kleinere middellijn dan
van de spijker. Of probeer een combinatie met bijvoorbeeld lijm.

Sla twee of meer spijkers in massief hout niet in een rechte lijn ten opzichte
van de houtnerf, maar verspringend, om de kans op splijten van het hout te
verkleinen.

7.2 Schroeven

De onderdelen van de schroef zijn de kop en de
schacht, die uitloopt in een punt. Aan de schacht
zit de schroefdraad, die om een kern loopt. Hoe
groter de buitenmiddellijn van de schroefdraad
ten opzichte van de kerndikte (de dikte van de
schroef minus de draad), des te groter de uittrekweerstand.

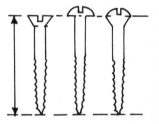

Voor de lengte van de schroef wordt doorgaans
de maat aangehouden van het deel dat in het
hout verdwijnt.

Zo meet u de lengte van een schroef

Bij moderne schroeven loopt de draad van de punt tot de kop. Er zijn allerlei
soorten schroefdraad ontwikkeld, aangepast aan specifieke materialen. Handig is scherpe draad (die door het materiaal snijdt), waardoor de schroef makkelijk zijn weg in het materiaal vindt. Deze schroeven kunnen prima elektrisch
worden ingedraaid. Ze worden spaanplaatschroef, snelbouwschroef en dergelijke genoemd. De volgende schroeven worden nog het meest gebruikt. De *platkopschroef*, waarvan de kop gelijk komt met het houtoppervlak (hij kan ook
worden verzonken) en de *bolkopschroef*, die tot de platte kant onder de kop
wordt ingedraaid.

Wat de keuze van het schroefformaat betreft, gelden ongeveer dezelfde richtlijnen als bij spijkers. Schroeven hechten beter in hout en plaatmateriaal dan
gewone spijkers. Het tussen de spiralen van de schroef zittende hout zorgt voor
een veel grotere uittrekweerstand dan het tegen de gladde schacht drukkende
hout bij een spijker. Een schroef hoeft dan ook niet altijd zo diep in het onderliggende materiaal te steken als een spijker.

Voorboren van het schroefgat kan om verschillende redenen gewenst of zelfs
noodzakelijk zijn. Dit hangt voornamelijk van het formaat (lengte/dikte) van

de schroef af en van de hardheid van het hout. Boor in geen geval met een grotere diameter dan van de kern van de schroef.

In een harde houtsoort is voorboren veelal noodzakelijk om een schroef te kunnen indraaien. Anders lukt het helemaal niet, of kan de schroef breken of het hout splijten.

In vrij zacht hout hebben kleine schroeven meestal genoeg aan een priemgaatje om bij de eerste slag van de schroevendraaier houvast te vinden.

Om schroefverbindingen zoveel mogelijk onzichtbaar te maken, kunt u de kop enkele millimeters onder het oppervlak verzinken. Hiervoor kunt u de verzinkboor gebruiken.

7.3 Andere metalen houtverbinders

Er is een groot scala aan metalen houtverbinders in de vorm van strips, hoeken, kramplaten, haken en dergelijke. Er zijn grote maten voor bijvoorbeeld gebruik in de bouw. Maar ook voor meubelen zijn er allerlei typen. De catalogi van groothandels vermelden voor beide categorieën een grote variëteit. Nogal wat typen worden in meer dan één maat gemaakt. Ze zijn niet allemaal even makkelijk te verkrijgen.

De meeste van die hulpstukken zijn er voor verbindingen die uit het zicht komen.

• De *hoeksteun* is er voor het versterken van een binnenhoek (buitenhoekversterking komt niet veel voor). Er zijn hiervan bijzonder veel uitvoeringen, met allerlei pootlengten en breedten.

• De *raamhoek* verstevigt een hoekverbinding in het platte vlak. Er is ook het *raamkruis*, voor versteviging van een kruisverbinding in het platte vlak. Raamhoek en -kruis worden vaak in het hout ingelaten.

• De *koppelstrip* verstevigt een verbinding in rechte lijn.

• De *kramplaat* dient voor het extra verstevigen van een houtverbinding bij twee op elkaar aangebrachte dikkere stukken hout.

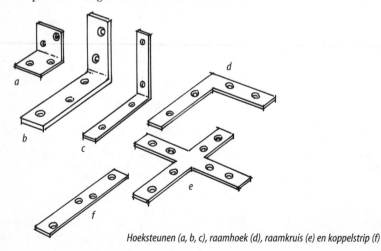

Hoeksteunen (a, b, c), raamhoek (d), raamkruis (e) en koppelstrip (f)

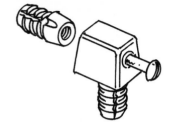

Kramplaat

Deuvelverbindingshulpstuk (ook onder andere namen verkrijgbaar)

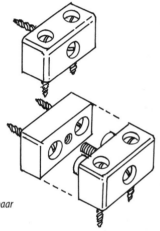

• Het *deuvelverbindingshulpstuk* is er voor stompe hoekverbindingen van bijvoorbeeld spaanplaat. Eerst worden in het ene paneel de draadbussen in het hout vastgezet. Dan worden in het andere stuk hout de hoekstukken gemonteerd. Zet dan de panelen tegen elkaar, en draai de schroefbouten door de hoekstukken in de draadbussen.

• Het *verbindingsblok* van kunststof is er voor het verstevigen van binnenhoeken. Het is er in enkele en dubbele uitvoering.

Verbindingsblokken van kunststof, onder diverse namen verkrijgbaar

7.4 Scharnieren

Zie voor het aanbrengen van scharnieren paragraaf 10.5.

Er is een bijzonder groot aantal soorten en typen scharnier. Hoe ver een deur kan worden geopend, kan per type verschillen; dit loopt van 90 tot 180°. Sommige scharnieren kunnen onzichtbaar (aan de achterzijde van de deur) worden bevestigd. Dat is vooral bij kastscharnieren het geval. Voor elk scharnier is er een maximale belasting waarbij hij nog goed werkt en niet overmatig slijt. Als u een deur extra belast, bijvoorbeeld door het deuroppervlak als opslagruimte te gebruiken, kan het nodig zijn de scharnieren aan te passen.

Er zijn in grote lijnen twee soorten draaiende deuren: stompe deuren en opdekdeuren. De stompe deur is in principe een rechthoekige plaat. Als de deur in de sponning valt, is de breedte van de sponning gelijk aan de dikte van de deur; u kijkt aan de kant waarheen de deur opent dus in de sluitnaad. Bij de opdekdeur is de sponning smaller dan de deurdikte en wordt de sluitnaad afgedekt door een zogeheten opdeksponning, die aan de deur vastzit.

Voor de keuze van een scharnier is het van belang of het gaat om een stompe deur dan wel om een opdekdeur. Vraag zo nodig uw leverancier om advies. Ook voor schuifdeuren, kanteldeuren en harmonicadeuren zijn er speciale draaihulpmiddelen.

161

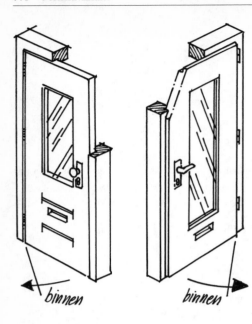

Stompe deur, linksdraaiend (links), en opdekdeur, rechtsdraaiend (rechts)

- Het traditionele deurscharnier oftewel *knopscharnier* bestaat uit twee in elkaar passende bledden die met een pen bijeen worden gehouden. Die pen kan meestal worden verwijderd om de deur weg te halen. Voor meubelen is het knopscharnier soms voorzien van twee knoppen, waardoor de pen niet kan verschuiven, maar ook niet is te verwijderen. Verkrijgbaar zijn ook het gekropt en het dubbel gekropt type.

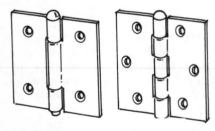

Knopscharnieren

- Het *kleptafelscharnier* kan bledden van verschillende breedte hebben. Daardoor kan een fraai afgewerkte rand van het blad van een klaptafel (hangoortafel) blokkeren op de zogeheten duimstokverbinding, terwijl het bij het omlaag klappen vrij draait.
- Het *lessenaarscharnier* oftewel speeltafelscharnier laat toe dat het blad van bijvoorbeeld

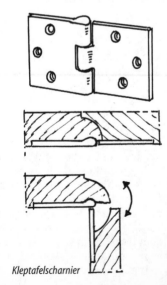

Kleptafelscharnier

een lessenaar naar boven toe 180° wordt gedraaid. Hij heeft twee pennen, twee bledden en een tussenblad.

• Een *pianoscharnier* is een lang scharnier (tot 5 m) met twee bledden en een vaste pen. Het is er in diverse dikten. Het scharnier kan op de benodigde lengte worden afgezaagd.

• *Paumelles* zijn scharnieren waarbij de pen vastzit aan één van de twee bledden. Daardoor is de deur uit de scharnieren te tillen zonder dat de scharnierpen hoeft te worden verwijderd. Het bled met de pen wordt meestal aan het kozijn vastgezet. Omdat de pen altijd naar boven moet wijzen, zijn er paumelles voor linksom draaiende en voor rechtsom draaiende deuren. Er zijn ook nastelbare paumelles, waarbij u na het aanbrengen de stand van de deur iets kunt bijstellen. Dat linksom en rechtsom draaiend is overigens van bovenaf gezien. Met de klok mee is rechtsom draaiend. Let op, want in Duitsland hanteert men een omgekeerde benaming.

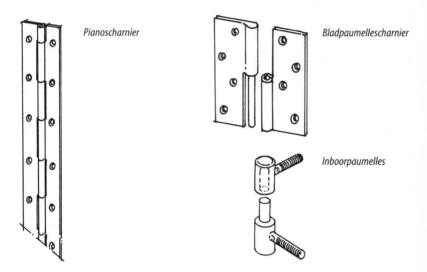

Pianoscharnier

Bladpaumellescharnier

Inboorpaumelles

• *Verende scharnieren* zijn er om deuren automatisch te laten sluiten. Andere typen – onder meer het bommerscharnier en het inboordeurveerscharnier – laten deuren twee kanten op draaien: bijvoorbeeld salondeurtjes en tochtdeuren.

• Het *insteekscharnier* oftewel de tweelingpaumelle maakt het mogelijk twee (kast)deurtjes aan een gezamenlijke middenstijl te bevestigen. Het lange bled wordt in de middenstijl ingelaten.

• Er zijn vele soorten *kastdeurscharniertjes* (ook inboorscharnieren genoemd), die oppervlakkig gezien soms sterk op elkaar lijken, maar die qua werking flink van elkaar kunnen verschillen. Voordeel van de meeste typen is dat ze van buitenaf onzichtbaar worden bevestigd en dat

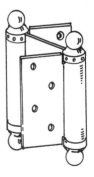

Bommerscharnier (een verend scharnier)

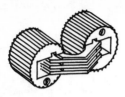

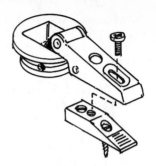

Twee typen kastdeurscharnier: boven een inboor-cilinderscharnier voor lichte deurtjes, rechts een in-boorscharnier

de kastdeuren 180° kunnen worden geopend. Zorg dat u er een montagesjabloon bij krijgt. Check vóór aankoop altijd hoe diep het scharnier in het hout moet worden ingelaten. Bij slijtage van zo'n scharnier kan het lastig zijn een identiek exemplaar te vinden.

7.4.1 Hoeveel deurscharnieren?

Of deuren goed (blijven) scharnieren hangt af van een aantal aspecten. De scharnieren mogen uiteraard niet overbelast zijn; het aantal en type – en uiteraard de kwaliteit – van de scharnieren is dus van belang. Op die belasting zijn de deurbreedte, -hoogte en het deurgewicht van invloed. En natuurlijk ook de intensiteit van het gebruik. Of een scharnier goed blijft zitten hangt af van de kwaliteit van de bevestiging, zo nodig aangepast aan het materiaal van deur en kozijn. Bij meer dan drie scharnieren luistert het aanbrengen nog nauwer om ze precies in één lijn te krijgen. Een alternatief is een pianoscharnier, dat in verschillende sterkten verkrijgbaar is.

Welk gewicht een scharnier maximaal kan dragen, moet vermeld staan in de fabrieksdocumentatie. Daarnaast stelt het materiaal waar de scharnieren op komen eigen eisen. Voor drie soorten materialen vindt u hier vermeld hoeveel scharnieren u gemiddeld nodig heeft bij een kastdeurbreedte van 60 cm en bij verschillende deurhoogten:

- *18 mm spaanplaat*: tot 90 cm hoog 2 stuks; 90 tot 160 cm hoog 3 stuks; 160 tot 200 cm hoog 4 stuks; 200 tot 240 cm 5 stuks.
- *18 mm multiplex en paneeldeur met massief houten raam*: tot 120 cm hoog 2 stuks; 120 tot 180 cm hoog 3 stuks; 180 tot 240 cm hoog 4 stuks.

Het bovenste scharnier brengt u aan op circa 12 cm van de bovenzijde van de deur; het onderste scharnier op circa 25 cm van de onderzijde. Een derde scharnier brengt u in het midden daartussen aan; bij vier scharnieren verdeelt u de tussenliggende ruimte in drieën.

7.5 Sluitmaterialen

Onder sluitmaterialen verstaan we alle producten die een deur, lade of bijvoorbeeld klep op zijn plaats houden dan wel met een sleutel afsluitbaar maken.

Bij houten meubelen en bijvoorbeeld vaste kasten binnenshuis heeft een met sleutel afsluitbaar slot vooral tot doel de deur goed te kunnen sluiten en eventueel kinderen en andere bekende nieuwsgierigen buiten te sluiten. Tegen inbrekers helpen deze sloten niet; u kunt zelfs beter de sleutel in het slot laten zitten, omdat u anders kans op zware schade loopt als zo'n meubel met makkelijk te kraken slot door een inbreker wordt geforceerd. Een deur of klep binnenshuis hoeft daarom niet per se te worden voorzien van een slot met sleutel.

Sommige sloten hebben een zogeheten dagschoot, waardoor u bijvoorbeeld de deur of klep alleen hoeft dicht te drukken om de dagschoot in de slotplaat of -kast te laten grijpen. Pas bij het openen hoeft u een sleutel of greep te draaien. Bij andere sloten moet u zowel bij het sluiten als openen hieraan draaien.

• Het *opbouwslot* oftewel oplegslot ligt helemaal op het oppervlak, al kan de slotvoorplaat wel in het hout zijn ingelaten. Soms wordt in het hout nog de cilinder ingelaten.

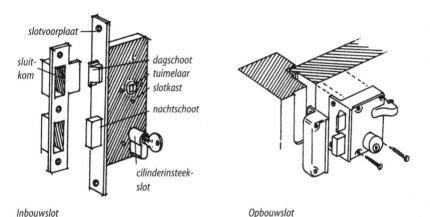

Inbouwslot   Opbouwslot

• Het *inbouwslot* oftewel insteekslot wordt geheel in het hout ingelaten.
• Het *inlegslot* houdt het midden tussen beide voornoemde sloten. Het wordt aan de zijkant van het hout ingelaten.
• Het *haakslot* wordt gebruikt voor binnenschuifdeuren.
• De *grendel* is er in allerlei maten. Hij wordt opgelegd en komt dus in het

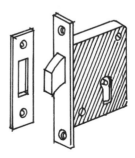

Inlegslot   Haakslot

165

zicht. Voor het sluiten van één deur van een stel dubbele deuren is er de kant-schuif, die uit het zicht wordt aangebracht.

- *Kogelsnappers* zijn er in allerlei uitvoeringen. Ze bevatten één of twee ge-veerde kogels of rollers, die om een pal klemmen. De drukkracht van de veer is soms instelbaar.
- Het *magneetslotje* houdt een deurtje of klep met behulp van een magneet op zijn plaats.

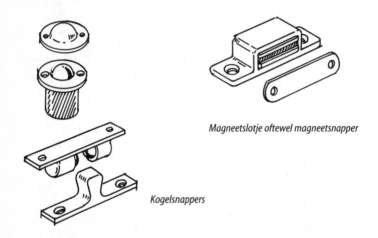

Magneetslotje oftewel magneetsnapper

Kogelsnappers

7.6 Handige hulpmaterialen

Er worden heel veel handige metalen hulpmiddelen gemaakt voor gebruik in meubelen, bij het ophangen, bevestigen enzovoort. Probleem is niet zelden de verkrijgbaarheid.

- Voor het op zijn plaats houden van kleppen, deurtjes, deksels en dergelijke is er een groot scala aan *meubelscharen, uit-zetijzers* en *steunijzers*. Ze werken vol-gens verschillende principes. De meeste zijn zowel aan de linker- als aan de rech-terkant aan te brengen; is dat niet het ge-val, dan moet u twee aan elkaar gespie-gelde exemplaren aanschaffen. Sommige hebben een vaste eindstand, andere zijn instelbaar. Er zijn er die een naar beneden openende klep (scharniert aan de boven-zijde) in horizontale stand kunnen vast-houden. Weer andere zijn bedoeld voor het vasthouden van een naar boven ope-nende klep (scharniert aan de onderzijde).

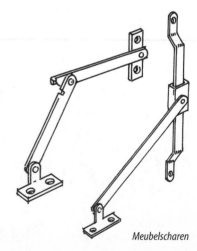

Meubelscharen

Voordat u dit soort producten koopt, dient te worden berekend welke krachten erop werken, omdat ze een maximale belasting hebben. Het bepalen van de bevestigingspunten vereist de nodige vakkennis.

• *Zwenkwieltjes*, die worden gemonteerd aan de onderzijde van de poten van meubelen, zijn er in vele uitvoeringen. Ze zijn onder meer te onderscheiden naar de manier van aanbrengen. Voor houten poten wordt veel gebruik gemaakt van een pin met huls; de huls wordt in een in het hout geboord gat ingelaten en vastgeslagen en vervolgens wordt de pin van het wiel erin gedrukt. Andere wielen hebben een bout met schroefdraad; in hard hout kan daarvoor wel draad worden getapt, na precies op maat voorboren. Weer een andere mogelijkheid is dat het wiel wordt vastgezet met behulp van een metalen plaatje (dat met vier schroeven wordt vastgezet); zo'n wiel is minder geschikt voor een dunne poot, omdat de schroeven dan te dicht op de rand van het hout zitten. Let bij wieltjes op het rollende oppervlak. Hard plastic bijvoorbeeld kan parket beschadigen en zwart rubber kan afgeven.

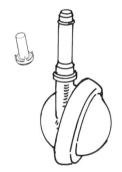

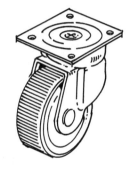

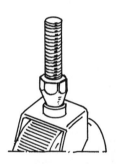

Zwenkwiel met pin   Zwenkwiel met montageplaat   Zwenkwiel met schroefdraad

• *Grepen* voor deurtjes en laden worden gemaakt van een bijzonder groot aantal materialen, in een schier oneindig aantal vormen. Voor het bedienen van een schoot zijn er allerlei draaibare grepen, waaronder de deurkruk.
• *Beslag* is er zowel voor de sier als met een technische functie. Wat dat laatste betreft kunnen we denken aan verstevigingshoeken en -strips en sleutelgatplaatjes die voorkomen dat het hout rond het sleutelgat beschadigt door het steeds insteken van de sleutel.
• *Laden* glijden traditioneel gewoon op hun houten onderdelen. Gaat het wat stroef, maak dan de glijdende onderdelen zorgvuldig stofvrij en smeer er wat kaarsvet op. Een alternatief bij voldoende ruimte, of als u die creëert, is het voorzien van één van de glijvlakken van een strip harde kunststof (melamineplaat, verkocht onder de merknamen Formica, Duropal en Resopal). Deze strips zijn te koop in een zelfklevende versie, maar u kunt ook van een plaatje een stuk afsnijden en met contactlijm bevestigen. Melamineplaat wordt een keer of drie, vier ingesneden met een hobbymes en dan langs de snijlijn afgebroken. Snijd de plaat aan de zichtkant en breek hem dan naar boven toe af (dus naar de zichtkant toe) terwijl u een lat of rei langs de snede houdt. Verder zijn er nog allerlei glijders, geleiders en ladelopers te koop voor laden.

Er zijn er die door hun gladde oppervlak het schuiven vergemakkelijken en er zijn er die op lagers lopen. Sommige zijn telescopisch, zodat de lade geheel buiten de kast kan worden getrokken en zonder verdere ondersteuning in die stand kan blijven staan.

• *Plankdragers* zijn er in vele soorten. Er zijn er die u vast moet bevestigen, andere dragers zijn in de hoogte verstelbaar. Deze laatste brengt u aan op een stevig aan de wand bevestigde rail. Op één zo'n rail kunt u desgewenst plankdragers van verschillende lengte aanbrengen. Verder zijn er allerlei steunen voor in kasten.

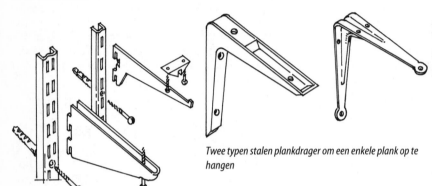

Twee typen stalen plankdrager om een enkele plank op te hangen

Er zijn diverse merken plankdrager op rails

De meeste plankdragers die u kunt kopen zijn van metaal; u vindt een aantal hierbij afgebeeld. Het assortiment wisselt van winkel tot winkel en ook in de tijd. Let behalve op het uiterlijk ook op het aantal schroeven dat u per drager nodig heeft, op de maximale belasting en op de mogelijkheid de plank vast te zetten aan de drager. U hoeft zich bij deze systemen niet te beperken

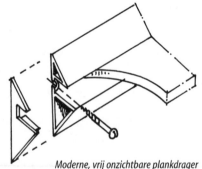

Moderne, vrij onzichtbare plankdrager

tot twee dragers per plank, maar kunt er ook meer gebruiken.

Bij alle dragers behoort opgegeven te zijn wat de maximale belastbaarheid is; bij sommige dragers is er bovendien sprake van een minimum en maximum plankdikte. Bij dragersystemen op rails zijn de planken in hoogte verstelbaar. Over het algemeen heeft u daarvoor ook minder bevestigingspunten (schroeven in de wand) nodig dan bij plankdragers die u afzonderlijk bevestigt.

Welke plankdikte en -kwaliteit u nodig heeft, hangt af van het gewenste draagvermogen en de overspanning tussen de ondersteuningspunten.

Zie voor het aanbrengen van plankdragers ook paragraaf 10.9.

7.7   Lijmen

In deze paragraaf vindt u informatie over de belangrijkste voor hout te gebruiken lijmen. Voor elk van de talrijke verschillende lijmsoorten gelden specifieke toepassingsgebieden en verwerkingsvoorschriften. Bij vrijwel elke lijm die u koopt wordt een gebruiksinstructie verstrekt. Eerst geven we echter wat algemene informatie.

• De meeste lijmen zijn niet 'spleetvullend': spleetvullende lijmen kunnen een afstand van 0,1 mm tot maximaal 1 mm tussen beide te verlijmen onderdelen opvullen zonder de lijmverbinding te verzwakken.

• De meeste lijmen, zeker de niet-spleetvullende, moeten zo dun mogelijk worden aangebracht. Een te dikke lijmlaag verzwakt de verbinding. Bij poreuze houtsoorten (zoals populieren) is iets meer lijm nodig dan bij dichte houtsoorten (zoals beuken).

Te weinig perskracht bij het aanklemmen van een lijmverbinding geeft een te dikke lijmnaad. Klem de lijmverbinding gedurende de voorgeschreven tijd.

• Wacht niet te lang met lijmen na het pas maken van een verbinding. Door ongelijke werking van de houten onderdelen is het mogelijk dat de passing minder wordt.

• Haal uit een verbinding puilende lijm liefst weg voor hij uithardt. Smeer de lijm niet uit, maar neem zoveel mogelijk op. Lijm waar u niet bij kunt omdat bijvoorbeeld een lijmklem in de weg zit, wordt hard. Voordat u gaat schuren kunt u de grootste hoeveelheid voorzichtig met een scherpe verfkrabber of houtbeitel weghalen.

• Lijm die op het oppervlak van het werkstuk achterblijft kan door een afwerklaag heen zichtbaar blijven. Door het oppervlak even vochtig te maken, kunt u die plekken ontdekken: ze absorberen vocht niet, terwijl het omringende hout dat wel kan doen, behalve als het om vet of harsrijk hout gaat. Gebruik daarvoor thinner. Schraap of schuur die lijmresten weg.

• Belast verbindingen pas als de lijm geheel is doorgedroogd of -gehard.

• Veel lijmen zijn slechts beperkt houdbaar. Dan behoort een uiterste gebruiksdatum op de verpakking te staan. Vaak staat er alleen de houdbaarheidsduur op, terwijl u niet weet hoelang die lijm bijvoorbeeld in het winkelschap heeft gestaan; daar heeft u dus eigenlijk niets aan. Koop zo'n lijm dan liefst bij een winkel waar het product veel wordt verkocht.

Let ook goed op de bewaartemperatuur. Een lijm die wat is ingedikt door verdamping van het verdunningsmiddel is door toevoeging hiervan weer bruikbaar te maken.

• Zorg voor goede luchtverversing bij het werken met lijm, vooral als er organische oplosmiddelen in zitten (zie de waarschuwingen op de verpakking) en bij tweecomponentenlijm. Er mag echter geen tocht optreden. Bij hoge omgevingstemperaturen zal de open tijd (waarbinnen de werkstukken op elkaar moeten worden geperst) korter zijn dan in de gebruiksaanwijzing aangegeven. Bij een lage temperatuur hardt de lijm langzamer uit en zal de verbinding dus langer moeten worden aangeklemd. Let op de in de gebruiksaanwijzing opgegeven omgevingstemperatuur voor het lijmen.

Zorg ook voor een vrij schone omgeving, zodat geen stof of zelfs grotere deeltjes op het ingelijmde oppervlak terechtkomen.

• Rook niet bij het verwerken van lijm. Oplosmiddelen en dampen van sommige lijmen die u via bijvoorbeeld een sigaret inademt kunnen sterk giftige stoffen vormen. Probeer geen lijm op uw huid te krijgen en reinig uw handen goed voordat u etenswaren aanraakt. Houd de lijm ver verwijderd van kinderhanden.

7.7.1 Voorbehandeling

De te verlijmen delen moeten schoon, vetvrij en droog zijn. Een te hoog vochtgehalte van het hout maakt dat de lijmverbinding zwakker wordt. Pak het hout alleen met schone handen aan. Een enigszins ruw oppervlak geeft een betere lijmverbinding dan een erg glad oppervlak. Zo nodig kunt u een oppervlak opruwen met schuurpapier (korrel 80).

Enigszins vette houtsoorten moeten worden ontvet met aceton of thinner; met het laatstgenoemde oplosmiddel kunt u ook harshoudende oppervlakken schoonmaken. Laat het oplosmiddel dan goed uit het hout verdampen.

Zorg dat u de verbindingen heeft gepast voordat u gaat lijmen en controleer onder meer of alles haaks is. Zorg ervoor dat u de benodigde lijmklemmen bij de hand heeft, evenals onder meer stukjes hout om het werkstuk te beschermen, en oplosmiddel om uitpuilende lijm te verwijderen.

Hout is het beste op kamertemperatuur te lijmen, ook omdat de lijm zich dan optimaal laat verwerken. Lijm nooit een ijskoud stuk hout in een warmere ruimte, omdat zich dan condens op het hout- en lijmoppervlak zal vormen.

7.7.2 Witte houtlijm

Witte houtlijm (polyvinylacetaatlijm, PVA- oftewel PVAc-lijm) is een dispersie van in water zwevende lijmdeeltjes. De lijm wordt hard door verdamping van het water. Nog niet gedroogde lijm is met een vochtig-nat doekje weg te halen. De lijm is niet spleetvullend, zodat de delen nauwkeurig op elkaar moeten passen. De gedroogde lijm blijft vochtgevoelig. Er zijn echter ook speciale PVA-lijmen die door toevoeging van een harder bestand zijn tegen vocht, zodat ze zelfs voor toepassing buiten geschikt zijn. Ook bij sterke verwarming (afhankelijk van de lijmsoort tot maximaal 70 °C) zal de lijm aan bindkracht inboeten. De gewone PVA-lijm is niet geschikt voor permanent (zwaar)belaste verbindingen. Hij is wel te gebruiken voor veel houtconstructies binnenshuis, zoals zwaluwstaart- en deuvelverbindingen in kastjes. De lijm is niet zo flexibel. Bij permanente belasting zal deze kunststoflijm gaan 'kruipen' (langzaam opstropen) en kan de verbinding het begeven.

Bij vlakverbindingen (twee grotere platte vlakken op elkaar) wordt de houtlijm op één van de vlakken aangebracht. In alle andere gevallen worden beide lijmvlakken van houtlijm voorzien. Zie echter ook de gebruiksaanwijzing van de lijm. Vaak moeten de ingelijmde delen zo spoedig mogelijk op elkaar worden aangebracht; zie ook hiervoor de gebruiksaanwijzing. Draai de klemverbindingen eerst handvast aan, controleer of alles op de juiste plaats zit en draai dan steviger aan. De witte lijm wordt bij droging wit/grijs. De lijm verkleurt op den duur nauwelijks of niet.

Vlekken van de gewone witte houtlijm kunt u verwijderen met warm water waarin een flinke scheut ammonia is gedaan. Let echter op bij houtsoorten die door loog kunnen verkleuren, zoals eikenhout.

7.7.3   Constructielijm

Constructielijm is ééncomponent-polyurethaanlijm, PUR-lijm. Hij hardt uit onder invloed van vocht (dus eigenlijk is het een tweecomponentenlijm met als tweede component water). In een heel droge omgeving en bij droog hout duurt het uitharden daardoor langer. Deze lijm is spleetvullend omdat hij zwelt bij het uitharden, waardoor de verbinding waterdicht wordt. De lijmnaad is echter sterker naarmate hij dunner is; de lijmverbinding moet bij het uitharden dan ook stevig worden aangeklemd, om te voorkomen dat de delen uiteen worden gedrukt.

Constructielijm wordt op één van de lijmvlakken aangebracht, maar bij sterk poreuze oppervlakken, zoals kops hout, op beide vlakken.

De lijmnaden zijn bestand tegen vrij zware belasting en tegen sterke vochtbelasting.

De meestal (licht)bruinige lijm zit doorgaans in een kunststof flacon die niet geheel dampdicht is. Daardoor is de houdbaarheid van een goed met een dop gesloten verpakking bij kamertemperatuur circa een jaar; hij hardt langzaam uit. Nog natte lijm is met aceton te verwijderen.

De lijm hardt ook uit door vocht op de huid, waarvan hij dan moeilijk is te verwijderen. Draag zo mogelijk handschoenen.

7.7.4   Contactlijm

Contactlijm is een niet-vullende lijm die bestaat uit onder meer een rubber (polychloropreen) met oplosmiddelen. De lijmnaad van de meeste soorten is lichtbruin en kan in de loop van de tijd donkerder worden. Nog niet uitgeharde lijm kan met thinner of aceton worden verwijderd. De lijm is in een goed gesloten verpakking en bij kamertemperatuur zeker een jaar houdbaar en vaak zelfs jarenlang.

Er zijn twee typen: de gewone (stroperige) contactlijm en de 'tix', oftewel tixotrope contactlijm. Die laatste soort trekt minder snel draden bij het aanbrengen.

Contactlijm heeft een goede afschuifweerstand en is daarom geschikt voor bijvoorbeeld het bevestigen van een plaat triplex, een smalle fineerrand en kunststofplaat; maar voor verbindingen waarop trekkrachten worden uitgeoefend is dit type lijm minder of helemaal niet geschikt.

De lijm moet op beide te verbinden oppervlakken dun en in een laag van gelijkmatige dikte worden aangebracht. Na het laten verdampen van een groot deel van het verdunningsmiddel van de lijm (zie voor de tijdsduur de gebruiksaanwijzing; dan is de lijmlaag nog net pikkerig als u er met uw vinger aankomt) worden beide delen op elkaar aangebracht, waarbij de lijm onmiddellijk hecht, zodat verschuiven van de beide delen niet meer mogelijk is. De verbinding is sterker naarmate de oppervlakken steviger tegen elkaar worden gedrukt (geklopt). Vervolgens moet de lijm verder drogen.

Bij grotere oppervlakken moet u snel werken: als de lijmlaag op het ene vlak al te veel is gedroogd voordat het andere eveneens is ingestreken, zal de hechting niet optimaal zijn.

Strijk de lijm in met een fijngetande, brede lijmkam, waardoor ribbeltjes van gelijke hoogte en op regelmatige afstanden ontstaan. Als u de lijm op het ene oppervlak in verticale richting aanbrengt, en op het andere in horizontale richting, kruisen die ribbels elkaar en wordt de ruimte ertussen redelijk opgevuld. Poreuze oppervlakken moet u twee keer instrijken; de tweede keer nadat de eerste laag is gedroogd.

Omdat u niet kunt verschuiven na het aanbrengen, moet u grotere oppervlakken tijdelijk ondersteunen en deel voor deel met elkaar in contact brengen. Dat voorkomt ook luchtblazen.

De te lijmen oppervlakken mogen niet te koud zijn. Door verdamping van het verdunningsmiddel van de lijm wordt warmte aan het oppervlak onttrokken, waardoor in dat geval zelfs condens kan ontstaan.

7.7.5 Tweecomponentenlijm

Tweecomponentenlijm bestaat uit een hars en een harder, die in een door de fabrikant voorgeschreven verhouding moeten worden gemengd. Er zijn allerlei soorten: de bekendste is wel epoxylijm.

Deze lijm is spleetvullend en geeft heel stevige verbindingen. Hij is echter duur. Let op de verwerkingstijd ('potlife') na het mengen van de ingrediënten. De lijm is ongeveer een jaar houdbaar in goed gesloten verpakking. Nog niet uitgeharde lijm kan met aceton worden verwijderd. Transparante lijm kan op den duur vergelen.

8 Houtverbindingen

In dit hoofdstuk vindt u onder meer informatie over hoe u houtverbindingen kunt maken. De verbindingsmethoden die in de volgende paragrafen aan bod komen, zijn alleen geschikt voor massief hout, tenzij anders aangegeven (zie par. 5.2).

Bij de eenvoudigste houtverbinding worden de onderdelen eenvoudig tegen elkaar gelijmd of met spijkers dan wel schroeven vastgezet. Dat geeft echter lang niet altijd een voldoende stevige, duurzame verbinding. Ook een lijmverbinding tussen kops hout en langshout is niet echt stevig. Schroeven en spijkers in het zicht kunnen bovendien lelijk zijn. In de loop van de tijd hebben timmerlieden en meubelmakers daarom slimme manieren bedacht om zulke verbindingen zowel te verstevigen als esthetisch op een hoog niveau te brengen. Deze verbindingen worden doorgaans alleen gelijmd. In de volgende paragrafen komen de belangrijkste verbindingsmethoden aan de orde. Op deze thema's zijn ook nog veel variaties mogelijk; u kunt er zo nodig dus best van afwijken.

Het hout moet om te beginnen geheel haaks en vlak zijn. De verbinding wordt nauwkeurig uitgemeten en met behulp van een kruishout, schrijfhaak of zweihaak (zie voor deze aftekengereedschappen par. 6.9) precies afgetekend. Gebruik voor het aftekenen een scherp gepunt potlood of een kraspen. Voor de veiligheid kunt u het beste het te verwijderen hout voorzien van een kruis.

Zo nodig kunt u een zaagsnede bijwerken met een schaaf of beitel; of met een platte zoetvijl, die u volkomen parallel aan het houtoppervlak voert. Als u de zaagsnede wilt afwerken, moet u er bij het zagen rekening mee houden.

Controleer de verbinding voordat u de lijm aanbrengt en werk hem zo nodig bij op haaksheid en vlakheid. Klem hem na het lijmen aan tot de lijm is uitgehard.

8.1 Hout paren

Voor het maken van verbindingen is het handig als u de stukken hout zodanig markeert, dat u makkelijk kunt nagaan in welke positie ze straks aan elkaar moeten worden bevestigd. Op die manier voorkomt u dat u bijvoorbeeld aan de verkeerde kant van het werkstuk gaat werken.

Als voorbeeld nemen we een houten raamwerk: daarbij legt u de onderdelen die even groot zijn naast elkaar en tekent er een driehoek op, met de punt naar boven. Als u dan het werkstuk monteert, krijgt u het beeld te zien als op bijgaande tekening (volgende bladzijde).

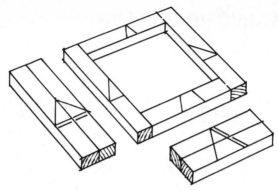

Methode om hout te paren

8.2 Deuvelverbinding

Een lijmverbinding kan worden verstevigd met stukjes rondhout, 'deuvels' genoemd. Deze zijn kant-en-klaar te koop met verschillende middellijnen: gebruikelijk zijn 6, 8, 10 en 12 mm. Het gaat vaak om geperst beukenhout met lengtegroeven en afgeschuinde uiteinden. Deuvelhout is ook te koop per meter – deuvelstok – zodat u de deuvels zelf op lengte kunt zagen. Maak ze wel precies even lang en schuin de uiteinden af, om het aanbrengen te vergemakkelijken. Door de groeven kunnen lucht en eventueel overtollige lijm uit het geboorde gat ontsnappen. Deuvels worden nagenoeg altijd met lijm vastgezet. Hoe dikker het te verbinden hout, des te dikker de deuvel moet zijn. De deuvel mag iets dikker zijn dan een derde van de houtdikte. Bij dik hout hoeft u de deuvels niet in één lijn zetten, maar kunt u ze laten verspringen, voor grotere sterkte. Bovendien beperkt dit de kans op scheuren van het hout.

Deuvels in verschillende dikten; de lengte kan ook variëren

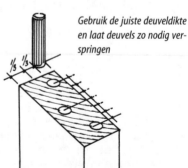

Gebruik de juiste deuveldikte en laat deuvels zo nodig verspringen

Er is geen regel voor het aantal deuvels. Het aantal hangt af van de houtsoort, de houtdikte en de te verwachten belasting. Het zijn er echter minimaal twee. De onderlinge afstand tussen de deuvels – hart-op-hart – is ongeveer drie keer de deuvelmiddellijn. De deuvel komt gewoonlijk in beide onderdelen even diep, tenzij de onderdelen bijvoorbeeld verschillend van dikte of lengte zijn.

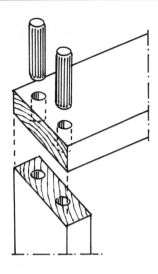

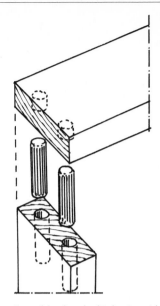

De open deuvelverbinding blijft zichtbaar

De verdekte deuvelverbinding is onzichtbaar

Bij elke maat deuvel hoort een gelijke maat boor. Het te boren gat moet 1 tot maximaal 2 mm dieper worden dan de lengte van de deuvel die in het hout komt. Gebruik voor deze gaten altijd een houtspiraalboor met dieptestop. Omdat u precies haaks moet boren, is boren met een boorstandaard gewenst; bij veel van de speciale 'deuvelmallen' is er echter een boorgeleider voor dit doel. Klop altijd alle boorsel uit het gat.

Bij de open deuvelverbinding komen de deu-velkoppen in het zicht. Deze verbinding is het eenvoudigst te maken. De stukken hout worden in de juiste positie tegen elkaar vastgezet, bijvoorbeeld met klemmen, en dan worden de gaten geboord, door beide delen heen. Het is mogelijk de deuvels iets te laten uitsteken. Na het uitharden van de lijm kunnen ze dan gelijk met het houtoppervlak worden afgewerkt. Dit kan heel decoratief zijn.

Bij de verdekte oftewel blinde deuvelverbinding komen de deuvels niet in het zicht. Deze verbinding is een stuk lastiger te maken. De gaten in de te verbinden stukken hout moeten namelijk precies in elkaars verlengde liggen. Een afwijking van een halve millimeter kan al tot mislukking leiden.

Een beslist nauwkeurige (en makkelijke) methode is werken met een deuvelmal. Er zijn diverse soorten deuvelmal te koop, die van een

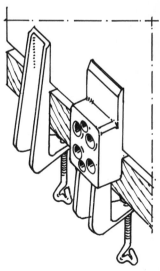

Voorbeeld van een deuvelmal

175

gebruiksinstructie zijn voorzien. Zonder zo'n mal is blind deuvelen vakwerk, dat veel ervaring vereist. Vrij goed gaat het ook met deuvelpinnen. Daartoe boort u met behulp van een boorstandaard eerst de gaten voor in het ene stuk hout. Daar steekt u dan de deuvelpinnen in. Dan is het zaak het andere stuk hout op precies de juiste plek op die deuvelpinnen te tikken, zodat het hart van de plekken waar u voor de deuvels moet boren, wordt gemarkeerd.

8.3 Halfhoutverbinding

De halfhout- oftewel lipverbinding wordt vooral gemaakt bij even dikke stukken hout. Bij beide wordt op de contactplek de helft van de dikte weggehaald. Samen geeft dit weer de volledige dikte. Er zijn diverse variaties op dit thema; de belangrijkste vindt u hier.

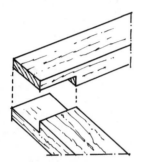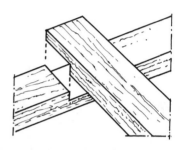

Halfhoutverbinding aan het einde van latten (links) en halfhout-T-verbinding (rechts)

Een halfhoutverbinding is mogelijk op hoekpunten (L-verbindingen), maar ook op T- en kruisverbindingen. Dat laatste zowel onder een rechte als onder een andere hoek. Maak de op elkaar komende vlakken precies passend. Deze verbindingsmethode is voor buitenhoeken niet erg sterk, maar voor sommige doeleinden toch prima geschikt. Hij wordt bijvoorbeeld toegepast bij lichte raamwerken, zoals voor meubeldeurtjes die verder worden verstevigd met bijvoorbeeld plaatmateriaal of met behulp van deuvels.

Er zijn verscheidene mogelijkheden om het overtollige ('vuile') hout weg te halen. De lijn dwars op de nerf wordt ingezaagd tot de afgeschreven diepte, waarna u het vuile hout met een beitel wegsteekt. Bij een halfhout-hoekverbinding kunt u ook de dikte van het hout wegzagen of zover mogelijk wegzagen, zodat u nog maar weinig hoeft weg te steken. Dat zagen doet u door eerst aan de ene kant een schuine zaagsnede te maken en dan aan de andere kant; dan heeft u twee zaagsneden die de zaag geleiden als u het tussenliggen-

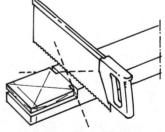

Door eerst de randen in te zagen (stippellijnen) wordt de zaag geleid bij het maken van de rest van de zaagsnede

de stuk doorzaagt: op deze manier is er minder kans dat de zaagsnede scheef gaat afwijken. U kunt ook met de cirkelzaag een aantal zaagsneden naast elkaar maken, dwars op de nerf, en het tussenliggende hout wegsteken. Of u kunt het hout verticaal over een stationair gebruikte cirkelzaag halen, waarbij u het geleidt tussen twee latten die u met klemmen aan weerszijden van het zaagblad op de zaagtafel heeft vastgezet of tussen de zaaggeleider van de machine en een vastgeklemde lat. De latten moeten 1 cm hoger zijn dan de zaagdiepte.

Bij T- en kruisverbindingen tekent u de breedte van het ene stuk hout op het andere af met een scherp gepunt potlood. U kunt de houtdikte wegzagen met een lint- of elektrische figuurzaag of met een beitel wegsteken, ook weer na het maken van zaagsneden dwars op de nerfrichting.

Het wegsteken doet u met beitel en houten hamer; vanaf de randen naar het midden toe, dwars op de vezelrichting, met de platte kant van de beitel op het hout. Steek slechts dunne plakjes. U merkt dan meteen of het hout mooi recht afsplijt. De nerf loopt echter vaak zodanig dat het afvalstukje, in dwarse richting of in de lengte, schuin weg kan breken. Dan krijgt u een gedeelte dat dieper is dan de vereiste halve houtdikte en hiermee is geen goede verbinding te maken. Werk dus voorzichtig en maak voldoende zaagsneden dwars op de nerf.

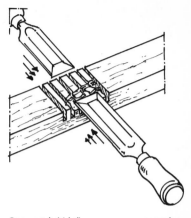

Door met de (cirkel)zaag een paar zaagsneden te maken, is het wegsteken van de rest van het vuile hout gemakkelijk

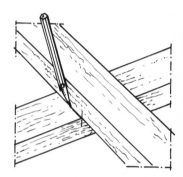

Teken de breedte van het hout af met behulp van het hout zelf

Controleer bij het steken steeds met een schrijfhaak of het werk vlak is en ga zo nodig af en toe na hoe de onderdelen op elkaar passen. Gebruik bij het in elkaar zetten van de verbinding uw schrijfhaak, zodat u hem beslist haaks inklemt. U kunt de verbinding verstevigen met twee of drie spijkers of schroeven; boor wel voor, om splijten van het hout te voorkomen.

Vaak wordt de halfhout-hoekverbinding iets overstekend gemaakt, zodat na het uitharden van de lijm het uitstekende hout (afvalhout) kan worden weggezaagd, waardoor de randen precies gelijkvallen.

8.4 Pen-en-gatverbinding

Bij deze houtverbinding wordt het uiteinde van de ene lat gevormd tot een pen, en wordt in het andere stuk hout een gat gemaakt waar de pen precies inpast. Er zijn erg veel variaties op dit thema. De belangrijkste voor de doe-het-zelver komen hier aan bod, al beschrijven we ze niet allemaal even uitgebreid, omdat dat steeds herhalen van een gelijksoortige werkwijze betekent. De pen-en-gatverbinding is erg sterk en wordt veel gebruikt voor het verbinden van stijlen en regels (van ramen en deuren). Het hoeft niet per se te gaan om even dikke stukken hout.

Maak het gat niet te dicht op de rand van de kopse kant van het hout, om uitbreken te voorkomen. Laat minimaal een kwart van de penbreedte staan.

Teken steeds zorgvuldig af met behulp van een kruishout en schrijfhaak; pas tussendoor tijdens het werk. Schrijf de afstanden op zoveel mogelijk kanten van het hout af. De dikte van de pen is meestal een derde van de houtdikte waarin hij komt. Het gat moet altijd dwars op de houtdraad worden gestoken, en niet met de houtdraad mee. Om het steken te vergemakkelijken kunt u met een boormachine (in de boorstandaard) een aantal gaten naast elkaar boren, iets smaller dan de gatbreedte (gebruik daarvoor een aanslag, zodat ze even diep worden). U hoeft dan alleen het tussenliggende hout en de hoeken te steken. Steek voor de nauwkeurigheid het gat vanaf beide kanten naar binnen toe. Blijf binnen de lijnen tot het gat op diepte is en steek pas dan de randen precies pas.

Voor het maken van de pen maakt u eerst de schulp-zaagsneden (met de nerf mee dus, zie tekening op blz. 179) en maakt u vervolgens de zaagsneden dwars op de nerf. Op die manier voorkomt u dat u de pen verzwakt door te diep zagen. Een strakke 'borstlijn' (zie tekening) verkrijgt u op de volgende manier: voordat u de zaagsneden dwars op de nerf maakt, maakt u met een brede beitel langs de borstlijn een ondiepe snede. Vervolgens steekt u vanaf de afvalzijde schuin wat hout weg.

Wees wat voorzichtig met passen, want als de verbinding precies passend is gemaakt, zult u hem nog moeilijk kunnen losmaken. Pas liever vanaf beide kanten een stukje. Bedenk dat na het opsmeren van de lijm het hout iets kan zwellen, reden waarom de verbinding snel in elkaar moet worden gestoken.

Soms wordt een pen-en-gatverbinding geborgd met deuvels (twee stuks dwars door pen en gat heen), hier toognagels genoemd.

• De doorgaande pen-en-gatverbinding is de eenvoudigste. De lengte van de pen wordt bepaald door de 'diepte' van het hout waarin hij komt. Vaak wordt die pen iets langer gemaakt dan die houtdiepte, zodat hij na montage precies op lengte kan worden afgezaagd en vervolgens gelijkvallend met het hout geschaafd of geschuurd.

• De doorgaande pen-en-gatverbinding kan worden verstevigd met wiggen, waardoor u uiteindelijk een soort zwaluwstaart maakt. Daartoe worden de smalle kanten van het gat aan de buitenzijde afgeschuind. Aan de buitenkant worden ze dan circa 3 mm breder en dit verloopt tot halverwege de diepte van het gat. Boor in het midden van de lengte op circa 5 mm vanaf de randen twee kleine gaten in de pen. Deze voorkomen inscheuren van het hout bij het straks 'opwiggen' van de pen. Maak dan twee zaagsneden in de pen, tot die geboorde gaten; daarin komen de wiggen. Maak twee wiggetjes van iets meer dan 3 millimeter op het dikste punt, en met een iets grotere lengte dan tot de halve gatdiepte. Lijm de pen in het gat en breng direct de van lijm voorziene wiggetjes aan, die u in de gleufjes tikt. Voorkom te veel spanning, waardoor het gat zou

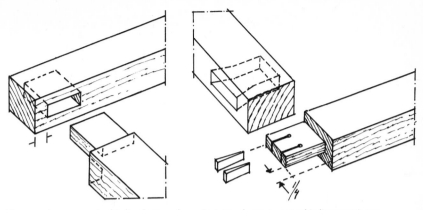

Doorgaande pen-en-gatverbinding; laat aan de kopse kant van het stuk met gat voldoende hout staan

Doorgaande pen-en-gatverbinding met wiggen

kunnen uitscheuren – vooral aan de kopse kant van het deel waarin het gat zit – door het hout in te klemmen voordat u de wiggen inslaat. Na droging van de lijm zaagt u de pennen op lengte af en schaaft of schuurt u het hout vlak.

Dit is een vrij tijdrovende verstevigingsmethode, die in maar weinig gevallen nodig is. Een goed passende pen-en-gatverbinding die met een goede lijm is vastgezet, zal ook niet losgaan.

• Bij een blinde pen-en-gatverbinding is het uiteinde van de pen niet zichtbaar, wat bijvoorbeeld bij meubelen mooier is. Maak het gat enkele millimeters dieper dan de lengte van de pen, onder meer voor opgestuwde overtollige lijm.

• Een pen-en-gatverbinding wordt niet zelden uitgevoerd met een spatpen,

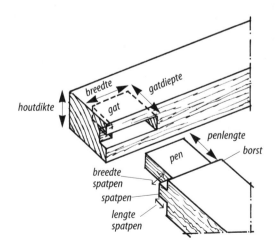

Gesloten pen-en-gatverbinding met spatpen

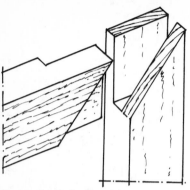

Pen-en-gatverbinding in verstek   *Overgeschoven slisverbinding*

als extra beveiliging tegen het draaien van de twee stukken hout ten opzichte van elkaar. De spatpen bestaat uit een korte uitloper aan de pen, die tot de kopse kant van het houtdeel met het gat loopt (zie tekening). Voor de lengte van de spatpen houdt u een vijfde van de penhoogte aan; voor de breedte van de spatpen houdt u maximaal een derde van de penhoogte aan. Maak eerst het gat voor de pen geheel op maat, waarna u de gleuf voor de spatpen kunt inzagen en uitsteken.

•   Hoe de blinde pen-en-gatverbinding in verstek (dus 45°) eruitziet, toont bijgaande tekening. Dit is een goede manier om bijvoorbeeld de hoeken van een eenvoudige lijst stevig en fraai uit te voeren.

•   Een eenvoudige pen-en-gatverbinding is die waarbij het gat doorloopt tot het uiteinde van het kopse hout. Het is dan ook eigenlijk geen gat, maar een inkeping. Voor deze verbinding zijn diverse namen in omloop: open pen-en-gat-, slobgat- en slisverbinding.

•   Bij de overgeschoven slisverbinding wordt ook een open gat gemaakt, maar zit de pen midden in het hout in plaats van aan het einde (zie tekening).

8.5   Verbinding met losse veer

Er zijn allerlei verbindingen waarbij de pen oftewel veer wordt gevormd uit één van de beide te verbinden stukken hout. Het kan echter ook met een losse veer. In de tekeningen op blz. 181 ziet u een aantal voorbeelden. De dikte van de veer is circa een kwart tot een derde van die van de dikte van het hout waarin hij komt. U kunt voor een veer een hardere houtsoort gebruiken, voor meer stevigheid, of multiplex.

8.6   Groef- en keepverbinding

Groef- en keepverbindingen zijn vrij makkelijk te maken, maar ze kunnen geen grote krachten opvangen. Ze worden vooral gebruikt bij kasten en laden. In feite zijn het variaties op de open pen-en-gatverbinding, zoals de eerder ter spra-

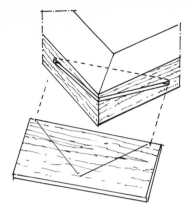
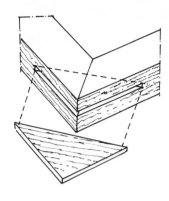

Verstekverbindingen met een losse veer, recht of schuin

ke gekomen slisverbinding. In onderstaande tekeningen ziet u een aantal voorbeelden.

De bekende messing-en-groefverbinding zoals die bij onder meer schroten en vloerdelen wordt toegepast, kunt u uiteraard ook zelf maken. Het mes oftewel de veer hoeft niet per se uit één van de twee stukken hout te worden gevormd. Ook een losse veer is bruikbaar.

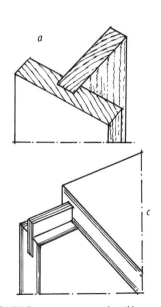
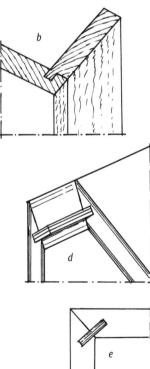

Groefverbindingen met een vaste (a en b) en met een losse veer (c d, e)

181

8.7 Tandverbinding

De tandverbinding is geheel zichtbaar. Door de tekening van het hout en precieze passing kan hij een fraai decoratief element vormen. Hij wordt gebruikt bij laden, dozen en bijvoorbeeld kistjes. Hij is eenvoudiger uit te voeren dan de zwaluwstaartverbinding, maar minder sterk.

De dikte van de ene plank bepaalt de lengte van de tanden van de andere, en omgekeerd. Hoe breed de tanden moeten worden is een kwestie van zowel stevigheid als esthetiek: neem de houtdikte als basis. Bij dun hout moeten de tanden relatief minder

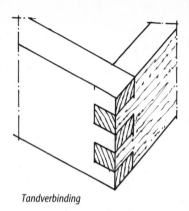

Tandverbinding

breed worden en bij dik hout breder. Reken aan de hand van deze gegevens uit in hoeveel tanden u de verbinding opdeelt. Bij de tandverbinding bevat één van beide stukken hout de beide eindtanden. Het totale aantal tanden is altijd oneven. De tanden worden precies even breed gemaakt als de inkepingen ('nesten'), zodat de verbinding klemmend past.

Teken de tanden af met behulp van een schrijfhaak en kruishout. Bij bijvoorbeeld een kist met planken die twee aan twee gelijk zijn, kunt u ze op elkaar klemmen en zowel het afschrijven als het maken van de inkepingen voor twee planken tegelijkertijd doen. De tanden worden vaak een millimetertje langer gemaakt dan nodig. Na het uitharden van de lijm worden ze dan gelijkgeschuurd of -geschaafd met het oppervlak waar ze uitsteken.

De nesten worden ingezaagd met een kap- of toffelzaag en het tussenliggende hout kan vervolgens met de beitel worden weggestoken. U kunt echter ook het grootste deel van het hout met een figuurzaag verwijderen. Met een cirkelzaag (zie par. 6.3) in de zaagtafel kan het ook; dan moet u een voldoende grote klos maken die steun geeft aan het hout dat u verticaal houdt en langs de geleider schuift. Met een bovenfrees (zie par. 6.5) laten de inkepingen zich makkelijk maken; gebruik daar liefst een tandverbindingshulpstuk bij, voor nauwkeurig werken. Tot slot worden de hoeken met een beitel uitgestoken.

8.8 Zwaluwstaartverbinding

De zwaluwstaartverbinding is erg stevig; in principe kan hij niet uiteen worden geforceerd, maar hij kan alleen breken. Het is echter geen eenvoudige, maar wel tijdrovende verbinding om te maken. De zwaluwstaartverbinding wordt veel gebruikt voor kistjes en laden. Bij die laatste vooral omdat er bij het openen van de lade nogal wat trekkracht op de houtverbindingen wordt uitgeoefend.

Als u nog nooit een zwaluwstaartverbinding heeft gemaakt, is het aan te raden eerst te oefenen voordat u met mooi hout aan de gang gaat.

Er zijn hulpmiddelen voor machinale vervaardiging: vooral de zwaluwstaartfreesmal in combinatie met een bovenfrees vergemakkelijkt het werk. Omdat de mallen per fabrikaat verschillen, is daar geen algemene informatie over te geven; raadpleeg de gebruiksaanwijzing van de leverancier. Een zwaluwstaartfrees kan ook in een boormachine worden ingespannen; door het lagere toerental kan echter de strakheid te wensen overlaten, zeker als het freesje wat bot is. Als u zo'n freesmal koopt, let dan op de maximaal te gebruiken houtdikte. Zo'n mal moet precies worden afgesteld.

De benaming van de onderdelen van de zwaluwstaart vindt u in onderstaande tekening. Het aantal staarten en nesten dat nodig is wordt bepaald door de lengte van de verbinding en de sterkte van het hout. Bij een sterke houtsoort kunt u met een klein aantal volstaan. Over 10 cm worden over het algemeen drie staarten toegepast.

De schuinte (helling) van de zijkanten van staart en nest moet bij zachte houtsoorten

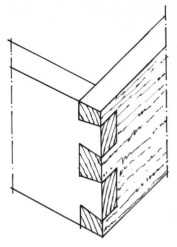

Open zwaluwstaartverbinding

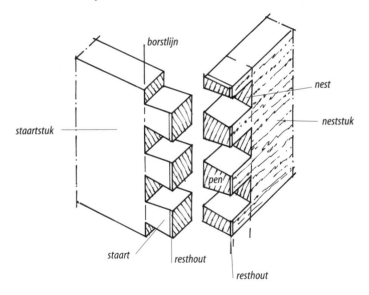

1:6 en bij harde houtsoorten 1:8 worden. Zowel te schuine als onvoldoende schuine zijden verzwakken de verbinding. De hoek wordt 10 à 15°. U verkrijgt de juiste hoek door een driehoek te tekenen met een basis van 1 cm, loodrecht op één hoekpunt een zijde van 5 cm voor de verhouding 1:6 of van 7 cm voor de verhouding van 1:8. Daarmee kunt u een malletje maken of u kunt deze hoek op een zwei overnemen. (Zo'n malletje met één zijde op 10° en één zijde op 15° afgeschuind is erg handig. Maak hem van twee stukjes 6 mm dik triplex, die u haaks op elkaar lijmt; het ene deel dient als aanslag. Zie blz. 185.)

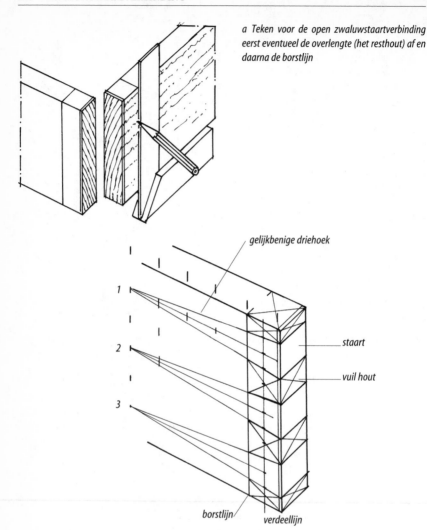

a Teken voor de open zwaluwstaartverbinding eerst eventueel de overlengte (het resthout) af en daarna de borstlijn

b Teken de staarten af; zie voor een beschrijving van de werkwijze de tekst

Er zijn vele werkwijzen om zwaluwstaarten te maken; we beschrijven hier een eenvoudige manier.

• *Open of doorgaande zwaluwstaartverbinding.* Deze zwaluwstaartverbinding is het makkelijkst te maken, maar wordt minder vaak toegepast dan de verdekte zwaluwstaartverbinding (zie hierna). De verbinding is aan beide zijden van de hoek te zien. De pennen en staarten worden aanvankelijk een millimetertje langer gemaakt, zodat ze na het uitharden van de lijm gelijk met het vlak kunnen worden geschuurd of geschaafd.

Het afschrijven van open zwaluwstaarten gebeurt traditioneel met een kruishout. Maar kraslijnen van een kruishout krijgt u niet makkelijk weg, en dat is

lelijk als de houtverbinding klaar is. Bovendien: als u niet ervaren bent in aftekenen van ingewikkelde verbindingen kunt u waarschijnlijk beter na zorgvuldig meten aftekenen met een goed gepunt potlood; die lijnen zijn makkelijk weg te gummen of te schuren.

Meet de houtdikte van het neststuk en schrijf die op het staartstuk als 'borstlijn' (ook binnenlijn genoemd) af. Meet dan de houtdikte van het staartstuk en
schrijf die af als borstlijn op het neststuk. Dan tekent u op het staartstuk de
'verdeellijn' af. Die zit op de halve houtdikte (van het neststuk). Teken de genoemde lijnen rondom op het hout af met behulp van een schrijfhaak.

We gaan uit van drie staarten op 10 cm. Dat betekent hier twee gaten tussen
de staarten en twee halve 'gaten' aan weerszijden. Omdat ter hoogte van de
verdeellijn de staarten even breed zijn als de gaten ertussen, kunnen we de
houtbreedte nu onderverdelen in twaalf even grote partjes. U kunt die verdeling nauwelijks goed uitmeten; handig gaat het aftekenen met behulp van een
schuin gelegde liniaal (zie tekening). Trek op de gemarkeerde punten met behulp van een schrijfhaak lijnen parallel aan de zijkanten van het hout naar de
verdeellijn.

Met een zogeheten zwaluwstaartmalletje kunt u dan op de bestemde punten
de schuinte van de staarten aftekenen. Als u niet zo'n malletje heeft, kunt u
de schuinte van de staarten ook afschrijven door gelijkbenige driehoeken te tekenen. Daartoe zet u op de lijnen die door het midden van de zwaluwstaarten
lopen een afstand van drie of vier keer de zwaluwstaartlengte (= houtdikte) af.
Vanuit dat punt tekent u de zijden van een gelijkbenige driehoek door de op
de verdeellijn afgetekende punten.

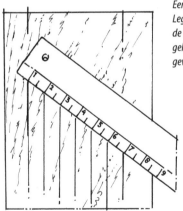

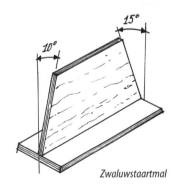

*Een handige methode om een gelijke onderverdeling te maken.
Leg het nulpunt van de liniaal op de ene rand van het vlak. Leg
de liniaal vervolgens zo schuin dat de tegenoverliggende rand
gelijk komt te liggen met een maat die een veelvoud is van de
gewenste verdeling. Teken dan de tussenliggende maten af.*

Zwaluwstaartmal

Tot slot trekt u met behulp van een schrijfhaak aan de kopse kant van het hout
de uiterste punten van de staarten door naar de andere zijde van het hout. Her-
haal daar de truc met de schuin gelegde liniaal, schrijf de twaalf partjes op de
verdeellijn af en teken wederom de staarten af.

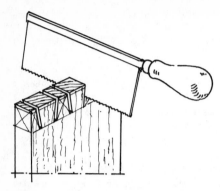

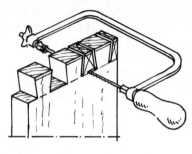

c Zaag met een toffelzaag de staarten tot de borstlijn in; laat een heel klein beetje vuil hout aan de
staarten staan, zodat u ze met een beitel mooi vlak
kunt afwerken

d Zaag het grootste deel van het vuile hout met een
figuurzaag weg, tot vlakbij de borstlijn

Om zwaluwstaarten precies gelijk te krijgen met de zijkant van het werkstuk
worden de staarten en pennen vaak een millimetertje langer gemaakt. Dan
worden ze na het in elkaar zetten van de verbinding precies gelijk met de kanten van het hout afgewerkt (schaven en schuren).
Zet een kruis op al het weg te halen hout, zodat u weet aan welke zijde van de
lijnen u de zaagsneden moet maken. Dan worden de staarten ingezaagd met
een kap- of toffelzaag en wordt het tussenliggende hout weggestoken, eventueel nadat u tevoren zoveel mogelijk met de figuurzaag heeft weggehaald. Steek
met de beitel van beide zijden het vuile hout weg tot de halve houtdikte. En
steek ook de zaagvlakken glad af.
Dan legt u het hout met de staartstukken op de kopse kant van het andere stuk
hout en tekent met een kraspen de kopse kant van de nesten af. Vervolgens
markeert u met behulp van een schrijfhaak de lijnen van de nesten tot de borst.
Arceer het weg te halen hout en ga aan het werk met zaag en beitel.
Bij het passen tikt u de verbinding in en vervolgens weer uit elkaar. Doe dat

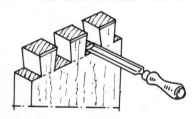

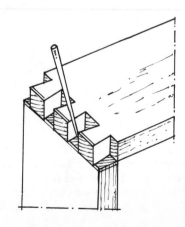

e Het laatste beetje vuile hout steekt u weg met een
beitel, waardoor de borst goed vlak wordt

f Teken het neststuk af met behulp van het staartstuk

voorzichtig, want hierbij kunnen de staarten makkelijk beschadigd raken. Na het inlijmen tikt u de verbinding in elkaar. Gebruik tussen hamer en hout een plankje, vooral om de druk te verdelen en wringen te voorkomen.

• *Verdekte zwaluwstaartverbinding.* Deze verbinding wordt vaker toegepast, maar is moeilijker te maken. Hij is slechts aan één van de twee zijden zichtbaar; bij laden is hij bijvoorbeeld alleen aan de zijkant zichtbaar. Er blijft ongeveer een vijfde van de houtdikte staan om de verbinding af te dekken, met een minimum van 5 mm. De staarten moeten dus navenant korter worden gemaakt;

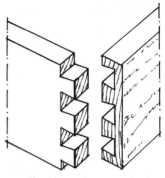

Halfverdekte zwaluwstaartverbinding

zonder overlengte dus. Maak eerst het staartstuk en teken daarmee de nesten af; ze worden een 'haardikte' dieper dan de lengte van de staarten. De nesten kunnen een stukje worden ingezaagd; de rest steekt u met de beitel weg. Met een bovenfrees en freesmal is het uiteraard een stuk makkelijker.

• *Doorgaande schuifzwaluwstaartverbinding.* Deze verbinding geeft heel stevige verbindingen voor bijvoorbeeld een lade-onderverdeling. De staart komt tot de helft van de houtdikte van het borststuk. Maak eerst de staart en teken daarmee het nest af. Beide kunnen prima met een zaag worden voorbereid.

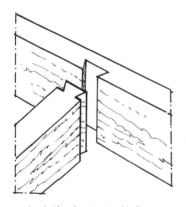

Doorgaande schuifzwaluwstaartverbinding

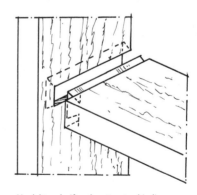

Verdekte schuifzwaluwstaartverbinding

• *Verdekte schuifzwaluwstaartverbinding.* Een fraaie variant van de hiervoor genoemde doorgaande verbinding. Deze verbinding is bijvoorbeeld prima geschikt om schappen stevig in kastzijkanten te bevestigen. Zwaarbelaste planken kunnen dan minder makkelijk doorbuigen. De randen van het nest inzagen kan hier met de hand, maar ook met behulp van de cirkelzaag, die nauwkeurig onder de juiste hoek moet worden ingesteld. Het uiteinde van de verdekte kant van het nest wordt recht uitgestoken.

De zijkanten van een lade kunnen ook met de verdekte schuifzwaluwstaartverbinding aan het ladevoorstuk worden vastgezet. U kunt de groeven voor de

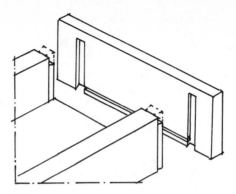

De zijkanten van een lade kunnen met een verdekte schuifzwaluwstaartverbinding aan het ladefront worden vastgemaakt; de bodem komt in een groef

zwaluwstaarten bijvoorbeeld met een bovenfrees maken. U kunt ze in één keer frezen, maar ook voorfrezen met een vingerfreesbeitel. Dan heeft de zwaluwstaartfreesbeitel minder moeite met het weghalen van de rest. Let op: omdat de staart nogal lang is, ondervindt deze bij het in het nest tikken nogal wat weerstand.

8.9 Koud verbinden

Het is lang niet altijd nodig ingewikkelde houtverbindingen te maken. U kunt hout en plaatmateriaal ook 'koud' verbinden door ze te verlijmen. De verbinding kan dan worden versterkt met spijkers en schroeven. 'Koud' verbinden betekent dus dat u de onderdelen verbindt zonder dat ze op enigerlei manier in elkaar haken.

8.10 Verbindingen voor plaatmateriaal

Plaatmateriaal vereist voor veel toepassingen een andere verwerkingsmethode dan massief hout. De informatie daarover vindt u in deze paragraaf.
Bij het zagen van geplastificeerde en gefineerde plaat kunnen makkelijk stukjes uit de afwerklaag breken. De kans daarop is kleiner als u aan de kant waar de zaag het hout verlaat een strook afvalhout meezaagt.
Vergeleken met massief hout heeft plaatmateriaal het nadeel dat de randen meestal niet mooi genoeg zijn om zonder dekkende afwerklaag te kunnen. Alleen al daarom zijn sommige van de verbindingsmethoden die in de voorgaande paragrafen aan bod zijn gekomen er niet geschikt voor. Maar ook de structuur en de sterkte van het materiaal kunnen andere verbindingen vereisen.
• *Multiplex.* Voor wat dikker multiplex kunt u de meeste van de in hoofdstuk 8 genoemde verbindingsmethoden gebruiken, vooral als het van goede, gelijkmatige kwaliteit is. Het materiaal is echter lastiger met de beitel te ste-

ken, door de afwisseling in nerfrichting. Veel toegepast worden de deuvel-, keep-, mes-en-groef-, slis-, tand- en zwaluwstaartverbinding. De gelaagdheid van multiplex kan een bruikbaar decoratief element vormen.

• *Spaanplaat.* Bij spaanplaat zijn minder verbindingsmethoden mogelijk, omdat het materiaal minder sterk is. Zwaluwstaarten van spaanplaat bijvoorbeeld kunnen het al begeven bij het in elkaar tikken van de verbinding. Beter is een tandverbinding met wat grotere tanden, maar echt aan te raden is ook deze verbindingsmethode niet. Ook keepverbindingen worden gemaakt.

Goed bruikbaar is de deuvelverbinding, al moet u wel relatief veel deuvels gebruiken: om de 20 à 25 cm hart op hart. Klem liefst de zijkanten van spaanplaat in voordat u deuvels inslaat. Boor deuvelgaten liefst met een middellijn die 0,2 mm groter is dan van de deuvels, om de kans op splijten van de plaat door uitzetting van de deuvels te verminderen. Laat het scherpe boortje niet zo snel draaien: dat voorkomt verbranding van het plaatmateriaal en bovendien dat de gatwand glad wordt gepolijst, waardoor de lijm minder goed kan hechten. Smeer de wand van het deuvelgat en de deuvel helemaal in met een spleetvullende lijm voordat u de deuvel inslaat.

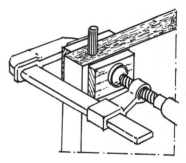

Een stevige verbinding op de kopse zijde van spaanplaat kan worden gemaakt door eerst massief houten latten op de kopse zijde te lijmen. De lijmverbinding die u vervolgens maakt, wordt dan bij voorkeur verstevigd met deuvels.

Klem spaanplaat liefst aan voordat u een deuvel inslaat

Nog een methode gaat uit van hulpmiddelen als blokjes hout (klosjes) of speciale verstevigingsblokjes van kunststof (zie par. 7.3).

Het wel mogelijk een groef in spaanplaat te maken, maar niet de messing. Gebruik dus voor een messing-en-groefverbinding een losse veer, van triplex. Met een beitel in spaanplaat steken geeft verder niet zelden teleurstellende resultaten. Werk zoveel mogelijk met machinaal gereedschap. Scherp verspanend gereedschap tijdig, omdat het door de lijm sneller bot wordt.

Bij het schroeven en spijkeren van spaanplaat op de vlakke kant kunt u beter niet te dicht op de rand werken, in verband met het uitbreken van het materiaal. Blijf bij het plaatoppervlak liefst minimaal 2,5 cm van de rand en bij verbinden in de zijkant liefst minimaal 7 cm van de hoek. Voor de maximale dikte van spijkers geldt een achtste van de plaatdikte en bij de lengte drie tot vier keer de plaatdikte. Voor schroeven geldt een maximale dikte van een vijfde van de plaatdikte en een lengte van twee tot drie keer de plaatdikte. Dit zijn globale richtlijnen, omdat er veel verschillende soorten spaanplaat zijn.

Gebruik bij spijkeren bij voorkeur spijkers met een grotere uittrekweerstand. Voor het schroeven van spaanplaat kunt u beter geen traditionele houtschroeven gebruiken; gebruik alleen spaanplaatschroeven. Het is verder aan te raden de schroefgaten – vooral bij de randen – voor te boren, omdat de plaat niet zo veerkrachtig is: de schroef zal het materiaal eerder doen scheuren dan massief hout. Boor een schroefgat voor met een boor die ongeveer 5 tot 15%

dunner is dan de kern van de schroef en boor het gat 1 mm dieper dan de schroeflengte.

In de kopse kant van spaanplaat vindt een schroef al helemaal slecht houvast, omdat het materiaal makkelijk splijt. In de kopse kant van spaanplaat van minder dan 12 mm dik kunt u beter helemaal niet schroeven.

Bij spaanplaat van 18 mm en dikker kunt u een goede schroefverbinding op de volgende manier bevorderen. Breng op de gewenste plekken een deuvel van 8 mm middellijn aan en boor daarin het schroefgat voor ter grootte van de kerndiameter van de spaanplaatschroef. Boor dan in de eerste plaat waar de schroef in komt een gat dat zo groot is, dat de schroef er 'doorheen valt', dus de spaanplaat niet uiteen hoeft te drukken.

Er zijn speciale houtverbinders ontwikkeld om in de kopse kant van spaanplaat een demontabele verbinding te maken.

• *MDF.* Voor MDF zijn de meeste gebruikelijke houtverbindingstechnieken bruikbaar. Zelfs zwaluwstaarten zijn mogelijk, als de staarten en pennen maar niet te klein worden genomen. Echt aan te raden zijn zwaluwstaarten echter niet, vanwege de inherente zwakte van het materiaal. Gebruik verder dezelfde verbindingsmethoden als bij spaanplaat.

• *Board.* Board is te dun voor het maken van houtverbindingen die in het board zelf worden gemaakt. Board kan uiteraard wel in een groef en een sponning worden vastgezet. Een verbinding van twee delen board geschiedt daarom met gebruikmaking van een houten lat waarin aan twee zijden een groef of sponning wordt gemaakt.

9 Bevestigen aan muur en plafond

Om dingen op te hangen aan een muur of plafond moet u bijna altijd gaten voorboren voor de schroeven (zie par. 6.8). Of u dan gelijk kunt schroeven of eerst een plug in het geboorde gat moet steken, hangt van de ondergrond af.

9.1 Soorten ondergrond herkennen

In deze paragraaf is voor veel voorkomende ondergronden aangegeven waaraan u ze kunt herkennen. Vaak gaat het om opeenvolgende kleuren gruis die bij het voorboren ontstaan.
• Wittig poeder duidt op pleisterwerk (van gips of kalk) of gipsplaat; de boor gaat er met gemak in. Meestal gaat het om een dunnere (afwerk)laag. Blijft er over de volle diepte van het gat alleen wittig poeder komen, dan kan dat wijzen op gipsblokken. Boor in deze materialen met een steenboor (zie par. 6.8).
• Wit-grijzig gruis nadat u door de toplaag heen bent, kan duiden op de volgende ondergronden: een voeg van metselwerk, cellenbetonsteen ('gasbetonsteen') en bimssteen ('drijfsteen'). Het boren gaat in al die materialen vrij makkelijk. Schiet u met een boor af en toe met een schokje een stukje door, dan kan het om holle kalkzandsteen of lichte holle betonblokken gaan. In al deze gevallen gebruikt u een steenboor; druk niet te hard op de boor maar laat hem rustig zijn werk doen, anders kunnen uit de dunne wanden in deze stenen stukken breken.
Ondervindt u bij dit wit-grijzige gruis flink wat weerstand, dan kan het om stevig voegmateriaal gaan, maar ook om kalkzandsteen. U kunt hier een betonboor (zie par. 6.8) gebruiken en de machine in de klopstand zetten.
• Grijzig gruis uit een ondergrond waarin u nauwelijks vooruitkomt, duidt op beton. In dat geval moet u de machine in de klopstand zetten. Als u ook dan nog nauwelijks vooruitkomt, heeft u wellicht een pneumatische boormachine nodig. Soms lukt het boren ook als u met een dun boortje begint en daarna het gat opboort naar een grotere middellijn.
• Houtvezels na het wittige gruis duiden op een houten steunconstructie achter stukadoorswerk of gipsplaat.
• Schiet de boor na het wittige poeder opeens een stuk door, dan kan het om gipsplaat op tengels gaan. Bij een plafond echter ook om stukadoorswerk op bijvoorbeeld riet of steengaas op tengels.
• Rood, geel of bruinig stof duidt op metselstenen. Die kunnen een dichte structuur (gebruik dan zo nodig een betonboor in de klopstand) of open structuur hebben, dan wel voorzien zijn van holten (gebruik dan een steenboor).
• Metaaldeeltjes: pas hier op. Ze kunnen duiden op een leiding (gas, water, elektriciteit, verwarming), betonwapening (alleen in beton), een bevestigingsmiddel (bij gipsplaat en hout) of een metalen steunconstructie (voor gipsplaat).

9.2   Stevigheid van de bevestiging

De stevigheid van een bevestiging aan een muur of plafond hangt af van de drukvastheid van die ondergrond en van de gebruikte bevestigingsmiddelen. Het zal duidelijk zijn dat aan een massief betonnen ondergrond makkelijker zware voorwerpen kunnen worden opgehangen dan aan een gipsplaatplafond. Op grond van de belastbaarheid zijn ondergronden als volgt in te delen (zie voor een beschrijving van de te gebruiken pluggen verderop):
- Beton in de woning is meestal behoorlijk drukvast. Er kunnen spreidpluggen in worden gebruikt en voor extra zware belasting bijvoorbeeld stalen ankers.
- Metselwerk heeft een dichte structuur, behalve waar door slordig werken holten zijn blijven zitten. Er kan dus voor de zekerheid het beste worden bevestigd in de steen zelf; spreidpluggen zijn daar heel geschikt voor.

Bij stenen waarin grotere holten zitten, zoals strengpersstenen en ventilatiestenen, zijn pluggen nodig die de holle ruimten kunnen overbruggen of opvullen. Dan zijn er nog massieve bouwstenen die veel kleine holten hebben, zoals cellenbetonsteen en bimssteen. Daarvoor zijn speciale pluggen nodig, die grote drukvlakken hebben. Voor zware belasting zijn er onder meer zogeheten chemische pluggen te koop.

Ten slotte kan zijn gemetseld met stenen die zowel holten als een open structuur hebben. Deze stenen zijn heel licht van gewicht en hebben een heel geringe druksterkte. Hiervoor zijn pluggen nodig met heel grote drukvlakken en bij grotere belasting injectieankers die zijn voorzien van een kous. Deze zijn verkrijgbaar bij sommige ijzerwarenwinkels voor vakmensen.
- Dan zijn er nog dunwandige bouwmaterialen, waarachter meestal een holle ruimte zit, zoals gipsplaat, vezelplaat en stukadoorswerk op bijvoorbeeld gaas of riet. Hiervoor zijn er zogeheten holle-wandpluggen. De belastbaarheid hangt vooral af van de sterkte van het basismateriaal. Iets zwaars dient in de dragende ondergrond (van de beplating) te worden vastgezet, zoals in de achterliggende muur of balk. De achterconstructie in de vorm van balken of metalen dragers is soms te lokaliseren door op het oppervlak te tikken; hij kan zitten onder de plaatsen waar een holle klank verandert in een doffe. Of u boort een gaatje in de wand en steekt daar een stukje metaaldraad van circa 40 cm lang in om te voelen waar die achterconstructie zit. Boor dan niet aan de rand daarvan, maar meer naar het midden toe. Als u een verticale steunconstructie heeft gelokaliseerd, kunt u de andere steunpunten vaak meten; er wordt in veel gevallen gewerkt met een hart-op-hartafstand van 60 cm.

9.3   Belastbaarheid van de bevestiging

Tot welk gewicht een schroef of plug belast kan worden, hangt behalve van de ondergrond ook af van de vraag of er in lengterichting aan wordt getrokken (zoals bij iets aan het plafond hangen) of dwars erop (bij iets aan een muur hangen). Belangrijk zijn verder de metaaldikte (van de schroef) en de soort metaal (staal, messing).

Voor het ophangen van kleinere dingen hoeft u niet veel onderzoek te doen.

Maar als u boekenplanken of bijvoorbeeld een kast voor een verzameling stenen aan een wand wilt hangen, dan is een zorgvuldige keuze van het bevestigingssysteem nodig. Er zijn bijzonder veel systemen te koop. Hier vindt u een globaal overzicht; informeer zo nodig bij een gespecialiseerd leverancier; zie zo nodig in de Gouden Gids bij 'Bevestigingsmaterialen'.

9.3.1 Pluggen

Pluggen zijn in verschillende typen onder te verdelen. Pluggen van verschillende merken, met dezelfde functie maar mogelijk voor verschillende schroefdikten, kunnen van hetzelfde type zijn. Het plugtype moet zijn aangepast aan de ondergrond, schroefdikte, soort schroef en uiteraard de belasting.

Gebruik voor elke plug de geschikte middellijn boor en boor tot de door de fabrikant opgegeven diepte. Voor elke plug is er een optimale bijbehorende schroefdiameter; bij een te dunne schroef zet de plug te weinig uit, wat onvoldoende houvast geeft, en bij een te dikke schroef lukt het indraaien niet goed.

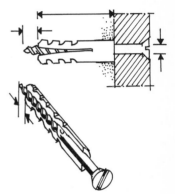

Ga na of de schroef door de punt van de plug heen zal steken, want dan moet u het gat dieper boren dan de plug lang is. Overigens moet u voor een goed houvast bij veel pluggen de schroef door de top van de plug heen draaien, en wel over een afstand van minimaal één keer de schroefmiddellijn. Houd u hier aan de aanwijzingen van de fabrikant; zorg dat u die bestudeert als u pluggen los en niet in de originele verpakking koopt. Houd met het kiezen van de schroeflengte rekening met de dikte van het voorwerp dat u gaat bevestigen.

Gebruik het juiste type schroef. Een snijdende schroef (zoals de spaanplaatschroef) kan zacht plugmateriaal insnijden, waardoor er onvoldoende spreiding van de plug plaatsvindt. Zorg

Bij sommige pluggen moet de schroef door de punt heen steken

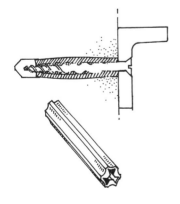

Expansieplug van kunststof

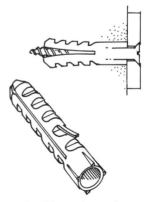

Spreidplug van kunststof

er ook voor dat de schroeven bestand zijn tegen de atmosferische omstandigheden. In droge ruimten kan een gewoon verzinkte stalen schroef prima voldoen. In vochtiger atmosferen moet u letten op de dikte van de zinklaag (bij 40 μm zit u meestal goed); roestvast staal is dan een alternatief.

- *Expansieplug*. Een van de eerste typen kunststofplug. Hoewel nog veel toegepast, wordt hij steeds meer vervangen door de *spreidplug*, die een grotere uittrekweerstand heeft.

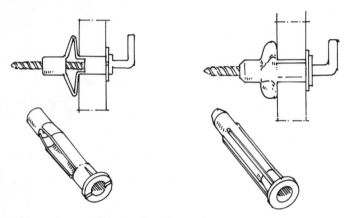

Holle-wandpluggen (propvormende pluggen) van kunststof

- *Propvormende plug*. Voor bevestiging in stenen met holten, zoals cellenbeton en holle baksteen, zijn er onder meer propvormende pluggen. Door het aandraaien van de schroef vormt het uiteinde van de plug een prop. Om te voorkomen dat de plug zichzelf het gat kan intrekken, is hij voorzien van een kraag die op het oppervlak van de ondergrond steunt.
- *Universele plug*. De universele plug is voor meer ondergronden bruikbaar.
- Voor holle wanden en plafonds zijn er speciale pluggen en andere beves-

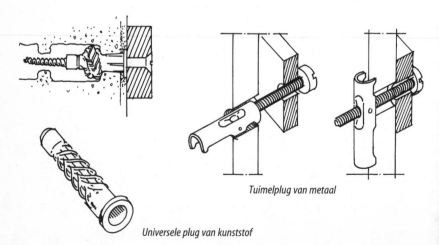

Tuimelplug van metaal

Universele plug van kunststof

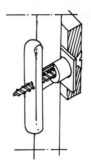

Tuimelplug van kunststof

tigingshulpen, die op verschillende manieren kunnen werken. Zoals de prop-vormende plug of pluggen die kantelen dan wel als een paraplu openklappen nadat u ze door het geboorde gat heeft gestoken (tuimelpluggen, paraplu-pluggen, vleugelpluggen). Zie altijd de fabrieksinstructies.
• Voor zware belasting in massieve ondergronden zijn er onder meer de keil-bout, het stalen anker en het chemisch anker.

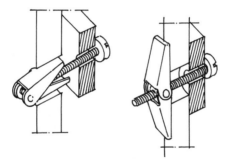

Parapluplug van metaal

9.4 Werktips

Boor niet in het wapeningsstaal van beton en voorkom dat u in leidingen boort, door ze met een zogeheten leidingzoeker – die reageert op metaal – op te spo-ren. Kunststof waterleidingen – die steeds meer ingang vinden (ook voor de cv) – kunt u daar echter niet mee ontdekken.
Verwijder zoveel mogelijk boorstof uit het gat dat u voor de plug boort; ach-terblijvend stof kan de uittrekweerstand aanzienlijk verminderen. Stof ver-wijderen gaat goed met een stofzuigermondstuk, vooral als u als hulpstuk een limonaderietje gebruikt dat u in het gat inbrengt. Als u zuigt tijdens het bo-ren (laat iemand anders het stofzuigermondstuk vasthouden, zodat u beide handen heeft voor het boorwerk), wordt de ondergrond niet stoffig. Rode steen-stof is moeilijk te verwijderen.
Begin bij tegels pas met klopboren als u door de tegel heen heeft geboord. Druk

een plug geheel door een tegel heen, anders is de kans groot dat hij barst als de plug uitzet. Ook pleisterwerk kan uitbrokkelen als een plug erin uitzet. Bij een hoek in een muur dient u voorzichtig te zijn; een plug zet immers uit en vlakbij een hoek kan het aangrenzende vlak worden weggedrukt. Houd tussen plug en hoek dan ook minimaal een afstand van één pluglengte vrij en plaats een spreidplug met twee vleugels zodanig dat hij zich verticaal spreidt (er zijn ook pluggen die zich naar alle zijden spreiden). Overigens zijn de vleugeltjes aan een spreidplug bedoeld om te voorkomen dat de plug in het gat meedraait als u begint met het aandraaien van de schroef.

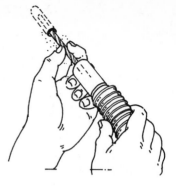

Met behulp van een limonaderietje kunt u stof uit een boorgat verwijderen

Om te voorkomen dat een steenboor op een gladde ondergrond wegloopt, kunt u er bijvoorbeeld een stukje schildersafplakband op plakken. Of sla vooraf met een centerpunt voorzichtig een putje op de boorplek. Ook bij stukadoorswerk en door voegen in metselwerk kan een boor de neiging hebben weg te lopen, waardoor u het gat niet op de gewenste plaats krijgt en/of het groter wordt dan bedoeld. Dit kunt u voorkomen als u door een niet te brede lat heen boort, die u stevig op de muur gedrukt houdt of door een ander laat vasthouden. Maak dan eerst het gat in de lat, steek de boor er geheel door, zodat u de punt daarvan op de juiste plek op de wand kunt zetten, en druk dan pas de lat tegen de wand.

Om precies haaks op de wand te boren, kunt u een hulpstuk in de vorm van een waterpasje op de boormachine aanbrengen, precies evenwijdig aan de booras; let dan wel op dat u ook links-rechts de boor haaks houdt.

Er zijn drie manieren om een plug in een massieve ondergrond te steken. De gebruikelijkste manier is gewoon in het gat steken tot de rand van de plug gelijk met het wandoppervlak zit en dan pas de schroef er in te draaien. Als u bijvoorbeeld de plug door een tegel moet steken, kunt u de schroef al een klein stukje in de plug draaien, maar niet te ver, want dan krijgt u hem niet in het gat. Er zijn pluggen die speciaal voor dit soort 'doorsteekmontage' zijn gefabriceerd. Ten slotte zijn er slagpluggen: het zijn een soort doorsteekpluggen, maar u slaat ze met een hamer een heel eind in, zodat u de schroef maar een klein stukje hoeft aan te draaien.

Behalve losse pluggen waar u zelf schroeven bij moet kopen, zijn er pluggen waar al schroeven worden bijgeleverd (bijvoorbeeld kozijnpluggen) en ophangsystemen die onder meer met bouten worden geleverd.

10 Basisconstructies

In dit hoofdstuk vindt u informatie over het zelf maken van basiselementen van bergruimten, zoals kasten, deuren en laden. Zie voor het aanschaffen van materiaal ook paragraaf 5.5.

10.1 Voorbereidingen

Voordat u aan de gang gaat, is het nuttig om het werk zorgvuldig te plannen. Als voorbereiding van het 'project' maakt u om te beginnen zo nodig een of meer schetsen, die uitmonden in een definitieve werktekening waarop u de maten noteert (zie par. 1.1). Op grond daarvan kunt u een lijstje maken van de materialen die u nodig heeft. Ook de benodigde metalen verbindingsmiddelen (spijkers, schroeven), lijm en bijvoorbeeld beslag, wieltjes en dergelijke kunt u op uw lijst zetten.

Zorg dat uw gereedschap in orde is en waar nodig scherp. Ga na welke stappen nodig zijn om het werk te volbrengen (beredeneer de juiste werkvolgorde) en schrijf dit puntsgewijs op (zie par. 2.4).

Breng waar nodig merktekens aan op houten onderdelen en zaag ze eventueel ruw op maat, zodat u voor het precisiewerk minder last heeft van het afval. U kunt merktekens of namen – zoals 'zijwand rechts' of 'bodemplaat' – op de onderdelen aanbrengen door deze te schrijven op strookjes schildersafplakband. Lijmrestjes daarvan kunt u later met thinner of aceton verwijderen.

Bewaar afvalhout dat al op dikte is gemaakt. Dit kan bijvoorbeeld dienen als proefstuk om bepaalde bewerkingen te proberen, voor het instellen van machines en als hulp bij het inklemmen.

Zet een werkstuk op proef in elkaar voordat u lijm of andere houtverbinders aanbrengt of gaten boort voor de verbindingsmiddelen. Klem het werkstuk in elkaar met behulp van lijmklemmen en controleer het geheel op haaksheid en overtuig u ervan dat alle verbindingen goed sluiten.

Voordat u een houten werkstuk definitief in elkaar zet, is het verstandig alle binnenwerkse vlakken gladgeschuurd te hebben. Dat is naderhand moeilijker. Dat geldt in feite ook voor alle vlakken waarvan de houtnerven niet in dezelfde richting wijzen, tenzij u het oppervlak dekkend schildert.

10.2 Constructie van een kast

Er zijn veel manieren om houten kasten te construeren. Het is daarom moeilijk om een algemene werkwijze aan te geven. Hoe de kast moet worden, hangt namelijk af van uw wensen, de te gebruiken materialen, de werkruimte, het gereedschap dat u ter beschikking staat en uw vaardigheden. In deze paragraaf vindt u zoveel mogelijk algemene richtlijnen.

Van een kast die demontabel moet zijn, worden de grote onderdelen niet onderling verlijmd maar met losse verbindingsblokken (zie par. 7.3) en schroeven in elkaar gezet. Kleinere onderdelen, zoals plinten, kunnen wel definitief worden vastgezet.

Kasten zijn onder te verdelen in twee soorten: kasten met een geraamte (ook frame en raamwerk genoemd) en kasten zonder zo'n geraamte. Een kast met geraamte bestaat uit een grondvorm van houten latten die met houtverbindingen en lijm aan elkaar zijn bevestigd. Daarop is relatief dun plaatmateriaal bevestigd. Het plaatmateriaal hoeft niet dik te zijn, want het onderdeel respectievelijk de kast verkrijgt zijn stabiliteit door het frame. Indien het frame aan beide zijden wordt bekleed met plaatmateriaal is het nodig luchtgaatjes te maken. Dat moet voorkomen dat door luchtdrukverschillen het plaatmateriaal hol of bol kan gaan staan.

Een kast zonder raamwerk heeft dikkere wanden nodig dan een kast met raamwerk. Dit om de wanden stevig aan elkaar te kunnen bevestigen en om voor de nodige stabiliteit te zorgen. Dit is een goedkopere constructiemethode, vooral omdat hij minder tijd kost, maar er is meer materiaal nodig, niet zelden – goedkoop – plaatmateriaal.

De stevigheid van een houtverbinding hangt af van het oppervlak van het (langshout)lijmoppervlak en van de stijfheid van de constructie. Bij de stevigste (lijm)verbindingen haken twee onderdelen ook nog eens in elkaar, zoals bij de zwaluwstaartverbinding (zie par. 8.8). Een verbinding kan ook worden verstevigd met hulpmiddelen, zoals deuvels (zie par. 8.2) of metalen houtverbinders (zie par. 7.3). Bij een gelijmde verbinding dienen nagels en nieten vooral om de verbinding tot het drogen of uitharden van de lijm bijeen te houden. Schroeven kunnen een verbinding wel verstevigen.

De constructiemethode die u gebruikt, hangt af van de vraag of de kast demontabel moet zijn en van de benodigde stevigheid. Dat geldt ook voor de te gebruiken houtmaten. Verder is natuurlijk de belasting van de kast van belang. Een hangkast voor kleding kan met een lichtere constructie toe dan een boekenkast.

Voor een gebruikelijk raamwerk kunt u uitgaan van latten van circa $2 \times 4,5$ cm. Zet ze bijvoorbeeld aaneen met halfhoutverbindingen (zie par. 8.3), die u desgewenst verstevigt met deuvels (zie par. 8.2). Heeft een rechthoek extra versteviging nodig (bijvoorbeeld bij een lengte van meer dan 120 cm), dan kunt u één of meer verbindingslatten toepassen. Als u een scharnierende deur wilt gaan aanbrengen, moet u besluiten hoe deze wordt aangebracht: bijvoorbeeld in of op de sponning.

Een raamwerk verkrijgt verder stijfheid en stevigheid door de bekleding met plaatmateriaal (multiplex, triplex, dunne MDF of board). Board moet u voordat u het bevestigt aan één zijde vochtig maken, om te voorkomen dat het kan kromtrekken na het schilderen, of u zet het voor het aanbrengen in de grondverf. U kunt de bekleding op het raamwerk aanbrengen, maar ook in een sponning. Die laatste moet u dan zover mogelijk voorbereiden voordat u het frame in elkaar zet. Precies haaks gezaagde platen bieden een goede hulp bij het haaks in elkaar zetten van het frame. De plaatbekleding kunt u alleen vastlijmen (aanklemmen – zie par. 6.10 – tot de lijm droog is) of ook spijkeren, afhankelijk van de verdere afwerking van de kast.

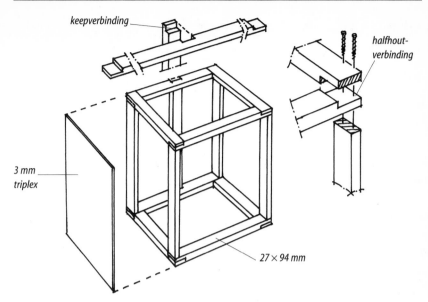

Principe van een kast met een raamwerk; afhankelijk van het gebruik van de kast worden de houtdikten en -verbindingen uitgekozen

Bij het verlijmen van het plaatmateriaal smeert u het hele raakvlak in, behalve de buitenranden ervan; daarmee beperkt u het uitpuilen van de lijm.

Om te controleren of een constructie haaks is, bij het passen en bij het inklemmen na het lijmen, meet u de diagonalen: bij een haakse constructie zijn die even lang. Bij een heel kleine rechthoek kunt u de haaksheid ook met een schrijfhaak controleren.

Als u een open kartonnen doos zonder bodem op zijn kant legt, kunt u hem makkelijk platdrukken. De bodem geeft de doos de benodigde vormvastheid. Zo heeft ook een kast een achterwand nodig om hem in model te houden. Tra-

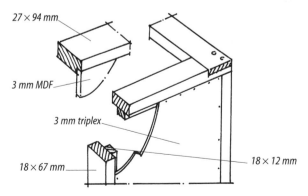

De achterwand van een kast met frame kunt u in een sponning laten vallen; zo'n sponning kunt u uit het frame zagen, maar ook met latten samenstellen, zoals op de tekening

199

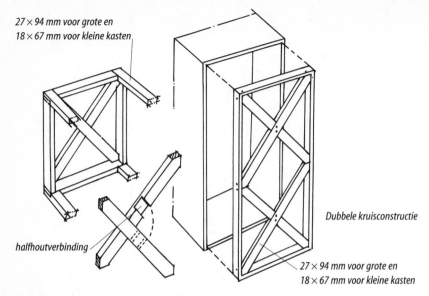

27 × 94 mm voor grote en
18 × 67 mm voor kleine kasten

Dubbele kruisconstructie

halfhoutverbinding

27 × 94 mm voor grote en
18 × 67 mm voor kleine kasten

Houten kruisconstructie om een kast te stabiliseren

ditioneel gebeurt dat met een achterwand die minimaal aan beide zijkanten óf aan de boven- en onderkant wordt vastgezet. Als u de achterwand rondom in een sponning laten vallen, is hij van opzij niet zichtbaar en kunt u bij het aanbrengen volstaan met vastspijkeren.

In plaats van met een hele achterplaat kan de kast worden gestabiliseerd met een kruisconstructie van bijvoorbeeld latten. Die maakt u bij voorkeur vast aan de vier hoeken van de kast; zet ze op het kruispunt ook aan elkaar vast. Of u gebruikt een dubbele kruisconstructie, waarbij de latten korter kunnen zijn. Een nog kleinere constructie gaat uit van een stukje driehoekig plaatmateriaal in de hoeken van de kast. Als een kast aan de wand wordt aangebouwd, hoeft hij geen aparte achterwand te hebben.

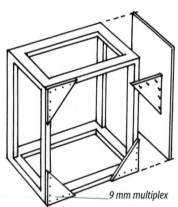

9 mm multiplex

U kunt een kast ook stabiliseren met behulp van stukjes driehoekig plaatmateriaal in de vier hoeken; u kunt ze desgewenst in een sponning laten vallen. Maak de driehoeken niet te klein; bij een kast van 2 m hoog moeten ze wel 20 × 20 cm zijn

Ondiepe, hoge kasten hebben al snel de neiging naar voren te kantelen. Zet in zulke kasten altijd zware voorwerpen onderin en de lichtere bovenin. U voorkomt kantelen het beste door de kast aan de bovenkant aan de muur of het plafond vast te zetten. Dat hoeft niet met zware bouten, maar kan gerust met gewone schroeven (in een steenachtige ondergrond in een plug).

Als een rek of kast in de breedterichting onstabiel is (kan 'schranken'), kunt u

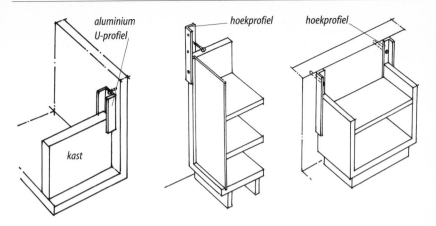

Een open kast kunt u stabiliseren door hem aan een wand vast te zetten, bijvoorbeeld met een stuk aluminium hoek- of U-profiel

dat voorkomen door de zijwanden goed aan de achterwand vast te maken. Een open kast die u dwars op een wand zet en waarbij een kruisconstructie lelijk is of waarbij u geen achterwand wenst, kunt u met de zijkant aan de wand vastzetten. Bijvoorbeeld in een stukje aluminium U-profiel dat u op de wand vastschroeft.

Er zijn verschillende manieren om de kast neer te zetten: op poten, op dragende zijwanden of op (terugspringende) plint. Vooral bij het gebruik van poten moet u erop letten dat het gewicht van de kast voldoende wordt gespreid, zodat de poten niet door de onderzijde heen drukken. Zo nodig kunt u het gewicht van de kast over een groter oppervlak verdelen door de pootjes op een

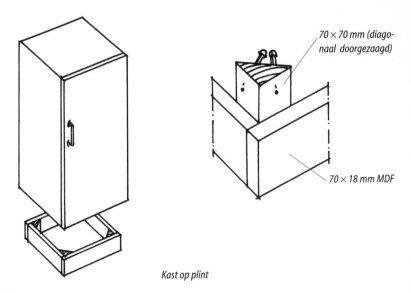

Kast op plint

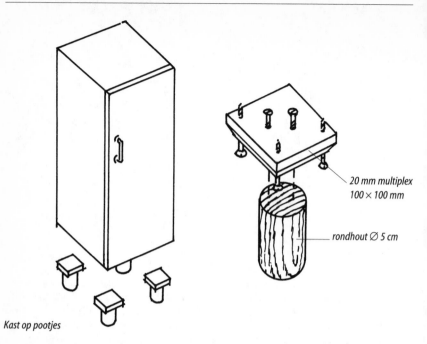

Kast op pootjes

20 mm multiplex
100 × 100 mm

rondhout ⌀ 5 cm

stevig plaatje hout (een 'klos') te monteren of onder een steunframe. Zaag bij een plint – die u niet per se aan de achterzijde van de kast hoeft aan te brengen – de hoekverbindingen in verstek.

Voordat u deuren in de kast gaat afhangen, moet de kast zo stabiel mogelijk worden gemaakt. Breng daartoe – indien gepland – de planken en laden aan, en alle overige onderdelen die een kast kunnen verstevigen.

• *Hoekkasten*. Een hoekkast heeft een driehoekige dwarsdoorsnede. U zet hem in een rechte hoek (90°) van een vertrek. Ook deze kast kunt u in princi-

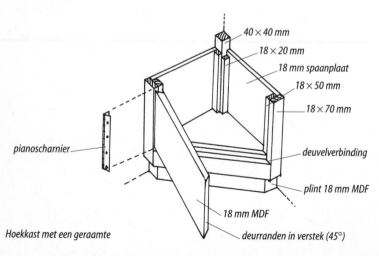

40 × 40 mm
18 × 20 mm
18 mm spaanplaat
18 × 50 mm
18 × 70 mm
pianoscharnier
deuvelverbinding
plint 18 mm MDF
18 mm MDF
deurranden in verstek (45°)

Hoekkast met een geraamte

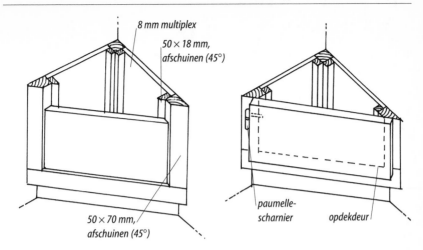

8 mm multiplex

50 × 18 mm, afschuinen (45°)

50 × 70 mm, afschuinen (45°)

paumelle-scharnier

opdekdeur

Nog twee hoekkasten met geraamte

pe open of met deur maken, zonder of met geraamte. Een deur kunt u echter voor het uiterlijk het beste in een sponning laten vallen; dat pleit er dus voor bij toepassing van een deur voor een kast met geraamte te kiezen.

Bij een kast zonder geraamte is de ene achterwand een stukje (de dikte van het plaatmateriaal) breder dan de andere, zodat u ze aan elkaar kunt vastzetten. Bij een hoekkast met geraamte zijn beide achterpanelen even breed. Hieronder en op blz. 202 vindt u van beide kasttypen een ontwerptekening.

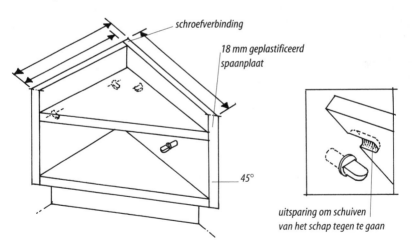

schroefverbinding

18 mm geplastificeerd spaanplaat

45°

uitsparing om schuiven van het schap tegen te gaan

Hoekkast zonder geraamte

10.3 Typen kastdeur

Kastdeuren zijn er natuurlijk ook in alle soorten en maten. We behandelen hier de typen die u vrij gemakkelijk zelf kunt maken.

10.3.1 Scharnierende deuren

Bij scharnierende deuren kunnen we een aantal basistypen onderscheiden; zie de tekeningen.

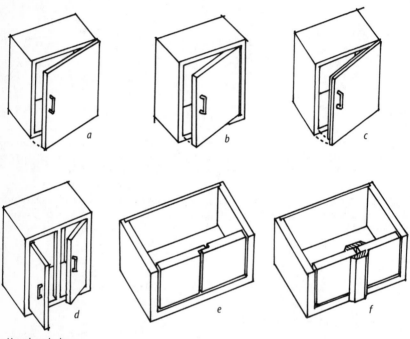

a Voorslaande deur
b Tussendraaiende deur
c Opdekdeur
d Twee tussendraaiende deuren met middenstijl
e Twee deuren die met sponningen op elkaar aansluiten; omdat de meeste mensen rechtshandig zijn, worden de sponningen zo gemaakt dat eerst het rechterdeurtje open kan
f Twee deuren die met opdekkende siersponningen op elkaar aansluiten; omdat de meeste mensen rechtshandig zijn, worden de sponningen zo gemaakt dat eerst het rechterdeurtje open kan

Het eenvoudigst is het type dat geheel op de kast ligt: een 'voorslaande' deur. Hij kan daarbij de randen van de kast geheel afdekken, of daarvan een deel zichtbaar laten. Bij een 'opdekdeur' valt een deel van de deurdikte in een sponning van de kast, terwijl de rest van de deurdikte op de sponning ligt en de kier tussen deur en sponning afdekt. Een deur kan ook geheel in de sponning vallen: een 'tussendraaiende' deur. Hierbij luistert de maatvoering heel nauw, anders klemt óf kiert hij.

Waar twee deuren tegen elkaar sluiten, kan er een middenstijl zijn; dat geeft de grootste vrijheid bij het openen. Zo'n middenstijl kan de kast meer stabiliteit geven. Als er geen middenstijl is, kunnen de deuren met recht afgewerkte kanten op elkaar aansluiten. Als twee naar elkaar toe draaiende deuren met een sponning op elkaar sluiten, kunt u de ene deur pas openen als u de andere tevoren heeft geopend.

Bij een kast zonder bodem moet u voorkomen dat de onderrand van de deur over de vloer kan slepen. Houd dan tussen deur en vloer een kleine ruimte, die u in de kastopening met een (dorpel)latje kunt opvullen.

10.3.2 Schuifdeuren

Ook bij schuifdeuren zijn er verschillende typen. Een kast met schuifdeuren heeft er meestal twee. Bij aanwezigheid van slechts één schuifdeur moet hij ergens achter of voorlangs kunnen schuiven. Dat maakt dat een deel van de bergruimte minder makkelijk toegankelijk is. Bedenk dat de handgreep van een schuifdeur verdiept moet liggen (in de deur ingelaten), om bij het schuiven nergens tegenaan te botsen.

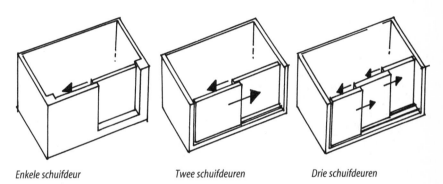

Enkele schuifdeur   Twee schuifdeuren   Drie schuifdeuren

Twee schuifdeuren lopen altijd achter elkaar langs; u kunt dus maar één van de twee geheel open hebben staan. De twee deurtjes zijn elk half zo breed als de deuropening, plus een overlap van circa 15 mm en eventueel een paar millimeter waarmee ze in een groef aan de zijkant in de kast sluiten, om hem stofdicht af te sluiten. Om te voorkomen dat er stof tussen de schuifdeurtjes door kan, worden ze aan de kant waar ze in gesloten toestand overlappen elk voorzien van een schuin latje; samen vullen die latjes de tussenruimte precies op. De latjes zijn niet precies langs de zijkant van de deurtjes aangebracht, maar iets naar binnen vallend, zodat de deurtjes niet dikker lijken dan ze zijn. Een andere mogelijkheid om stof te weren is met een klein borstelprofiel, zoals voor tochtwering.

Drie schuifdeuren kan in principe ook, maar dit kost extra ruimte, omdat er dan immers drie rails nodig zijn. Voordeel is echter dat de kast dan over een breder vlak open kan. Elk deurtje heeft dan een breedte van eenderde van de totale deuropening, plus een overlap van circa 15 mm. Bij vier schuifdeuren heeft elk deurtje de breedte van een kwart van de breedte van de totale opening, plus een overlap van circa 15 mm.

De eenvoudigste schuifdeur is een stuk plaatmateriaal met glad afgewerkte randen. Omdat er geen scharnieren op hoeven te worden vastgeschroefd, hoeft een schuifdeur niet dik te zijn. Een dunne deur is lichter, zodat hij bij het schuiven minder weerstand veroorzaakt. Als u er een slot op wilt aanbrengen, mag het 't schuiven van de deur niet belemmeren. Daarom kan een inbouwslot nodig zijn, tenzij u het slot (speciaal slot voor schuifdeuren) aanbrengt in de rand van de kast en de sluitkom in de deur; de sluitkom is vaak smaller dan het slot. Een schuifdeur mag, net als elke andere deur, niet kromtrekken. U moet dus stijf materiaal gebruiken, want buigen bevordert het vastlopen van de deur. Heel geschikt zijn triplex, multiplex en geplastificeerd hardboard, maar ook MDF en spaanplaat worden veel gebruikt. De benodigde materiaaldikte hangt af van het formaat van de deur. Voor deurtjes tot 16 vierkante decimeter kunt u materiaal gebruiken van 10 mm dik; van 10 tot 50 vierkante decimeter materiaal van 16 à 18 mm dik; en voor grotere deuren gebruikt u materiaal van 20 à 22 mm dik. Er zijn ook kant-en-klare schuifdeuren met garnituur te koop. Verder bestaat er voor deuren van meer dan 16 mm dik (vooral voor grote deuren) speciaal 'uitlijnbeslag': daarmee kunt u een bol of hol trekkende deur corrigeren.

Om nog makkelijk te kunnen schuiven worden schuifdeuren zonder wieltjes zelden hoger gemaakt dan circa 60 cm. Maak zo'n schuifdeur vanwege de wrijving bij het schuiven liever ook niet breder dan 100 cm.

• *Gootje.* De onderzijde van een eenvoudige schuifdeur – licht van gewicht, maximaal circa 80 cm hoog – schuift in een gootje. Nadeel van een gootje is dat er stof in blijft zitten; dus af en toe schoonzuigen is nodig. Het gootje kan worden gemaakt in de bodemplaat en het bovenblad van de kast; het bovengootje moet een fractie meer dan twee keer zo diep zijn als de ondergoot om het deurtje eruit te kunnen tillen. Het gootje kunt u maken met een bovenfreesmachine (zie par. 6.5) of cirkelzaag (zie par. 6.3), en wel voordat de kast in elkaar wordt gezet. Maak zo'n gootje minimaal 10 mm vanaf de rand van het hout. En laat tussen twee gootjes 5 à 6 mm hout staan of maak een brede goot en lijm er vervolgens een tussenlat in. Om het glijden te bevorderen, kunt u de onderzijde van de deur behandelen met wat paraffine (van een kaars). Het nadeel van paraffine is echter dat er vuil aan kan blijven plakken.

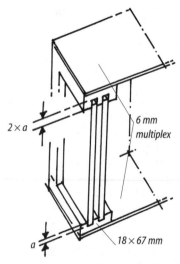

Twee schuifdeuren van 10 mm multiplex in gootjes

Als u een strookje melamineplaat op de bodem van de gleuf plakt, glijdt het deurtje gesmeerd. Zo'n smal strookje maken is echter niet eenvoudig; het gaat nog het beste als u een strook klemt tussen twee latten die u meezaagt. Minder weerstand bij het glijden betekent ook minder slijtage. Als u veel slijtage verwacht door intensief gebruik, kunt u in de groef het beste een heel glad geschuurd latje van een harde houtsoort lijmen. Zorg dat het hout volkomen recht is.

Maak schuifdeurtjes in deze constructie niet te smal en hoog tegelijk, want dan hebben ze de neiging te gaan kantelen of wippen.

Voor niet te grote kastjes (bijvoorbeeld keukenkastjes) zijn dubbele schuifgootjes (oftewel schuifrails) te koop in sets van twee: een ondiepe ondergoot en een diepere bovengoot. Deuren in zulke gootjes glijden makkelijker dan deuren hout-op-hout. Sommige gootjes kunnen alleen als opbouw worden gebruikt; andere kunnen ook in het hout worden ingelaten. Een ingelaten gootje staat netter en zit niet in de weg.

Bij een in het hout gefreesd gootje moet het hout minimaal 10 mm dikker zijn dan de hoogte van het gootje. Dat is onder meer om te voorkomen dat een klemmend deurtje het hout doet splijten.

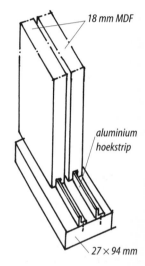

18 mm MDF

aluminium
hoekstrip

27 × 94 mm

Twee schuifdeuren van 18 mm MDF op een railtje dat hier bestaat uit aluminium hoekstrip (verzink de schroeven)

• *Rail*. Een lichte schuifdeur kan ook schuiven op een railtje van bijvoorbeeld kunststof. In de onderzijde van de schuifdeur wordt dan een gleuf gemaakt die niet te strak om het railtje past.

• *Latjes*. Een simpele oplossing is een schuifdeur te laten schuiven tussen twee latjes, zowel aan de onder- als bovenzijde. U kunt dan de deur makkelijk laten schuiven door eerst een strook melamineplaat op de kastbodem te lijmen en daarop de latjes aan te brengen. Gebruik melamine in een kleur die goed past bij de kleur waarin u de rest afwerkt.

• *Rollers*. Een wat zwaardere, dikkere schuifdeur kan het beste op rollers lopen. Die kunnen onder de deur zitten en lopen dan over een rail. Of ze zitten bovenaan de deur, waar ze over een hangrail lopen. En soms is er een combinatie van onder- en bovengeleiding van de deur. Er zijn 'schuifdeurgarnituren' van diverse fabrikaten. Er hoort een goede montage-instructie bij te zitten. En er hoort op te staan wat het maximale deurgewicht is.

Maak schuifdeurtjes pas op maat nadat de rest van de kast af is. Om een deurtje dat in een groef loopt te kunnen inzetten – en later eventueel te kunnen verwijderen – moet de bovenste groef minimaal twee keer zo diep zijn als de onderste groef en voor makkelijk verwijderen liefst nog een paar millimeter meer. Neem de maat voor het deurtje uiteraard op vanaf de bodem van de groef.

10.4 Constructie van scharnierende kastdeuren

U kunt vrijlopende deuren kant-en-klaar kopen in allerlei maten, maar ook zelf maken. De eenvoudigste deur is gewoon een stuk plaatmateriaal, al kan ook plaatmateriaal van minder dan circa 25 mm dik kromtrekken. Aan de ran-

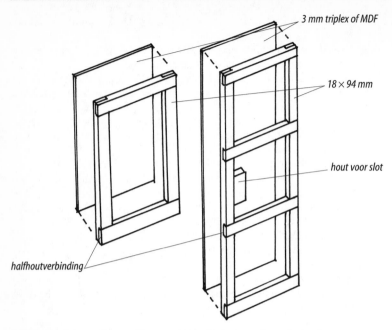

3 mm triplex of MDF

18 × 94 mm

hout voor slot

halfhoutverbinding

Beklede deur; links een kleine, rechts een grotere, met extra inwendige ondersteuning

den kunt u het plaatmateriaal afwerken met een opgelijmde lat.

Wilt u de deur wat dikker maken en toch niet zwaar, dan kunt u een frame maken van latten (voor een lichte deur hoeft u die latten niet per se onderling te verbinden, maar desgewenst kunt u gebruik maken van bijvoorbeeld half-houtverbindingen; zie par. 8.3) en dat bekleden met triplex, dun MDF of board (verlijm deze platen slechts over een derde deel van de breedte van het frame, vanaf de buitenkant gerekend). De maten van de benodigde latten hangen af van het formaat van de deur. U moet de deur stevig aan scharnieren kunnen hangen, en er kan een slotje nodig zijn. In plaats van een frame van brede lat-ten in de hele deur kunt u smallere latten gebruiken en ter plekke van het slot een breder stuk hout in het raamwerk opnemen. Als de deur wat groter is, kunt u het frame verstevigen door tussenlatten aan te brengen. In plaats van het raamwerk geheel te bekleden met plaatmateriaal, kunt u dit in een sponning inlaten. Dat kan over de hele dikte van de plaat, maar u kunt ook de plaat iets boven de sponning uit laten komen of juist verdiept aanbrengen. Er zijn veel mogelijkheden, zelfs met glas in de sponning.

Als u een holle deur maakt, van latten die aan beide zijden worden bekleed met plaatmateriaal, is het nodig luchtgaatjes te maken. Die moeten voorko-men dat door luchtdrukverschillen het plaatmateriaal hol of bol kan gaan staan.

Een paneeldeur is ingewikkelder. Een raamwerk daarvoor wordt traditioneel met pen-en-gatverbindingen gemaakt (zie par. 8.4). Om een strakke onder- en bovenkant van de deur te krijgen, is het aan te raden de stijlen van de deur pas precies op lengte af te zagen als de deur in elkaar zit. In gefreesde of gezaagde

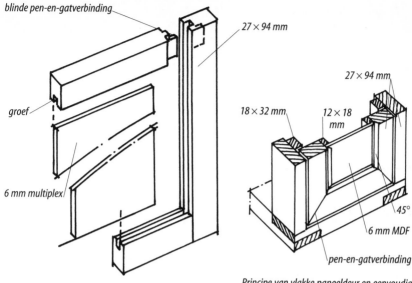

Paneeldeur met plaatmateriaal

Principe van vlakke paneeldeur en eenvoudig zelf samen te stellen sponning in de kast

groeven in het raamwerk wordt een vlak paneel van bijvoorbeeld triplex of MDF opgenomen. Een paneel van plaatmateriaal kunt u in het raamwerk vastlijmen. Een paneel van massief hout moet echter grotendeels los in het raamwerk blijven zitten, om de werking van het hout te kunnen opvangen. Het wordt daarom alleen in het midden van de boven- en onderzijde vastgelijmd (de houtnerf loopt dan verticaal), zodat het op zijn plaats blijft zitten maar

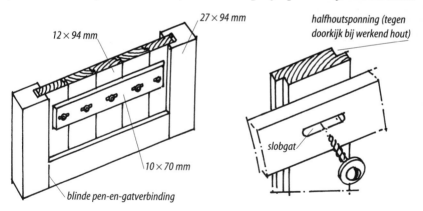

Paneeldeur met massief houten paneel; omdat de plankjes waaruit het paneel is samengesteld werken, wordt zo'n paneel verstevigd door er aan de achterzijde een lat met ovale gaten ('slobgaten') op te zetten, waardoorheen elk plankje op de lat wordt vastgeschroefd. De plankjes waaruit het paneel bestaat worden afgewerkt (gebeitst e.d.) voordat ze in de sponning worden aangebracht, zodat als ze krimpen er geen kale randjes te zien zijn.

209

toch kan werken. Het mag ook niet door schilderwerk vast komen te zitten, want dan barst de verf los of kan het paneel scheuren. Als u afwerkt met verf en dergelijke, moet u het schilderwerk van het paneel afronden voordat u de deur in elkaar zet. Voorkom ook dat bij het lijmen van het raamwerk er lijm op een massief paneel komt.

Bij een makkelijker constructie van een paneeldeur kunt u het paneel in een sponning zetten die u met latjes aftimmert. Een paneel met verhoogd centrum maken is in principe niet moeilijk, maar u heeft er een profielschaaf of bovenfreesmachine (zie par. 6.5) voor nodig. Ook kunnen de randen van de sponning sierlijk worden afgewerkt; ook dat kan met beide genoemde gereedschappen. Een eenvoudig alternatief daarvoor is het aanbrengen van profiellatjes, die u kant-en-klaar kunt kopen.

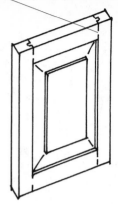

blinde pen-en-gatverbinding

Paneeldeur met paneel met verhoogd centrum

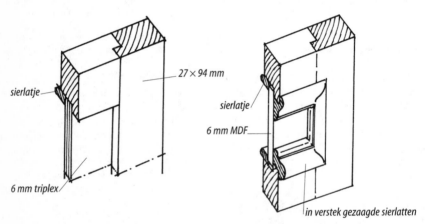

27 × 94 mm

sierlatje

6 mm triplex

sierlatje

6 mm MDF

in verstek gezaagde sierlatten

Paneeldeur met vlak paneel dat u met een sierlatje aftimmert

Paneeldeur met vlak paneel dat aan beide zijden met sierlatjes is afgetimmerd. Het paneel wordt iets kleiner gemaakt dan de beschikbare ruimte, zodat het zonder schade kan uitzetten.

10.5   Kastdeuren afhangen

Voor het aanbrengen van scharnieren voor kastdeuren kunnen slechts globale adviezen worden gegeven, gezien het grote aantal verschillende scharnieren en de grote mogelijke verschillen in deurconstructie. In de navolgende tekst wordt uitgegaan van een traditioneel scharnier, zoals een knopscharnier (zie par. 7.4).

Een kastdeur is aan de boven- en onderkant haaks. Opdekdeuren en deuren met inboorscharnieren zijn ook aan de zijkanten haaks. Maar een dikkere deur

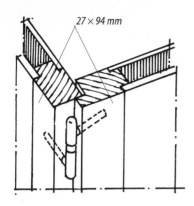

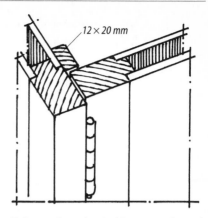

Zo kan een knopscharnier bij een opdekdeur zijn aangebracht; de opdekking zorgt voor een stofdichte afsluiting

Zo kan een knopscharnier bij een tussendraaiende deur die iets binnen de sponning valt zijn aangebracht; de lat erachter maakt dat u niet langs een kier de kast kunt inkijken en houdt stof tegen

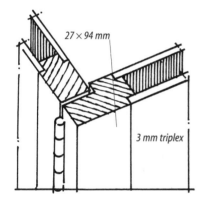

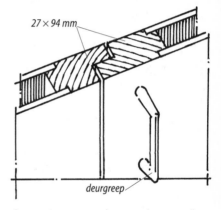

Bij deze constructie zit het knopscharnier aan de zijkant van de kast

De sponning waarmee deze twee deuren op elkaar aansluiten houdt stof tegen

die met traditionele scharnieren (zoals knopscharnieren) is opgehangen, is vaak aan de zijkanten heel licht schuin ('arm') afgewerkt: de deur wordt naar binnen toe smaller, aan iedere kant 0,5 tot 1,5 mm (aan de scharnierzijde iets minder dan aan de slotzijde). Dit is nodig voor de 'vrijloop' van de deur en om het 'nekken' van de scharnieren te voorkomen.

Het 'arm' schaven van een deur kan tegelijk gebeuren met het pas maken, of erna, al mag de deur in het laatste geval beslist niet smaller worden dan u bedoelde. Dit schaafwerk netjes doen vereist vakmanschap. Als dit gedaan is, schuurt u de scherpe randen van de deur weg. Let op: als u het arm schaven doet door op de elektrische schaaf de geleiding iets te kantelen ten opzichte van de zool, moet u steeds dezelfde kant op schaven.

Houd aan de linker- en rechterkant van de deur 1 mm speling tussen deur en

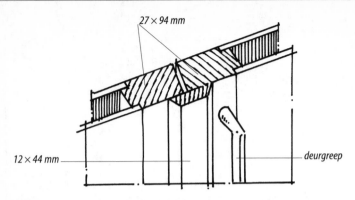

27 × 94 mm

12 × 44 mm

deurgreep

De aansluiting tussen de deuren kan iets schuin weglopen, waarbij op één van beide deurranden een sierlat wordt aangebracht om stof te weren en de kier tussen de deuren af te dekken

deurpost. Bij twee deuren die naar elkaar toe sluiten zonder middenstijl van de kast ertussen, hangt de benodigde speling tussen de deuren – om ze tegelijkertijd te kunnen openen en sluiten – af van de deurdikte: hoe dikker de deur, des te groter de benodigde speling (het gaat hierbij om niet meer dan fracties van millimeters). Door de deurranden aan de sluitkant iets arm te maken, kan de spleet kleiner blijven. Twee deuren kunnen ook met een sponning op elkaar aansluiten (beide deuren hebben dan een sponning) of met rechte kanten. In dat laatste geval is er een kleine kier, waardoor stof de kast kan binnenkomen. Door die kier kan ook de inhoud van de kast zichtbaar zijn, wat het aanzicht kan bederven.

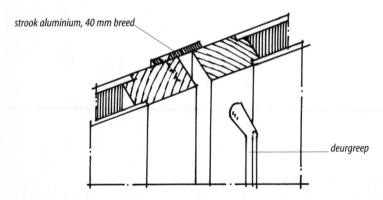

strook aluminium, 40 mm breed

deurgreep

U kunt ook stof weren met een lijst aan de binnenzijde van de deurrand, bijvoorbeeld van aluminium

Bij een deur die in een sponning valt, behoort er aan de boven- en onderzijde van de deur een kiertje te worden gelaten ('vrijloop') om te voorkomen dat de deur gaat aanlopen. Die kier moet echter zo klein zijn dat er nauwelijks stof in de kast kan komen, en lelijk breed mag de kier natuurlijk ook niet worden. Als de deur tegen een aanslag sluit, bevordert dat de stofdichtheid. De scharnierkant kan ook stofdicht zijn door gebruik van een pianoscharnier. Diverse

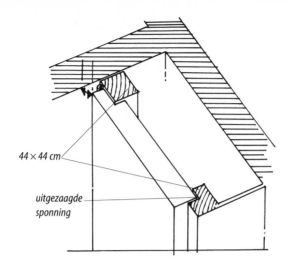

44 × 44 cm

uitgezaagde
sponning

Bij een kast die vlak naast een wand staat, moet er voldoende ruimte zijn voor de uitslag van de deur

methoden om een kastdeur stofdicht te laten aansluiten op een kast en op elkaar ziet u in de tekeningen op blz. 211 en 212.

Als een deur met de openingskant in een hoek zit, bij een haaks daarop staand vlak (bijvoorbeeld bij een deur van een inbouwkast die tot een muur doorloopt), moet u rekening houden met voldoende plaats voor uw hand om de deur makkelijk te bedienen. Bij een deur die aan de scharnierkant in een hoek zit, bij een haaks daarop staand vlak (bij een deur van een inbouwkast die tot een muur doorloopt), moet u rekening houden met de uitslag van de deur bij het openen.

Koop de scharnieren al voordat u de kast gaat bouwen, zodat u op de specifieke eisen van de scharnieren kunt inspelen.

Hieronder staat stap voor stap beschreven hoe u een deurtje aan traditionele knopscharnieren kunt afhangen. Er worden er hier twee gebruikt.

a. Als er een sponning is, houdt u de deur 0,5 à 1 mm (bijvoorbeeld met een dubbeltje dat u boven en onder in de gleuf met plakband vastzet) vrij van de achterkant van de sponning (zie tekening). Dat is nodig omdat hout iets werkt. Bovendien wordt de onderzijde van de deur gelakt, en lak heeft ook dikte.

b. Zet de deur in de sponning en teken de dikte van de deur in de sponning af. Haal de deur er dan weer uit.

c. Bepaal op welke plaatsen de scharnieren komen en zorg ervoor dat door de gekozen scharnieren de deur bij het openen niet wordt gehinderd door de rest van de kastconstructie.

d. Teken de omtrek van de scharnieren op de kast af en zet ze vast, al dan niet na het in de stijl inwerken van het scharnier (afhankelijk van het scharniertype; doorgaans worden scharnieren zowel in de stijl als in de deur ingelaten).

e. Bij een scharnier met drie bevestigingsgaten boort u eerst alleen het middelste scharnierschroefgat in het hout voor (niet te ruim!) en zet dan het scharnier vast. Gebruik in eerste instantie een kortere schroef dan voor het defini-

213

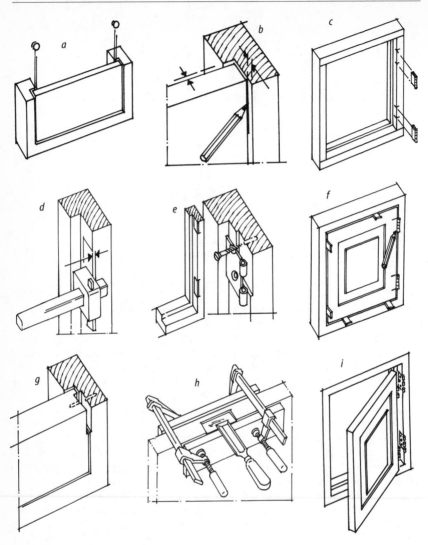

Het afhangen van een deur aan een knopscharnier (zie tekst)

tieve vastzetten, zodat bij onverhoopte noodzaak tot het verplaatsen van het scharnier het gat minder groot en diep is. Zorg er altijd voor dat de kop van de schroef goed in het soevereingat van het bled verzonken ligt.

f. Plaats daarna de deur in het kozijn, waarbij u er met bijvoorbeeld strookjes karton voor zorgt dat hij de juiste speling aan boven- en onderkant heeft.

g. Neem de plaats van de boven- en onderkant van de scharnieren op de deur over. En meet tot hoever u het scharnier in de deur moet inlaten. Deze maat tekent u met een kruishout (zie par. 6.9) voor alle scharnieren af.

h. Het is raadzaam om bij het wegsteken van hout voor de scharnieren het hout ruggesteun te geven met een opgeklemde lat. Boor weer de middelste schroef voor en zet het scharnier aan de deur vast.

i. Hang nu de deur in de scharnieren; begin bovenaan en kijk of hij goed draait. Als hij nog niet lekker loopt, kunt u het scharnier iets verplaatsen en vervolgens met een schroef in een ander schroefgat van het scharnier provisorisch vastzetten (dat verkeerd geboorde gat moet u zo nodig opboren en vullen met een ingelijmde houtdeuvel). Als de deur naar wens draait, boort u de overige schroefgaten voor en draait alle schroeven stevig vast.

Het monteren van inboorscharnieren luistert bijzonder nauw. Begin er niet aan tenzij u een heel ervaren doe-het-zelver bent en een goede montage-instructie van de fabrikant heeft. Die verschillen per type inboorscharnier, zodat daar geen algemene informatie over is te geven.

10.6 Constructie van laden

Een lade is in feite een bergruimte in de vorm van een bak die in en uit een andere bak kan worden geschoven. Hoe minder wrijving daarbij optreedt, des te minder kracht het u kost en des te langer de lade meegaat.

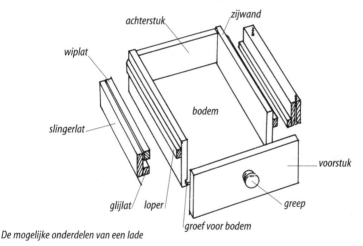

De mogelijke onderdelen van een lade

Een lade heeft als belangrijkste onderdelen twee zijwanden (zijschotten), een voorstuk (voorkant, voorschot), een achterstuk (achterkant, achterschot) en een bodem. Dan is er nog een schuifhulpstuk, dat uit verschillende onderdelen kan bestaan: loper, glijlat, slingerlat en wiplat. Er zijn heel veel ladeconstructies waarbij sommige van deze functies zijn gecombineerd. In telescopische lade-uitzetters zijn ze allemaal verenigd.

Materiaal. De labodem wordt tegenwoordig vaak van triplex gemaakt, maar hardboard en dunne MDF kunnen voor kleine laden ook voldoen, al is dit materiaal wat minder stijf. Voor grotere laden of laden die zwaar worden belast kan triplex te dun zijn en moet worden overgestapt op (dun) multiplex. De bodem komt in een groef in de zijwanden en het voorstuk, die wordt gemaakt voordat de onderdelen aan elkaar worden vastgezet. Zo'n groef kunt u maken met een cirkelzaag (zie par. 6.3) of bovenfreesmachine (zie par. 6.5). De groef wordt nooit dieper dan de halve zijwanddikte minus 1 mm. Let op: bij sommige houtverbindingen kan de groef in het zicht komen. De bodem moet precies in de groef passen en wordt erin vastgelijmd; witte houtlijm zal bijna altijd voldoen. Zie voor lijmen paragraaf 7.7.

Welk materiaal u gebruikt voor de rest van de lade, hangt af van de benodigde stevigheid en het schuifsysteem dat u wilt gebruiken. Laden worden tegenwoordig meestal van plaatmateriaal gemaakt, dat vormvast is: het werkt nauwelijks. In volgorde van toenemende stevigheid zijn er spaanplaat, MDF en multiplex. Voor de zijkanten en het achterstuk wordt plaatmateriaal gebruikt van 8 à 15 mm dik (8 is wel erg dun, maar kan voor kleine laatjes genoeg zijn) en voor het voorstuk plaatmateriaal van 18 à 22 mm dik. Die extra dikte is in elk geval nodig als u halfverdekte zwaluwstaartverbindingen maakt én voor het aanbrengen van een inbouwslotje. Bij gebruik van plaatmateriaal kunt u beter geen traditionele schuifconstructie gebruiken waarbij hout over hout schuift. Het plaatmateriaal is daar niet goed tegen bestand; daar heeft u massief hard hout voor nodig.

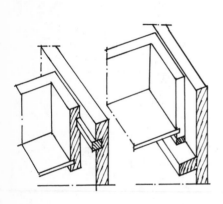

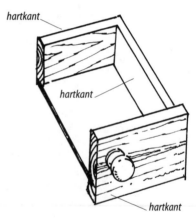

Twee van de vele manieren waarop laden in kasten kunnen glijden

Let bij gebruik van massief hout op de hartkant; bij onjuist gebruik kan de lade eerder gaan klemmen

Gebruikt u massief hout, houd dan de hartkant (van de stam waaruit het hout afkomstig is) van het voorstuk (en ook van het achterstuk) aan de buitenkant, maar bij de zijkanten juist aan de binnenzijde van de lade. De reden daarvoor is dat als het hout wat krom trekt bij de hartkant aan de buitenzijde, het hout naar buiten toe buigt, waardoor de lade kan gaan klemmen. In elk geval moet u voor de schuifconstructie een stuk hout gebruiken dat ervoor zorgt dat de lade in de vezelrichting van het hout glijdt: 'langshout' dus.

Het achterstuk wordt meestal van hetzelfde materiaal gemaakt als de zijwanden, maar voor het voorstuk kan zo nodig een andere houtsoort worden gebruikt, identiek aan die van de rest van de kast. Of het voorstuk wordt van

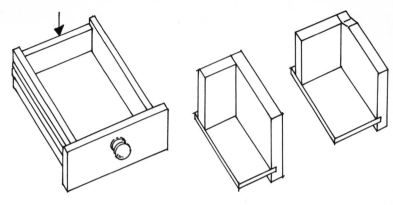

Het achterstuk van de lade is vaak iets lager dan de zijwanden

De bodem van de lade loopt onder het achterstuk door, dat in de rechtertekening op een fraaie manier is verlaagd. Let bij die laatste constructie echter op als de bovenzijde van de zijkant fungeert als wiplat, want dan kan de lade minder ver uit de kast worden getrokken

plaatmateriaal gemaakt, waarop een (sier)frontje van massief hout wordt gelijmd. Of het wordt gefineerd.

Het achterstuk wordt vaak wat lager (circa 5 mm) gehouden dan de zijwanden. De reden daarvoor is dat bij het openen en sluiten van de lade lucht beter kan ontsnappen. Als dat goed kan omdat er ruimte genoeg rond de lade zit, hoeft het achterstuk niet lager.

De onderkant van het achterstuk komt precies gelijk met de bovenkant van de bodem. Bij het aanbrengen van de bodem schuift u hem dus onder het achterstuk door. De bodem wordt dan aan het achterstuk vastgespijkerd of -geschroefd.

Bij het in de kast steken van een lade kunt u het hout beschadigen. Om de kans daarop te verminderen, worden de zijwanden aan de achterkant over een af-

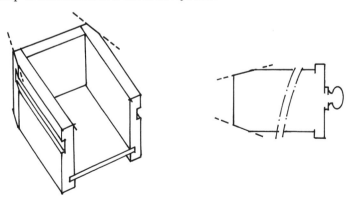

Aan de achterzijde van de lade worden vaak 'zoekers' gemaakt (de hoek waaronder is hier overdreven getekend)

stand van enkele centimeters iets afgeschuind. Die afschuiningen noemt men 'zoekers'.

Werkvolgorde. Voordat we overgaan tot een beschrijving van ladeconstructies, eerst nog een paar algemene opmerkingen over de werkvolgorde. Eerst maakt u de zijwanden, het voor- en achterstuk – inclusief houtverbindingen – en pas nadat u de groef ervoor heeft gemaakt, de bodem. Schuur de binnenkanten van de lade glad voordat u hem in elkaar zet. Na het in elkaar zetten van de lade meet u aan de hand van de diagonalen of hij geheel haaks is. En u controleert of de zijkanten precies in hetzelfde vlak liggen. De bodem wordt pas na het drogen van de lijm aangebracht. Dan wordt de achterkant iets schuin geschaafd (zie eerder). Ten slotte worden de glijders aangebracht (zie verderop) en zo nodig een of twee grepen en een slot.

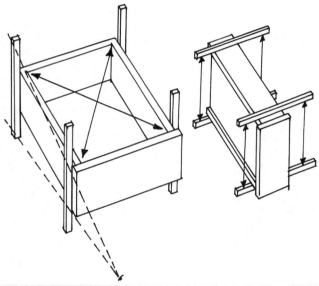

Als de diagonalen even lang zijn, is de lade haaks; controleer met behulp van rechte latjes of de parallelle kanten ook inderdaad precies parallel zitten en of de zijkanten niet door een onjuiste verbinding scheluw worden getrokken

Maak een lade altijd een fractie (circa 5 mm) korter dan u ruimte heeft in het kastje.

Constructiemogelijkheden. Laden kunnen in grote trekken op twee manieren in een kastje zitten. Bij de ene manier zit het voorstuk van de lade gelijk met het kastoppervlak. Bij de andere manier ligt het voorstuk op de voorkant van de kast (een 'voorslaande lade'). Er is ook nog een tussenvorm, waarbij het voorstuk deels in en deels op de kast zit. In feite verschillen deze mogelijkheden niet van de constructiemogelijkheden bij kastdeuren; zie paragraaf 10.4. Als het voorstuk ín de kast komt, kunt u het voorstuk het beste iets groter za-

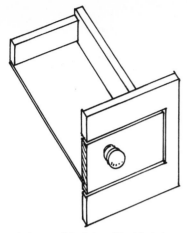

Het ladevoorstuk ligt in hetzelfde vlak als de voorzij-de van de kast

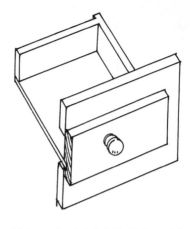

Bij de voorslaande lade ligt het ladevoorstuk op de voorzijde van de kast

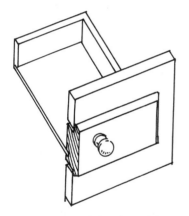

Het ladevoorstuk ligt deels op de voorzijde van de kast en valt deels daarbinnen

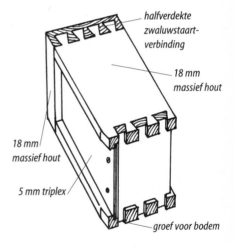

halfverdekte zwaluwstaart-verbinding

18 mm massief hout

18 mm massief hout

5 mm triplex

groef voor bodem

gen dan vereist, waarna u het precies op maat kunt schaven. Dat geeft in de praktijk een zuiverder resultaat dan precies op maat proberen te zagen.

Als het uittrekken zwaar gaat, wordt er nogal wat kracht uitgeoefend op de verbinding tussen het voorstuk en de zijwanden van de lade. Laden in tradi-tionele meubelen, die hout-op-hout glijden, zijn daarom bijna altijd gemaakt met zwaluwstaartverbindingen (zie par. 8.8). Het is niet echt nodig het ach-terstuk ook met zwaluwstaarten vast te zetten, want er wordt weinig kracht op uitgeoefend. Het kan ook bijvoorbeeld een groefverbinding (zie par. 8.6) wor-den. De zwaluwstaarten worden zó verdeeld dat de groef voor de bodem in het midden van de onderste zwaluwstaart zit.

Na het maken van de zwaluwstaarten en het passen wordt de groef voor de bo-

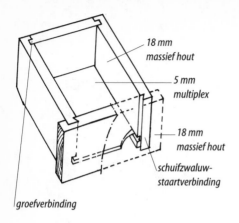

18 mm
massief hout

5 mm
multiplex

18 mm
massief hout

schuifzwaluw-
staartverbinding

groefverbinding

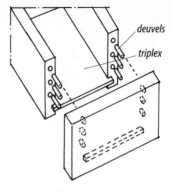

deuvels

triplex

Het voorstuk kan met deuvels aan de zijkanten
worden vastgezet

dem gemaakt. Onder de bodem moet aan het voorstuk en de zijwanden 8 mm hout blijven staan.

Bij laden van spaanplaat zijn zwaluwstaartverbindingen al gauw niet sterk genoeg (bij MDF wel); bij spaanplaat worden daarom vaak deuvelverbindingen (zie par. 8.2) toegepast. Het voorstuk komt dan tegen de zijwanden met een verdekte deuvelverbinding. Bij een zwaarder belaste lade kunt u beter multiplex of massief hout gebruiken.

Ladeglijders. Er zijn diverse typen ladeglijder: de traditionele van hout en de recentere van metaal (vaak telescopische uitzetters) en kunststof. Bij de houten ladeglijder kan de lade bijna nooit geheel uit het meubel worden geschoven en dan losgelaten, want dan valt hij eruit. Dat kan wel bij telescopische ladegeleiders, maar die kosten veel meer geld. Minder duur zijn kunststof ladeglijders met rollers (verkocht onder namen als 'looprail' en 'schuifgarnituur'). Voordeel daarvan ten opzichte van de traditionele houten constructie is dat ze lichter lopen. Wilt u deze toepassen, bestudeer dan de wijze van bevestiging voordat u een ladekast ontwerpt (en koop ze voordat u de kast gaat maken). Zorg dat u er bij aankoop een montage-instructie bij krijgt.

In dit boek vindt u alleen een traditionele over elkaar schuivende houten constructie beschreven, die prima voldoet en vrij goedkoop is. Over elkaar schuivende houten onderdelen worden meestal van slijtvast beukenhout gemaakt. Dit wordt liefst niet geschuurd, maar alleen glad geschaafd, omdat dit het gladste oppervlak geeft. Als u toch schuurt, moet u het schuurstof goed uit het hout borstelen. Wat ook prima glijdt is een strook melamineplaat op één van de glijkanten.

Een houten ladeloper is 15 à 20 mm hoog; de groef waarin hij loopt een halve millimeter hoger. Laat tussen de zijwanden van de lade en de binnenwand van de kast maximaal 1 mm ruimte, om de lade goed lopend te maken.

Halverwege de zijwanden van de laden maakt u een groef tot de halve dikte van de zijwand; maak hem 15 à 20 mm hoog. De groef loopt door tot het voorstuk. Op de binnenzijwand van de kastombouw (zie verder) komt dan de zogeheten middenloper die in de groef van de lade valt, en waaroverheen de la-

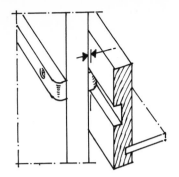

Hier zit de ladeloper vast aan de wand van de kast en loopt hij in een groef in de ladezijkant. Het uiteinde van de loper is afgerond

De ladelopers bij laden waarvan het voorstuk niet stuit op de voorzijde van de kast moeten op precies dezelfde afstand vanaf de voorzijde worden aangebracht

de schuift. De voorkant van de middenloper wordt iets afgerond. Zet al die middenlopers op precies dezelfde afstand van de voorzijde van de kast, dan komen laden die geheel in de kast vallen in gesloten toestand op één lijn. Voorkom daarmee ook dat de lade tegen de achterkant van de kast stoot. De middenloper wordt 0,5 à 1 mm minder hoog dan de groef.

Bij een traditionele ladekast zit er naast een lade lege ruimte. Daardoor zou u de lade schuin kunnen trekken, waardoor hij gaat klemmen. Dat kan door een bepaalde constructie worden tegengegaan, bijvoorbeeld met een slingerlat. Die voorkomt dat de lade zijdelings kan bewegen. Het hoeft niet om een aparte lat te gaan, maar kan ook een deel zijn van de schuifconstructie.

Ten slotte moet nog worden voorkomen dat de lade naar beneden duikt ('wipt') als u hem wat verder uit de kast trekt. Dat kan worden voorkomen met een aparte lat, de traditionele 'wiplat', die de ladezijkant steunt. Maar die functie kan ook onderdeel uitmaken van de schuifconstructie. De hiervoor beschreven ladeloper dient tegelijk als wiplat.

Delen van een lade die over elkaar heen schuiven worden niet geschilderd of gelakt. Als hij wat stroef loopt, kunt u door wat paraffine (van een kaars) op het hout te wrijven de lade beter laten lopen.

Ombouw ladekast. Een ladekast (met verticaal slechts één rij laden) kan op dezelfde manier worden gemaakt als een andere kast; zie paragraaf 10.2. De ombouw van een ladekast is in feite een soort doos. Als de zijwanden daarvan stevig genoeg zijn en de achterwand het 'schranken' tegengaat, hoeven ze niet met elkaar te worden verbonden om de kast nog meer stabiliteit te geven. Dan kunnen de laden eenvoudig boven elkaar worden aangebracht, met slechts een millimeter of twee tussenruimte.

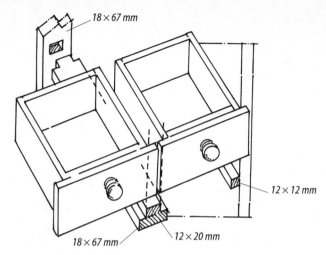

18 × 67 mm

12 × 12 mm

18 × 67 mm

12 × 20 mm

Principe van een kast met een dubbele rij laden die op laderegels lopen

Een andere kastconstructie gaat uit van latten ('laderegels') tussen de laden; dan worden de laden aan de voorzijde gescheiden door een horizontaal latje dat onderdeel van de ombouw is. Weer een andere constructie gaat uit van een tussenschot ('stofschot') tussen twee laden. Dan glijdt in feite elke lade in een eigen hulsje. Dat kost veel materiaal en maakt de constructie van de kast een stuk bewerkelijker. Laderegels kunnen met een pen-en-gatverbinding (zie par. 8.4) of met een deuvelverbinding (zie par. 8.2) worden vastgezet.

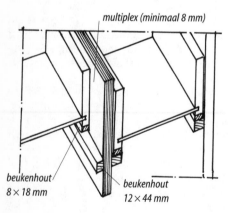

multiplex (minimaal 8 mm)

beukenhout 8 × 18 mm

beukenhout 12 × 44 mm

Bij deze dubbele ladekast worden de ladeblokken gescheiden door een plaat multiplex, waarop ladelopers worden vastgezet. De laden lopen daarop op hun zijwand, die aan de onderzijde is voorzien van een beukenhouten lat

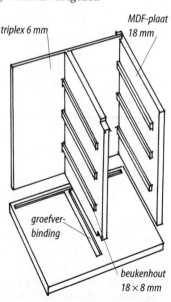

triplex 6 mm

MDF-plaat 18 mm

groefver-binding

beukenhout 18 × 8 mm

Dubbele ladekast met separatieschot

Bij meer verticale rijen laden, moeten de laden van elkaar worden gescheiden. Daar zijn verschillende manieren voor; de eenvoudigste methode is een tussenschot ('separatieschot') maken van dezelfde dikte als de zijwand van de kast. Die kunt u met een groefverbinding aan het onder- en bovenpaneel van de kast vastzetten. Laat die groef niet tot de voorkant van de kast doorlopen.

10.7 Geschakelde kasten stellen

Bij systeemmeubelen kunt u naar behoefte elementen aan elkaar koppelen. Om de kasten goed aan elkaar te kunnen bevestigen en de bovenkanten van de kasten en deurtjes op één lijn te krijgen, moeten ze absoluut waterpas en loodrecht op dezelfde hoogte staan.

Sommige vloeren lopen perfect waterpas, maar bijvoorbeeld bij tegelwerk zijn er vaak geringe hoogteverschillen tussen de tegels. Daarom moeten kasten bijna altijd worden gesteld. Uiteraard gebruikt u daarvoor ook de installatie-instructies van de kastleverancier.

Zet de eerste kast op zijn plaats en stel hem met behulp van een waterpas (in de lengte- en breedterichting op de kast leggen). Door onder de kast wiggetjes te tikken kunt u hem exact waterpas plaatsen. Gebruik een houten klosje tussen hamer en wiggen, om te voorkomen dat u kast of vloer beschadigt.

Die wiggetjes mogen uiteraard niet in het zicht zitten. Als het goed is, gaat het om echt heel dunne stukjes hout. Zaag ze uiteindelijk precies gelijk met de rand van de kast en werk ze bijvoorbeeld af in dezelfde kleur. Gebruik in een vochtige ruimte (zoals keuken en badkamer) bij voorkeur een houtsoort die niet gevoelig voor schimmel is, zoals eiken, of gebruik strookjes hard plastic. Ook achter de kast kunt u wiggen gebruiken om te zorgen dat hij goed op de wand komt.

Als de kast gesteld is, tekent u zo nodig de boorgaten af. Vaak zijn de verbindingsgaten al door de leverancier gemaakt. Soms zitten ze achter sierdopjes verborgen. Draai de bevestigingsbouten nog niet geheel vast, maar controleer nog eens of het geheel wel waterpas staat.

De aansluitende kast stelt u op dezelfde manier, waarbij u hem met twee of drie lijmklemmen provisorisch aan de eerste vastzet voordat u de verbindingsbouten erin zet. Bescherm het kastoppervlak tegen de klemmen door er bijvoorbeeld stukjes board tussen te doen. Pas als de aansluitende kast geheel goed staat, zet u hem aan de voorgaande vast. Door het aantrekken van de verbindingsschroeven kan hij echter wat van zijn plaats worden getrokken. Blijf bijstellen tot u het goed heeft.

10.8 Kasten ophangen

Zie voor het boren in wanden paragraaf 6.8, voor pluggen en dergelijke paragraaf 9.3.1.

Er zijn veel soorten ophangsystemen voor hangkasten. Sommige kasten zijn uitgerust met speciale ophangbeugels waarmee u een kast makkelijk kunt stellen, zowel de hoogte als de hoek waaronder hij hangt. Andere kasten worden eenvoudig door hun achterwand heen opgehangen. Lees ook de ophangin-structie van de kastleverancier. In grote trekken kan het bij zelfgemaakte kast-jes als volgt gaan.

Een kastje ophangen doe je vaak met z'n tweeën. Teken op de muur af waar de bovenkant of onderkant van de kast komt. Houd dan zo nodig het kastje tegen de wand om de boorgaten voor de ophanging af te tekenen. Als dat te zwaar is, gebruikt u een steunhulp. Bijvoorbeeld een stevige stok met dwarslat erop; door de lat meer of minder schuin te zetten, kunt u de hoogte van de kast pre-cies instellen. Houd het kastje dan met behulp van een waterpas precies hori-zontaal en teken de boorgaten af.

Bij het ophangen draait u de schroeven niet geheel vast. Eerst controleert u nog of het kastje ook van voor naar achteren waterpas zit; dus of het naar vo-ren of achteren helt. Als u dat niet doet, heeft een scharnierend deurtje de neiging steeds open of dicht te vallen. Met behulp van wiggetjes of plakjes kurk (bijvoorbeeld van een flessekurk; makkelijk met een scherp mes te snij-den) aan onder- en/of bovenkant kunt u het kastje stellen. U kunt dan strook-jes karton van de juiste dikte (plak er zo nodig een paar op elkaar) aanbren-gen, waarna u de wiggetjes weghaalt. Het karton kunt u zo nodig vastzetten met tweezijdig plakband. Draai eventueel de bevestigingsschroeven weer wat losser. Na het uiteindelijk vastdraaien controleert u nog eens of het kastje wa-terpas zit.

Komt er aan de muur een geschakelde kast (een kast die uit een aantal ele-menten is samengesteld), dan hangt het van het formaat af of ze eerst op de vloer aan elkaar worden gezet, of pas op de muur. Bij die laatste methode is heel zorgvuldig stellen vereist, want een kleine afwijking kan zich wreken door-dat geboorde gaten niet zomaar kunnen worden opgeschoven. Zie voor het schakelen paragraaf 10.7.

10.9 Planken op plankdragers aanbrengen

Losse planken, en natuurlijk ook kastjes die aan de wand worden opgehangen, laten de vloer vrij. Optisch kan dat een voordeel zijn. Maar u kunt ook de wand tot juist boven hoofdhoogte vrijhouden en pas daarboven bergruimte maken. Zie voor plankdragers ook paragraaf 10.9.2 en voor ophangsystemen (pluggen en dergelijke) paragraaf 9.3.1.

Bij gemetselde en betonnen wanden hoeft u niet op het draagvermogen van de wand te letten. Maar bij gipsplaat- en andere holle wanden is dat wel nodig, omdat ze niet zoveel kunnen hebben. Het zou een groot aantal tabellen verei-sen om aan te geven wat het draagvermogen van dit soort wanden is, omdat het afhangt van het totale gewicht, van de diepte van de planken, het gewicht per bevestigingspunt en de soort plug die u gebruikt. Het is het beste de dra-gers te bevestigen op de plaatsen waar achter zo'n holle wand de dragende con-structie (van hout of metaal) van de beplating zit, of op speciaal achter de beplating aangebrachte houten verstevigingen ('achterhout') voor de plank-dragers. Door extra plankdragers aan te brengen, kunt u de belasting per steun-punt verminderen.

Bij een wat grotere overspanning of grotere belasting van de plank kunt u denken aan drie in plaats van twee ondersteuningspunten, maar die moeten dan precies op één lijn zitten. Breng daartoe eerst de buitenste twee steunen aan, zet de plank op zijn kant erop en houd dan de tussenliggende steun op zijn plaats, waarna u de voor te boren gaatjes aftekent.

Bij sommige plankdragers moet u de planken aan de drager vastzetten; op andere liggen de planken los. In dit laatste geval kan het aan te raden zijn toch voor enigerlei bevestiging te zorgen, om te voorkomen dat de plank per ongeluk van de drager kan worden gestoten. Dat kan bijvoorbeeld door de plank goed klemmend op de drager vast te zetten, of door een omhoogstekend nokje van een plankdrager te laten vallen in een in de plank gemaakte inkeping. De voorkant van de plank mag ook hoogstens een paar centimeter buiten de plankdrager ste-

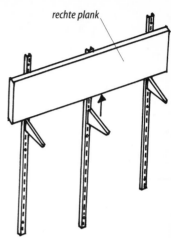

rechte plank

Breng de middelste rail als laatste aan terwijl u de hoogte ervan met behulp van een rechte plank bepaalt

ken, om te voorkomen dat de plank kan kantelen als hij buiten het draagvlak zwaar wordt belast. In feite geldt dat ook voor het deel dat opzij buiten de steun steekt, al kan dit wel iets meer dan een paar centimeter, afhankelijk van de belasting van de plank. Als het meer dan zo'n 20 cm buiten het ondersteuningspunt uitsteekt, kan het gaan doorbuigen.

Dan zijn er nog allerlei plankdragers die u zelf kunt maken, waarbij de planken aan hun uiteinden worden gedragen. Zie voor diverse mogelijkheden onderstaande tekeningen. Het gaat om een rechthoekige lat, een driehoekige lat

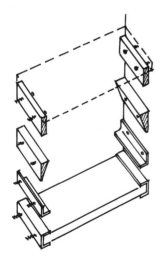

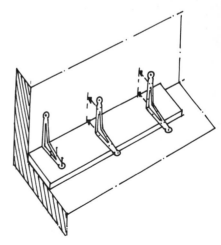

Diverse zelf te maken plankdragers

De juiste bevestigingsplaats van deze planksteunen bepaalt u op de hier getekende manier

225

en diverse metalen profielen. Neem bij gebruik van een U-profiel een maat die afgestemd is op de plankdikte.

De planken kunnen ook worden aangebracht in gleuven in de zijwanden van een kast. Als u de gleuf niet tot de voorrand van de kast laat doorlopen, is deze methode onzichtbaar. De planken kunnen dan alleen vanaf de achterzijde worden ingeschoven. Of u maakt de gleuven wel tot de voorkant, maar werkt die na het aanbrengen van de planken af met een deklat.

Als u een plank wilt ophangen met steunen waaraan de plank moet worden vastgeschroefd, is het in veel gevallen het handigst om eerst de steunen aan de plank vast te zetten. Doe dat als volgt: meet op welke plek de steunen moeten komen, leg de plank met de achterrand tegen een wand op een vlakke ondergrond (bijvoorbeeld op de vloer) en zet een steun op de afgetekende plek, zodat deze tegen de muur zit. Teken de boorgaatjes af, boor voor en zet de steun met schroeven vast (zie de tekening op voorgaande bladzijde).

Rails om planksteunen verstelbaar aan te brengen bevestigt u als volgt: teken op de ondergrond aan waar de bovenzijde of onderzijde van de rail moet komen. Houd de rail tegen de wand en controleer met een waterpas of schietlood of hij exact verticaal zit. Teken de bevestigingsgaten af, boor ze en zet de rail vast. Zet dan een planksteun in de rail, en ook een in een andere rail. Houd dan die tweede rail tegen de wand, leg een plank over beide planksteunen en leg daar een waterpas op. Als de plank exact horizontaal ligt, kunt u voor de tweede steun de bevestigingsgaten aftekenen.

10.9.1 Hoeveel plankdragers?

Planken zijn er van massief hout, van gelakt of geplastificeerd spaanplaat of MDF, multiplex en glas. Er zijn massief vurenhouten kastplanken te koop met een afgeronde langskant. Gelakt of geplastificeerd plaatmateriaal kan ook één of twee afgewerkte langskanten hebben. Zo niet, dan kunt u een kant zelf afwerken. Dat geldt ook voor multiplex. Als u glazen 'planken' neemt, overleg dan met de glasleverancier welke glasdikte nodig is. Laat in elk geval de randen van het glas glad slijpen. U kunt het glas daarna ook laten harden, waardoor het veel sterker wordt. Als u niet houdt van de groenige tint van het gebruikelijke glas (vooral op de zijkant gezien), dan kunt u overwegen een nagenoeg kleurloos glas te nemen; dit kost echter aanzienlijk meer. Kunststofplaat is vaak niet geschikt voor planken, omdat kunststof te snel doorbuigt en vrij gevoelig is voor krassen. In het staatje op de volgende bladzijde staat van veel gebruikte materialen vermeld om de hoeveel centimeter ze ondersteuning behoeven. De onderlinge afstand van de steunen hangt natuurlijk ook af van de belasting. Er is hier uitgegaan van een gemiddeld gebruikelijke belasting, waarbij uiteraard de nodige speelruimte is aangehouden. Als het om een extreem zware belasting gaat (bijvoorbeeld volzetten met kunstboeken), moet de afstand tussen de steunen worden verminderd. En bij een lichte belasting (lichte siervoorwerpen) mogen ze best verder uiteen zitten. Glazen planken worden voornamelijk gebruikt voor het opzetten van siervoorwerpen; in de tabel is uitgegaan van voorwerpen als keramische vazen en houten speelgoed.

Het is uiteraard altijd nodig om vast te stellen of de steunen zelf het gewicht kunnen dragen en of de wand waaraan u de steunen ophangt voldoende houvast biedt.

Maximumafstand tussen planksteunen

Plank	dikte (mm)	afstand (cm)
vuren- en grenenhout	15	50
vuren- en grenenhout	18	75
eikenhout	15	50
eikenhout	18	60/70
multiplex	18	80
multiplex	25	100
MDF	18	70
MDF	20/22	75/80
geplastificeerd spaanplaat	15	40
geplastificeerd spaanplaat	18	50
glas	6	50
glas	8	70
glas	10	70

10.9.2   Planken 'zwevend' ophangen

Zie voor het boren in wanden paragraaf 6.8, voor pluggen en dergelijke paragraaf 9.3.1.

Er zijn verschillende manieren om planken onzichtbaar ('zwevend') op te hangen; in de tekeningen hieronder en op blz. 228 is een aantal methoden afgebeeld.

1. De schroef van de speciale planksteun wordt in de wand in een plug gedraaid; het andere eind van die steun wordt in een gat in de achterrand van de plank

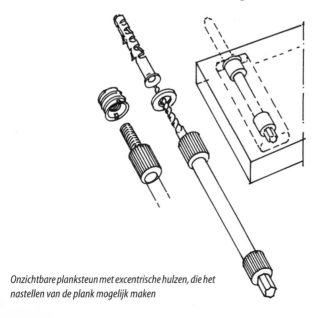

Onzichtbare planksteun met excentrische hulzen, die het nastellen van de plank mogelijk maken

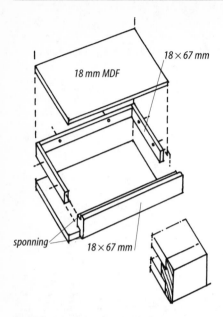

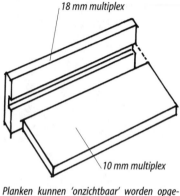

Planken kunnen 'onzichtbaar' worden opgehangen door ze vast te lijmen in een gleuf van de achterconstructie, hier een plaat 18 mm multiplex. De plank mag echter niet diep zijn en heeft geen groot draagvermogen

Onzichtbaar in nis opgehangen plank

gestoken. Er zijn diverse nastelbare plankdragers te koop, waardoor de plank na het aanbrengen van de drager waterpas kan worden gesteld. De fabrikant verstrekt een montagehandleiding. Hoe zwaar de plank te belasten is, hangt af van de plankdikte; bedenk dat er boven en onder de drager niet zoveel hout zit. Houd u voor de diepte van de plank aan de aanwijzingen van de fabrikant van de steunen. En let ook op de maximaal toegestane overspanning tussen twee steunpunten.

2. Breng in een alkoof of nis rondom latjes aan. Aan de boven- en onderkant daarvan brengt u een plaat triplex of dun multiplex aan. Als u de voorste lat in de nis aan de boven- en onderzijde voorziet van een sponning, is de rand van de beide bekledingsplaten onzichtbaar.

3. In een stevige plaat multiplex (minimaal 18 mm) als achterwand maakt u een rechthoekige gleuf (10 mm diep) waar een plank klemmend in past. Lijm hem dan in de gleuf vast en controleer of hij haaks zit. Als u de multiplexplaat pas na het aanbrengen van de planken op de wand vastzet, kunt u de planken ook nog vanaf de achterkant van de multiplexplaat vastschroeven. Deze planken kunnen niet zwaar worden belast.

Verder zijn er planksteunen voor in kasten, vaak gemaakt van kunststof. Ze worden meestal in voorgeboorde gaatjes of daarin aangebrachte busjes gestoken. Een verticale rij gaatjes maakt de planken verstelbaar. Als u zelf een rij gaatjes wilt boren om in een kast planken verstelbaar te maken, bedenk dan dat de plaats van de gaatjes erg nauw luistert. Als de gaatjes te veel van de juiste plek afwijken zal de plank wiebelen. Het maken van dergelijke gaatjes gaat het handigst met behulp van een zelf te maken mal: die voorziet u van vier gaten en aan de zijkant van een aanslag. De gaten in de mal krijgen dezelfde diameter als de gaten die u nodig heeft. De onderlinge afstand is ook identiek aan die u in de kast nodig heeft. Deze is meestal 32 mm, hart-op-hart. Nadat u de eerste twee gaten met behulp van de mal in de kastzijkant heeft geboord, zet u daarin de mal vast met twee pennen die precies passen. Dan boort u door de twee andere twee gaten in de mal de volgende rij in de kast; vervolgens verplaatst u de mal voor de daaropvolgende rij.

Register

Met behulp van dit trefwoordenregister kunt u snel de gewenste informatie vinden. Cursieve cijfers verwijzen naar afbeeldingen.

Consumentenbond

De Consumentenbond is een vereniging die opkomt voor de belangen van de consument. De Bond verricht onderzoek naar en geeft voorlichting over de kwaliteit en de prijzen van goederen en diensten. De resultaten van dit onderzoek worden gepubliceerd in de Consumentengids, het maandblad voor leden van de Consumentenbond. De Consumentenbond is financieel onafhankelijk en neemt geen advertenties op in zijn publicaties. Die onafhankelijkheid bestaat ook ten aanzien van de keuze van te onderzoeken artikelen en diensten.

Als lid van de Consumentenbond krijgt u maandelijks de Consumentengids in huis én kunt u (gratis) informatie inwinnen bij:
-   Ledenservice Productadvisering: over onderzochte producten, voeding, gezondheidszorg en milieu;
-   Financiële Ledenservice: over financiën en verzekeringen;
-   Juridische Ledenservice: over leveranties en uw rechtspositie als consument.
Het is helaas niet mogelijk u persoonlijke adviezen te geven over belastingen en beleggingen en over juridische onderwerpen in de privé-sfeer.

Het lidmaatschap van de Bond kost in 1997 ƒ 63 voor een heel kalenderjaar. U kunt hiervoor contact opnemen met de afdeling Ledenadministratie.

Leden van de Consumentenbond kunnen zich ook abonneren op de Consumenten-geldgids (ƒ 36 per jaar) en de Consumenten-reisgids (ƒ 33,50 per jaar). Beide bladen verschijnen een keer per kwartaal.
Speciaal op doe-het-zelfgebied geeft de Consumentenbond de volgende titels uit:
• Zelf klussen: Werken met hout, metaal en kunststof
• Zelf klussen: Wanden, vloeren en plafonds opknappen
• Zelf klussen: Uw huis van buiten opknappen
• Zelf klussen: Badkamer en toilet vernieuwen
Leden van de Consumentenbond ontvangen korting op de boeken. Deze zijn te bestellen via de Bestelservice van de Consumentenbond.

Consumentenbond
Bezoekadres:
Enthovenplein 1
Den Haag
Postadres:
Postbus 1000
2500 BA Den Haag
Tel. 070 – 445 45 45
Fax 070 – 445 45 90

Ledenadministratie:
Tel. 070 – 445 48 00
Fax 070 – 445 45 89

Bestelservice:
Tel. 070 – 445 49 00
Fax 070 – 445 45 96

Ledenservice:
Tel. 070 – 445 40 00